LIVREIROS DO NOVO MUNDO

Universidade Estadual de Campinas

Reitor   Antonio José de Almeida Meirelles
Coordenadora Geral da Universidade   Maria Luiza Moretti

Conselho Editorial

Presidente   Edwiges Maria Morato
Alexandre da Silva Simões – Carlos Eduardo Ornelas Berriel
Carlos Raul Etulain – Cicero Romão Resende de Araujo
Dirce Djanira Pacheco e Zan – Iara Beleli – Marco Aurélio Cremasco
Pedro Cunha de Holanda – Sávio Machado Cavalcante

   Universidade de São Paulo

Reitor   Vahan Agopyan
Vice-reitor   Antonio Carlos Hernandes

   Editora da Universidade de São Paulo

Diretor-presidente   Carlos Roberto Ferreira Brandão

Comissão Editorial
Presidente   Rubens Ricupero
Vice-presidente   Valeria De Marco
Carlos Alberto Ferreira Martins
Clodoaldo Grotta Ragazzo
Maria Angela Faggin Pereira Leite
Ricardo Pinto da Rocha
Tânia Tomé Martins de Castro
Suplentes   Marta Maria Geraldes Teixeira
Primavera Borelli Garcia
Sandra Reimão

Editora-assistente   Carla Fernanda Fontana
Chefe Div. Editorial   Cristiane Silvestrin

Fundação Editora da Unesp

Presidente do Conselho Curador   Mário Sérgio Vasconcelos
Diretor-Presidente   Jézio Hernani Bomfim Gutierre
Superintendente Administrativo e Financeiro   William de Souza Agostinho

Conselho Editorial Acadêmico
Danilo Rothberg – Luis Fernando Ayerbe
Marcelo Takeshi Yamashita – Maria Cristina Pereira Lima
Milton Terumitsu Sogabe – Newton La Scala Júnior
Pedro Angelo Pagni – Renata Junqueira de Souza
Sandra Aparecida Ferreira – Valéria dos Santos Guimarães

Editores-Adjuntos
Anderson Nobara
Leandro Rodrigues

Jean-Jacques Bompard

LIVREIROS DO NOVO MUNDO
DE BRIANÇON AO RIO DE JANEIRO

Prefácio
Lucia Maria Bastos Pereira das Neves

Tradução
Leila V. B. Gouvêa

FICHA CATALOGRÁFICA ELABORADA PELO
SISTEMA DE BIBLIOTECAS DA UNICAMP
DIRETORIA DE TRATAMENTO DA INFORMAÇÃO
Bibliotecária: Maria Lúcia Nery Dutra de Castro – CRB-8ª / 1724

B639L   Bompard, Jean-Jacques
       Livreiros do Novo Mundo: De Briançon ao Rio de Janeiro / Jean-
-Jacques Bompard; tradução: Leila V. B. Gouvêa. -- Campinas, SP:
Editora da Unicamp; São Paulo, SP: Editora da USP,: Editora da Unesp,
2021.

       1. Bompard, Jean-Baptiste, 1757-1842. 2. Livreiros – Brasil –
História. 3. Livros – História. 4. Livros – Comércio – Rio de Janeiro.
I. Gouvêa, Leila V. B. II. Título.

ISBN 978-85-268-1490-5 (Editora da Unicamp)   CDD - 070.50981

ISBN 978-65-5785-028-2 (Edusp)   - 002.09

ISBN 978-65-5711-050-8 (Editora Unesp)   - 070.5098153

Título original:
Libraires du Nouveau Monde: De Briançon à Rio de Janeiro

Copyright © 2015 by Jean-Jacques Bompard
Copyright © 2021 by Editora da Unicamp, Editora da USP e Editora Unesp

Direitos reservados e protegidos pela lei 9.610 de 19.2.1998.
É proibida a reprodução total ou parcial sem autorização,
por escrito, dos detentores dos direitos.

Printed in Brazil.
Foi feito o depósito legal.

Direitos reservados a

Editora da Unicamp
Rua Sérgio Buarque de Holanda, 421 – 3º andar
Campus Unicamp
Cep 13083-859 – Campinas – SP – Brasil
Tel./Fax: (19) 3521-7718 / 7728
www.editoraunicamp.com.br – vendas@editora.unicamp.br

Edusp – Editora da Universidade de São Paulo
Rua da Praça do Relógio, 109-A, Cidade Universitária
Cep 05508-050 – São Paulo – SP – Brasil
Divisão Comercial: Tel. (11) 3091-4008 / 3091-4150
www.edusp.com.br – e-mail: edusp@usp.br

Fundação Editora da Unesp (FEU)
Praça da Sé, 108
Cep 01001-900 – São Paulo – SP – Brasil
Tel.: (11) 3242-7171 – Fax: (11) 3242-7172
www.editoraunesp.com.br
www.livrariaunesp.com.br – atendimento.editora@unesp.br

A educação recebida havia insuflado em suas veias a energia necessária para buscar no exterior, e no Novo Mundo, os recursos dos quais sua terra, com seu penoso clima, mostrava-se tão parcimoniosa.

Briançon-La-Vachère, 1798-1912

"Mémoire" do doutor Léo Bompard, médico de Briançon, neto do livreiro Jean-Baptiste Bompard

SUMÁRIO

PREFÁCIO: AVENTURA NO MUNDO DOS LIVREIROS... 11

APRESENTAÇÃO: DA LEMBRANÇA DAS ORIGENS AOS
CAMINHOS INTERROMPIDOS DA MEMÓRIA 17

1. FAMÍLIAS CUJO PASSADO SE CONFUNDE COM O DA
COMUNIDADE DE LA SALLE 21

Em busca de uma ascendência 24

Uma vida de labor em uma terra ingrata 26

O lugar reservado à instrução 29

Da mascatagem aos ofícios do comércio 30

2. OS PRECURSORES DO MONÊTIER DE BRIANÇON
(HOJE, MONÊTIER-LES-BAINS) 35

A comunidade dos livreiros briançonnais em Portugal, 1750 39

O terremoto de 1º de novembro de 1755 40

Um novo começo 43

3. DO VILAREJO DE BEZ A LISBOA 47

Uma tradição de solidariedade e uma mesma ambição 48

Joseph-Augustin Borel 48

Jean-François Borel 52

Paul Martin: O início de uma aventura familiar 56

O ofício de livreiro e a censura no final do século XVIII 59

4. NOVAS PERSPECTIVAS NO RIO DE JANEIRO

ANTES DA CHEGADA DE DOM JOÃO VI 65

Famílias estreitam seus laços 68

Os comerciantes de livros interessam-se pelo Brasil 69

Outra atividade do livreiro Paul Martin 70

Paul Martin abre uma livraria no Rio de Janeiro 71

A invasão de Portugal e a partida da Corte para o Brasil 76

5. A LIVRARIA, A EDIÇÃO E A IMPRENSA NO BRASIL E

EM PORTUGAL SOB A REGÊNCIA DE DOM JOÃO 81

O início em um Brasil em formação 81

A Impressão Régia 86

A Gazeta do Rio de Janeiro *e a nova posição de Paulo Martin (filho)* 87

A nova sociedade do Rio de Janeiro 90

A situação dos livreiros no Rio de Janeiro e em Lisboa 98

A Gazeta do Rio de Janeiro, *reflexo da época e da atividade dos livreiros* 100

Paulo Martin e a venda de gravuras 103

1809-1813: O mercado do livro evolui 104

Paulo Martin, o primeiro livreiro-editor 106

Vendas inéditas por catálogo 108

A nova situação familiar dos livreiros Martin 110

A situação no final da regência de dom João: 1813-1816 111

6. EM BRIANÇON, DO FIM DO ANTIGO REGIME À

PARTIDA DE JEAN-BAPTISTE BOMPARD 119

Em um período agitado, as vicissitudes de um mandato público 121

Jean-Baptiste Bompard, de Briançon a Lisboa: 1797-1816 125

7. 1816-1818: NO BRASIL, ENTRE EVOLUÇÃO E INCERTEZAS 131

A Missão Artística Francesa 132

Banco do Brasil: A subscrição dos comerciantes da cidade 139

O livreiro Paulo Martin, acionista do Banco do Brasil 140

A Revolução de Pernambuco e os apoiadores de dom João VI 143

Pernambuco e um projeto abortado de fuga de Napoleão 145

A missão científica de Freycinet 147

O livreiro Paulo Martin investe em seguros 148

8. JEAN-BAPTISTE BOMPARD: DE LISBOA AO RIO DE JANEIRO 151

9. A EDIÇÃO, O LIVRO E O BRASIL A CAMINHO
DA INDEPENDÊNCIA (1819-1822) 159

   A Revolução Liberal do Porto de 1820 e os acontecimentos posteriores 164

   A edição, a imprensa e a atividade do livreiro Paulo Martin em 1821 e 1822 168

10. DE PAULO MARTIN A JEAN-BAPTISTE BOMPARD, 1822-1824 177

11. A LIVRARIA DE JEAN-BAPTISTE BOMPARD (1824-1827) 183

   O retrato de Jean-Baptiste Bompard por Henrique José da Silva 187

   As atividades do livreiro Jean-Baptiste Bompard (1824-1827) 189

   A lista de livros dos irmãos Martin em 1825 190

   O catálogo da livraria de Jean-Baptiste Bompard (1825) 192

   A medicina curativa e purgativa de Le Roy 198

   As etiquetas da livraria de Jean-Baptiste Bompard 200

   Uma imprensa febril 201

   1826-1827: Os dois últimos anos de atividade do livreiro Jean-Baptiste Bompard ... 204

12. O RETORNO À FRANÇA DO LIVREIRO JEAN-BAPTISTE BOMPARD 207

13. UMA SEGUNDA VIDA BASTANTE LONGA: 1829-1890 215

   Um gabinete literário 216

   O antigo livreiro se instala na Grande Rue, 41, em Briançon 217

   Rememorações do Brasil 218

   A propriedade de "La Vachère" 220

   Os livreiros de Nápoles: Balthazard Borel e Charles Bompard 222

   *A municipalidade, as festividades de 1º de junho de 1857 e a
Medalha de Santa Helena* 223

   Jean-Baptiste Bompard e o mel briançonnais 226

   Um último olhar sobre o século 226

EPÍLOGO 229

BIBLIOGRAFIA E FONTES DOCUMENTAIS 231

ANEXOS 237

Imagem 1. Retrato de Jean-Baptiste Bompard por Henrique José da Silva. Óleo sobre tela, Rio de Janeiro, outubro de 1824. Coleção e fotografia de Jean-Jacques Bompard.

Prefácio

AVENTURA NO MUNDO DOS LIVREIROS...

Na caixa postal do meu computador, o nome "Bompard" trazia uma vaga lembrança. Ao abrir a mensagem, um texto em português, algo duro, explicava: um artigo, disponível na internet, que eu escrevera sobre livreiros franceses no Rio de Janeiro de inícios do século XIX, continha menção a um antepassado do remetente – o autor desse instigante e importante livro, agora traduzido para o português, que tenho a alegria de prefaciar. E não era tudo. Anexas, vinham reproduções de um selo de livraria da década de 1820 e do retrato a óleo do antigo livreiro Jean-Baptiste Bompard – pintado por Henrique José da Silva (1772-1834) –, o primeiro diretor da Academia de Belas Artes no Rio de Janeiro. Correspondência vai, correspondência vem; pesquisas aqui e ali; consulta a fichas guardadas há algum tempo. As peças começaram a se encaixar.

Esse primeiro contato com o atual senhor Bompard ocorreu em maio de 2008, época, no Brasil, das comemorações pelos 200 anos da chegada da família real. Fato fundamental para aqueles que estudam a história dos livros e dos livreiros, pois abriu o território para o comércio internacional, atraiu negociantes estrangeiros e viabilizou a introdução da imprensa. Assim se consolidaram e se multiplicaram os mercadores que se especializaram no ramo dos livros, como foram João Roberto Bourgeois e Paulo Martin, ambos também personagens deste livro.

Da troca de correspondência e documentos, foi-se revelando a história do outro Bompard, o livreiro do início do século XIX, um daqueles casos, raros na história, de indivíduos quase desconhecidos, mas com enorme potencial para esclarecer aspectos da época em que viveram. Natural de Briançon, no departamento dos Altos Alpes, no sudeste da França, Jean-Baptiste Bompard nasceu em 1797 e, 20 anos depois, trocou as montanhas natais por Lisboa, onde atuava um tio. Em 1818, seguiu para o Rio de Janeiro, a fim de colaborar com o primo Paulo Martin. Quando este falece, em 1824, torna-se o mais importante livreiro da cidade, depois de ter se estabelecido na rua dos Pescadores (atual rua Visconde de Inhaúma), número 49.

Muitos desses dados somente surgiram a partir de mensagens trocadas e das conversas travadas com Jean-Jacques Bompard, que vim a conhecer pessoalmente em 2010, numa dessas experiências da vida de que nunca mais se esquece. Aproveitando uma viagem com meu marido, também historiador, para participar de colóquio em Lisboa, ampliamos o percurso até Lyon. Ao desembarcar, encontramos um antigo executivo, apaixonado pelo esqui (tema sobre o qual publicou uma enciclopédia em 2005), mas que reunia igualmente, com zelo e paixão, as memórias da família. De carro, conduziu-nos a Grenoble, onde reside, e, durante quase três dias, mostrou-se um cicerone fascinante não só da comunidade de "nossos livreiros" – sobre os quais, não sendo historiador de ofício, realizou um trabalho de pesquisa espantosamente bem cuidado e detalhado –, mas ainda dos arredores da cidade, de onde tinham partido aqueles homens do passado que nos cativaram.

Primeiro, em casa do senhor e da senhora Bompard, examinei de perto o magnífico retrato de Jean-Baptiste, pintado em 1825, cuja autoria foi autenticada pelo Museu de Belas Artes do Rio de Janeiro. Enquanto eu o olhava, o descendente daquele que foi representado ainda jovem, de calça branca e casaco marrom, sentado um pouco de través numa cadeira simples, segurando um livro, que mantém marcado com o indicador esquerdo, aproximou-se. De uma caixa de papelão, retirou então dois objetos: um anel e uma curiosa joia, com duas pedras, uma vermelha, outra azul, presas a uma corrente de ouro. O primeiro, seu antepassado usava na mão direita, na pintura; o segundo, trazia à cintura, como uma espécie de fecho. Apesar da longa experiência de pesquisa, subitamente, como por efeito de uma *madeleine* proustiana, o passado se materializava para mim no presente, como nunca havia ocorrido.

Nessa primeira manhã, pude ver não só um exemplar de *Telêmaco*, os cinco volumes da obra do abade Raynal, como também um selo da livraria carioca, mas ainda tapeçarias feitas por Jean-Baptiste, uma das ocupações a que se dedicou ao voltar para Briançon. Numa delas, ao centro, lembrança decerto do Brasil, figurava uma onça. Ao mesmo tempo, acompanhei, atônita, a abertura de numerosas pastas com documentos sobre a família, pacientemente recolhidos e classificados: certidões de batismo, casamento e óbito; cartões de visita de comerciantes do final do século XVIII, inícios do XIX, e outros. No final, após mostrar o planejamento minucioso para o dia posterior, à maneira de um eficiente executivo, os comentários do senhor Bompard sobre aquele conjunto inestimável de informações tornavam o ambiente, as relações familiares e a trajetória de seu antepassado mais claras e concretas. Eu estava longe de imaginar o que ainda estava por vir.

Após a nevasca de uma noite de final de inverno, na manhã seguinte o céu amanheceu limpo, de um azul muito profundo. Saímos bem cedo de Grenoble em direção a Briançon. A estrada, já desimpedida, logo começou a serpentear, subindo a montanha, as encostas cobertas de neve muito branca. Pelo caminho, pequenas aldeias, algumas transformadas hoje em estações de esqui pela indústria do turismo no século XX: La Grave, Le Monêtier-les--Bains, Le Bez, La Salle-les-Alpes. Casas simples, com aposentos inferiores para abrigar os animais no inverno, de telhados que, apesar de íngremes, suportavam grossas placas de gelo. Forno comunitário para fazer pão. Pequenas igrejas antiquíssimas, cuja chave busca-se na morada vizinha – frias e austeras como há 200 anos. Por fim, quase na fronteira com a Itália, Briançon, fortaleza remodelada por Vauban a serviço de Luís XIV.

Nesse período, de um lado, a geografia tornava a região militarmente estratégica e também ponto de passagem obrigatório para os mascates que uniam a Itália, a França e a Suíça; de outro, a procura de condições mais favoráveis afastava daquele ambiente inóspito qualquer excedente populacional. Foi o caso da família Bompard, ali estabelecida desde o século XIII; como também daquelas outras, cujos sobrenomes encontram-se em qualquer estudo do comércio livreiro ao redor de 1800, entre os quais Borel, Martin, Reycend, Bertrand, Rolland, Aillaud. Seus membros emigraram e se fixaram em Nápoles, Turim, Paris e Lisboa; e chegaram, como visto, até o Rio de Janeiro! Conservando os laços de origem e casando-se entre si, criaram redes de relacionamento e de informação indispensáveis para o exercício do comércio naqueles tempos de comunicações lentas e precárias.

Ainda no final de 2010, um congresso nos Açores tornou possível novo encontro com o senhor Bompard, dessa vez em Lisboa. Juntos, visitamos o Arquivo da Marinha e o Histórico Ultramarino, em busca da data precisa em que Jean-Baptiste partira para o Brasil. Sem sucesso na ocasião, foram as minuciosas pesquisas posteriores do autor, com um domínio cada vez maior do português, que levaram à descoberta. Seis meses mais tarde, coube a Jean--Jacques Bompard refazer o trajeto de seu antepassado para conhecer o Rio de Janeiro em que vivera. Na Biblioteca Nacional, ele pôde então examinar o original manuscrito, na letra do próprio livreiro, do magnífico catálogo de 1825 da loja de Bompard, com mais de quatro mil obras publicadas em diversas línguas, cuja menção, em artigo meu disponível na internet, levara à mensagem eletrônica mencionada no início.[1] Na pequena igreja de Santa Rita, próxima da loja de Jean-Baptiste, seu descendente ainda visitou a sala da irmandade onde Paulo Martin atuara como compromissário nas eleições de 1821 para os deputados às Cortes portuguesas.

Arguto e tenaz, Jean-Jacques Bompard claramente adquiriu, à sua maneira, aquele "gosto do arquivo" de que a historiadora Arlette Farge[2] tece o elogio! Assim, a cada vez que nos correspondíamos, ele sempre trazia novidades para discutir comigo sobre a vida e o mundo dessas ricas personagens, demonstrando o domínio que passara a ter sobre a pesquisa histórica, graças à qual passou a recolher pistas e dados imprescindíveis para a análise de assunto tão rico.

O resultado de tantos anos de trabalho é o livro que agora se apresenta – *Livreiros do Novo Mundo: De Briançon ao Rio de Janeiro*. Nele, escrito em linguagem simples e direta, o autor procura examinar, com inteligência e exatidão, as diversas facetas do processo de formação do mercado livreiro que se constituiu entre França, Portugal e Brasil desde o final do século XVIII. Desse modo, mais do que simples biografia de Jean-Baptiste, sua principal personagem, o trabalho procura traçar a trajetória desses livreiros do *Novo Mundo* e

---

[1] Lucia Maria Bastos Pereira das Neves. "João Roberto Bourgeois e Paulo Martin: Livreiros franceses no Rio de Janeiro, no início do Oitocentos". *Anais Eletrônicos do X Encontro Regional de História da ANPUH-RJ – História e Biografias*, 2004. Disponível em: <https://www.google.com.br/#safe=off&q=trajetorias de livreiros no rio de janeiro>.

[2] Arlette Farge. *Le goût de l'archive*. Paris, Seuil, 1989.

PREFÁCIO | 15

analisar o caminho por eles percorrido. Para isso, recorre a duas dimensões: as histórias de suas vidas e a obra que realizaram, consubstanciada no papel que assumiram na vida cultural, política e editorial do período.

Ao mesmo tempo, ele não esquece que, além de indivíduos capazes de transmitir ideias novas de um lado para o outro do Atlântico, esses livreiros foram, sobretudo, homens de negócios. Tratavam de livros, sim, mas também, como era característico na época, de outros assuntos, participando de companhias de seguro ou de bancos, por meio da aquisição de ações, sem descuidar de fazer generosas doações à Coroa a que estavam submetidos para garantir privilégios.

A fim de atingir seus objetivos, Jean-Jacques Bompard formula diversas indagações e, fundamentado na ampla documentação que recolheu em instituições de pesquisa na França, em Portugal e no Brasil, apresenta suas respostas e análises em pequenos capítulos, compondo um todo coerente e harmonioso. Não se limita à simples identificação dos livreiros, mas procura examinar igualmente as práticas políticas e culturais do mundo luso-brasileiro do fim do século XVIII até inícios do XIX, época de agitação febril, com as invasões napoleônicas em Portugal, a transferência da família real portuguesa para cá, o crescimento do movimento editorial, a liberdade de imprensa e, por fim, a independência do Brasil em 1822. Importava, portanto, inserir esses homens e seus livros nesse contexto, tornando inteligível a passagem do Antigo Regime a uma nova ordem social, que chamamos *Modernidade*.

Sem dúvida, o olhar principal volta-se para a família Martin e, especificamente, para um *briançonnais*, Jean-Baptiste Bompard, que atravessou o Atlântico para fazer fortuna. No entanto, digna de nota é a preocupação em demonstrar as múltiplas ligações entre esses indivíduos. Assim, a reconstituição de filiações e a elaboração de árvores genealógicas permitem perceber como esses livreiros souberam conservar os laços de origem, reforçados em seguida pelos interesses comerciais. Talvez fruto da "solidariedade montanhesa", expressão de Georges Bonnant,[3] de que tinham dependido por séculos, foram buscar seus conterrâneos para consolidarem seus negócios com livros,

---

[3] G. Bonnant. "Les libraires du Portugal au XVIIIᵉ siècle vus à travers leurs relations d'affaires avec leurs fournisseurs de Genève, Lausanne et Neuchâtel". Coimbra, *Arquivo da Bibliografia Portuguesa*, 21-22 (6), jan./jun. 1960, pp. 195-200.

formando "densas redes de relações comerciais" e criando uma espécie de grande família, como, de outro ponto de vista, mostraram também os estudos de Manuela Domingos sobre os livreiros portugueses do século XVIII.[4]

Por todas essas razões, confirma-se a importância deste livro, em sintonia com as abordagens recentes da história dos livros e dos livreiros, mesclando a história cultural, a história política, a econômica e a social. O trabalho constitui, assim, não só mais uma janela sobre o século XIX, mas contribui para melhor compreender como tais indivíduos, dos Alpes ao Brasil, transformaram-se em importantes agentes do processo histórico.

Dessa maneira, vale lembrar, por último, que este estudo sobre Jean-Baptiste, um desconhecido até agora tanto no Brasil quanto na França, que seu descendente Jean-Jacques Bompard resgatou com tanta dedicação, permite retomar, mais uma vez, um diálogo entre os dois lados do Atlântico que vem de longe. Diálogo que se intensifica nesses momentos de encontro, quando, no início do século XXI, a pesquisa aproxima os interesses de uma historiadora, que lida com livros e livreiros, em uma margem, àqueles de um cidadão *ilustrado*, na outra, que tenta, em suas próprias palavras, "preservar a memória desta aventura entre a França, o Brasil e Portugal".

Lucia Maria Bastos Pereira das Neves

---

[4] Cf.: Diogo Ramada Curto *et al. As gentes do livro*: *Lisboa, século XVIII*. Lisboa, Biblioteca Nacional, 2007.

Apresentação

DA LEMBRANÇA DAS ORIGENS AOS CAMINHOS INTERROMPIDOS DA MEMÓRIA

Ao longo de gerações, em meio às comunidades camponesas dos Alpes, o rigor do clima e os escassos recursos da natureza podiam tornar inevitável a opção pela emigração. Entre os habitantes de Briançon,* foram muitos os que se exilaram, temporária ou definitivamente: tendo recebido uma educação que, da leitura à escrita e ao domínio da aritmética, lhes conferia as bases de um saber sólido e seguro, eles estavam preparados para enfrentar os imprevistos e desafios de uma existência não isenta de riscos.

Entre os primeiros emigrantes, além de professores, estavam os que se destinavam ao comércio, um campo para o qual demonstravam qualidades como obstinação e habilidade, favoráveis ao êxito.

A manifestação mais original dessa emigração emergiu, sem dúvida, a oeste de Briançon, no vale de La Guisane, entre os vilarejos de La Salle e de Monêtier, quando da formação de uma rede de mercadores tornados livreiros, a qual se impôs, no século XVIII, no mercado de livros do sul da Europa, principalmente na Itália, na Espanha e em Portugal. Seu sucesso, qualificado na época de um predomínio sobre o comércio de livros, consagrava o pragmatismo de alguns habitantes dos Altos Alpes. Depois de terem praticado um

---

* Subprefeitura do departamento dos Altos Alpes, o qual hoje inclui, na mesma região, a Provença e a Costa Azul, no sudeste da França. Com 12.370 habitantes em 2015, Briançon fica próxima à fronteira com a Itália. (N. da T.)

comércio itinerante e se inserido nos circuitos de distribuição abastecidos pelos impressores europeus mais atuantes, eles criaram seus próprios negócios.

Longe de sua terra natal, desenvolveram entre si uma nova forma de solidariedade que, geração após geração, se fortaleceu mediante associações e alianças de natureza endogâmica, as quais garantiam o controle de seus estabelecimentos comerciais e a transmissão de seus patrimônios. Além disso, não obstante a expansão de suas atividades e o afastamento da região dos Altos Alpes, os membros dessas famílias mantinham laços estreitos com suas localidades de origem, sob o princípio de que era preciso inspirar a mesma fidelidade entre seus filhos. Os eventos familiares dos quais ali participavam ofereciam periodicamente ocasião de reencontros. Mesmo apartados pelas viagens, era costume, especialmente, que os casamentos fossem celebrados em sua terra. Os contatos então travados propiciavam às novas gerações a oportunidade de um aprendizado sob a tutela e com a ajuda dos mais velhos.

Uma outra forma de vínculo com a terra natal advinha, para os originários dos Altos Alpes expatriados, da manutenção de um patrimônio ali, uma casa, terras, rendimentos, dos quais conservavam a propriedade ou o usufruto até o momento em que, com mais frequência ao final de sua existência, deles viessem a dispor mediante testamento em favor de um parente, da paróquia ou dos pobres de sua cidade ou lugarejo.

Este livro ilustra como, em diversas circunstâncias, se manifestou a relação de proximidade mantida entre as famílias que permaneceram no vale de La Guisane e aquelas que se estabeleceram no estrangeiro; e como também se ocultou um paradoxo: a pálida representação de que dispunham os *briançonnais* das atividades de seus parentes comerciantes, livreiros ou editores, em seus países de adoção. Os arquivos dos Altos Alpes encontram-se, com efeito, praticamente desprovidos de informações sobre o que foi, entre fins do século XVII e meados do século XIX, essa singular e longínqua aventura nos ofícios do livro.

De fato, é a partir das cidades onde desenvolveram seus negócios que eles devem ser estudados, conforme observaram vários historiadores. Assim é que importantes fontes documentais podem ser consultadas nos arquivos existentes em Lisboa, Portugal; o mesmo se aplica ao Rio de Janeiro, antiga capital do Brasil (1763-1960). Duas cidades que conservaram vestígios profundos e duráveis da atividade dos livreiros que foram precursores em uma época importante de sua história.

Este livro busca empreender a reconstituição do percurso original desses oriundos de Briançon. Eles pertenciam a antigas famílias estabelecidas desde o século XIII em Bez, comunidade de La Salle, na França. Mercadores por muitas gerações, vários se dedicaram ao negócio do livro na Itália (em Turim, Nápoles ou Gênova), enquanto outros preferiram se estabelecer em Lisboa, de onde foram os únicos a levar seu comércio até o Rio de Janeiro.

Uma vez que souberam conduzir seus negócios com energia e habilidade em um período agitado (invasão de Portugal pelas tropas de Napoleão, êxodo da Corte portuguesa, censura sucedida de liberação da edição e da imprensa e, por fim, a Independência do Brasil), seus nomes estão intimamente ligados à história da circulação das ideias e aos episódios marcantes da emancipação da antiga grande colônia portuguesa que contribuíram para delinear o Brasil de hoje.

O número e a qualidade de estudos e obras dedicados nos anos recentes a esses livreiros e a esse período, por pesquisadores ou historiadores portugueses e brasileiros, evidenciam a oportunidade de fazer reviver, do duplo ponto de vista dos Alpes de Briançon e dos países lusófonos, o que foi o caminho percorrido por seus protagonistas.

Uma reconstituição histórica que se justifica por um último paradoxo: um dos atores dessa aventura, o livreiro Jean-Baptiste Bompard, nascido em 1797 – ancestral em linha direta do autor destas linhas –, depois de permanecer por dois anos em Lisboa e dez no Rio de Janeiro, regressou a Briançon em 1828, onde viveu até idade avançada uma segunda existência dedicada à família, à agronomia e à apicultura. Longe do Brasil, ele conservou suas lembranças, com certa nostalgia, por meio de leituras e da feitura de tapeçarias que exaltavam o cenário dos arredores do Rio de Janeiro; mas, de modo inexplicável, não se preocupou em deixar um testemunho sobre os fatos e acontecimentos marcantes de sua vida no "Novo Mundo". Tudo se passou, de fato, como se o modo de vida do corpo social ao qual ele pertenceu no longínquo Brasil, tão distante dos hábitos em vigor na comunidade de Briançon, pudesse tornar tal relato desconcertante, de sorte que deve ter sentido que permaneceria como o homem daquela experiência pessoal.

De volta à terra natal, ele se tornou *Le Brésilien* ["o Brasileiro"], até mesmo em certidão civil,[1] mas a evocação por seus contemporâneos de sua história – ou, antes, de sua aventura – dificilmente ia além da anedota ou do pitoresco.

---

[1] Por ocasião do falecimento de Henriette Bompard, em 14 de novembro de 1870, a certidão do cartório mencionou que seu esposo era "Bompard, Jean-Baptiste (*Brésilien*), rentista". AD 05, Briançon, 1867-1870, folha 134.

Como explicar, ademais, que o historiador do Delfinado,* Aristide Albert – que se interessou em duas de suas obras, de 1874[2] e 1877,[3] pelos livreiros de Briançon, sem se aprofundar no tema –, não tenha, por ocasião dessas publicações, aproveitado a oportunidade de abordar o antigo livreiro Jean-Baptiste Bompard? Afinal, ele conhecia sua trajetória, já que a evocou brevemente no opúsculo[4] que dedicou, em 1899, ao filho dele, Numa Bompard.

Retomemos, então, essa história, buscando inicialmente no lugarejo de Bez os caminhos interrompidos da memória.

Imagem 2. A antiga comunidade de La Salle, no vale de La Guisane. Embaixo, à esquerda, a aldeia de La Salle; ao centro, ao pé do monte, a localidade de Bez. Fotografia de Francou, Briançon.

---

* Antiga província no sudeste da França cuja área correspondia, aproximadamente, aos atuais departamentos de Isère, Drôme e Altos Alpes. (N. da T.)

[2] Aristide Albert. *Le maître d'école briançonnais et les libraires briançonnais.* Grenoble, Allier, 1874.

[3] Aristide Albert. *Biographie, bibliographie du Briançonnais, canton de La Grave et du Monêtier de Briançon.* Grenoble, Imprimerie Veuve Rigaudin, 1877, pp. 95-96. Sucedendo a essa publicação, a Société d'Études des Hautes Alpes (n. de 1886, pp. 118-119) publicou um artigo do senhor Demersuay concernente às famílias de livreiros originários de La Salle, mas que tratava, de fato, dos Gravier e de sua emigração para Roma.

[4] Aristide Albert. *Les briançonnais – Numa Bompard, agronome.* Gap, Jean et Peyrot, 1899, pp. 8-9.

1

FAMÍLIAS CUJO PASSADO SE CONFUNDE COM O DA COMUNIDADE DE LA SALLE

Eles eram originários de Bez, vilarejo da comunidade de La Salle (Imagem 2), e pertenciam a famílias conhecidas naquele lugar desde o século XIII. Pelo fato de terem dado uma contribuição histórica à expansão do livro e da edição em diferentes países, sua aventura está agora inscrita ali na memória coletiva. O Império romano exerceu sua autoridade sobre esse território denominado "Le Bez" – vocábulo de origem celta[1] que parece evocar a reminiscência de um antigo povoado – por mais de cinco séculos. Período ao longo do qual Briançon tornou-se município, uma prefiguração das instituições autônomas que mais tarde administrariam essa província.[2]

Depois da queda do Império romano, no século IV, teve início um longo período de invasões e de despovoamento da região,[3] que terminou com a expulsão dos sarracenos pelos condes de Albon, os futuros delfins. Estes estabeleceriam suas propriedades nas duas vertentes do Montgenèvre, com apoio do prebostado de Oulx. Sob a sua suserania, por volta de 1250 constituiu-se uma pequena nobreza, cujos membros, tendo recebido terras em apanágio, possuíram-nas como cossenhores: entre eles, "incluíam-se nesse lugar os Bérard,

---

[1] Lucien Borel du Bez. *L'Église succursale du Bez* [livreto], 1963, p. 1.
[2] Dr. Chabrand. *Briançon administré par ses consuls*. Gap, Jouglard, 1888.
[3] A qual compreendia 13 aldeias em torno de Briançon.

os Gravier, os Jomars, os Bompard, os Ardoin, os Monier, os Borel, os Rabi e muitos outros".[4] Esse "feudalismo" com poderes limitados, com exceção de certos cargos atribuídos pelo delfim, cobrava taxas sobre suas terras e seus pastos nas montanhas e desfrutava de certas isenções e privilégios, como a desoneração do antigo tributo da "talha".

Quando, em 1338, o delfim Humbert II pretendeu fazer valer a reiteração de seus direitos específicos, enfrentou a resistência dos *briançonnais*, que temiam a abolição de seus costumes e privilégios. Assim, ele foi levado a assinar, em 29 de maio de 1343, seis anos antes da "transferência" do Delfinado à França, uma carta-transação com 38 artigos,[5] pela qual renunciava, em proveito das comunidades da região de Briançon, ao "usufruto pleno e inteiro de seus direitos feudais e senhoriais" (preâmbulo da carta), mediante o pagamento de uma soma de 12 mil florins (artigo XXXVII) e uma renda anual de quatro mil ducados de ouro (artigo VI).

A promessa de que seus herdeiros sucessores respeitariam suas disposições (artigo XXV) foi mantida, e cartas patentes foram enviadas a todos os reis da França até Luís XVI (em 1775). Assim, essas comunidades cuidaram, até o fim do Antigo Regime, em manifestar seu apego à pessoa do delfim, conforme testemunha o ofício religioso celebrado em La Salle em 24 de janeiro de 1766.[6]

Com a carta de 1343, os nobres foram privados de suas prerrogativas e todos os homens foram declarados livres, francos e burgueses, uma posição que, no espírito dos *briançonnais*, mantinha equidistância entre nobres e plebeus. Liberados de todo tipo de imposto (artigo IV), eles podiam eleger

---

[4] André Borel d'Hauterive. *Annuaire de la noblesse de France et des maisons souveraines d'Europe*. Paris, Au Bureau de la Publication, 1867, pp. 248-249.

[5] *La Grande Charte des Libertés Briançonnaises* de 29 de maio de 1343, segundo a tradução de Fernand Carlhian-Ribois.

[6] A 24 de janeiro de 1766, foi celebrada uma missa em La Salle "sob requisição de François Salle, cônsul, e de oficiais municipais da comunidade de La Salle, em tributo da homenagem, do reconhecimento e do respeito que devemos à gloriosa memória do altíssimo, poderosíssimo, ilustríssimo e virtuosíssimo príncipe Monsenhor, o Delfim (Luís, pai do futuro Luís XVI), falecido em 20 de dezembro de 1765 (em Fontainebleau), celebramos esse ofício fúnebre pelo repouso de sua alma em presença de Charbonnel-Salle, cônsul, Borel, ex-cônsul, Bompard, antigo cônsul, e François Salle, cônsul". AD 05, La Salle les Alpes, 1762/1766, folhas 81/104.

seus oficiais e cônsules[7] (artigo XII), bem como se reunir sem autorização para tratar de assuntos comuns.

O resgate dos direitos feudais instaurado pela carta-transação de 1343, sem implicar uma revolução, com certeza inspirou a moderação da qual deram prova os habitantes da região de Briançon em 1789. De fato, a Revolução Francesa não foi aceita sem que, durante vários meses, os *briançonnais* se empenhassem em assegurar suas isenções e liberdades; eles esperaram, com efeito, até o dia 19 de maio de 1790 para se decidir pela adesão aos decretos da Assembleia Nacional.[8]

Em um testemunho de sua antiga hereditariedade, o barão Borel du Bez[9] escreveu, em 29 de maio de 1930, a seu primo Lucien Bompard:[10] "A partir de 1343, nossas famílias preferiram contentar-se com a burguesia franca e guardar de sua origem apenas uma lembrança, e ficaram, desde então, na situação dos nobres do restante da França a partir de 1789 [...]".

Essa opção não foi compartilhada por todos os membros dessas famílias, das quais alguns ramos, lamentando a perda de seus privilégios, preferiram deixar o território em busca de outras províncias onde pudessem fazer valer seus antigos direitos; assim ocorreu com uma parte das famílias Arduin, Bérard, Bompard, Borel, Izoard, Monier e Tolozan.[11] Outros permaneceram na terra natal, como parte das famílias Borel, Bompard, Gravier, Bernard ou Raby, que, ao longo de gerações, formaram entre si numerosas associações. Entre seus membros e aliados estão os livreiros-editores dos quais reconstituiremos, nas páginas seguintes, o percurso longe de sua terra.

---

[7] Encarregados da gestão de uma comunidade territorial, os cônsules exerciam na época a função de magistrados municipais na França.

[8] Texto dirigido à Assembleia Nacional em 17 de maio de 1790 pelos procuradores-síndicos do distrito (Fundo Borel du Bez, AD 05 1, J.301).

[9] O barão Lucien Borel du Bez (1889-1977) era advogado por formação. Na condição de historiador do Delfinado, foi autor de várias publicações sobre os Altos Alpes e o Drôme, e realizou, inclusive como heraldista, pesquisas genealógicas aprofundadas sobre sua família e seus aliados, especialmente os Bompard e os Gravier.

[10] Lucien Bompard (1901-1987), descendente dos Bompard du Bez, posteriormente de Briançon (pai do autor destas linhas), contribuiu, após seu pai e seu tio, para a preservação de alguns arquivos familiares.

[11] Borel d'Hauterive, 1867, p. 248.

EM BUSCA DE UMA ASCENDÊNCIA

No final do século XIX, os descendentes da maioria dessas famílias tentaram comprovar suas antigas origens, apesar das dificuldades, devido às emigrações e aos desaparecimentos, em reconstituir sua genealogia entre os séculos XIII e XVI. Já o senhor de L'Argentière,[12] Brunet, anotara em suas memórias que, em 1527, alguns Bérard ou Borel não sabiam se descendiam de nobres daqueles tempos.[13]

Em um estudo dedicado a sua família, a dos Gravier, Geneviève Julliard[14] observou que não podia provar descender dos irmãos Gravier que prestaram juramento de nobreza em 23 de maio de 1339, mas ela considerou verossímil seu pertencimento a esse mesmo grupo familiar. Vários de seus membros dedicaram-se ao comércio do livro, principalmente na Itália, onde Jean Gravier, nascido em La Salle a 26 de novembro de 1724, foi registrado como livreiro em Gênova a 22 de outubro de 1746,[15] constituindo um ramo de uma das dinastias de livreiros-editores que se instalaram tanto em Roma como em Paris.

No que tange aos Borel, conhecidos como livreiros na Itália e em Portugal, foram realizadas pesquisas pelo comandante Louis Borel (1854-1924),[16] e principalmente por seu filho Lucien (1889-1977);[17] procedente de Gap,[18] essa família fixou-se em La Salle, em 1331. Os arquivos departamentais [AD] dos Altos Alpes permitem acompanhar sem interrupção os membros desse ramo dos Borel desde 1387.

Resta, contudo, demonstrar, com maior precisão, como os Borel, livreiros em Lisboa no século XVIII, partilharam suas origens com a família Borel du

---

[12] L'Argentière é uma das vilas da região de Briançon. O nome deriva da existência ali, no passado, de uma mina da qual se extraía uma mistura de prata e chumbo.

[13] Albert, 1877, p. 7.

[14] Geneviève Julliard. "La famille Gravier". Doc. datilografado, 1982, capítulo 1.

[15] *Bolletino d'Informazione Bibliografiche* La Berio. Gênova, jan.-fev. 1986, p. 45.

[16] Louis Borel du Bez (comandante). *Le conventionnel Borel du Bez, 1756-1796.* Gap, Jean et Peyrot, 1926.

[17] Lucien Borel du Bez. *Évolution de la noblesse briançonnaise.* Tournon, Maza, 1971; Lucien Borel du Bez. *Éloge de Georges Gariel. Les Borel dans l'Armorial du Dauphiné.* Discurso de recepção à Academia do Delfinado. Grenoble, Allier, 1964.

[18] André Guirard. *Notice historique sur la Maison Borel du Bez.* Paris, Firmin Didot, 1932.

FAMÍLIAS CUJO PASSADO SE CONFUNDE COM O DA COMUNIDADE DE LA SALLE | 25

Bez. Lucien Borel du Bez fez emergir esse vínculo ao expor,[19] fundamentando-se em seus arquivos particulares, que um ramo dos Borel foi representado
em Lisboa na segunda metade do século XVIII por dois de seus membros, estabelecendo, assim, seu pertencimento ao mesmo grupo familiar.

Enfim, no que concerne aos Bompard, mencionados em La Salle desde
1250,[20] o inventário dos arquivos departamentais dos Altos Alpes, ao recensear
diferentes documentos lavrados na comunidade de La Salle (sentenças arbi-
trais, consulares, transações etc.),[21] revela uma continuidade desse patrônimo
desde 1351, por vezes sob a denominação *Boniparis** (*Bonus-Par* nos registros
cartulários medievais).

Outra fonte fornece preciosas indicações sobre a genealogia da família;
trata-se de um memorando[22] (Imagem 3) estabelecido em 29 de março de 1690
pelo tabelião real Jacques Bompard, secretário da comunidade de La Salle, em
resposta ao pedido que lhe fora apresentado por Bonnardel, comerciante em
Auvergne, da parte de um Bompard de Saint-Victor, morador de Clermont-
-Ferrand,[23] que o interrogava sobre sua ascendência em La Salle, e cuja família
provavelmente emigrara ao longo do século XV.

Em seu memorando, ele explicava que "na presente comunidade há várias
famílias com o sobrenome Bompard que aparentemente provêm do *mesmo*

---

[19] Lucien Borel du Bez, 1964, p. 14. Foram citados: Pierre, sobrinho de Thomas Raby, e François, sobrinho e primo do futuro convencional Hyacinthe-Marcellin Borel.

[20] *Annuaire de la noblesse de France*, 1867, capítulo dedicado aos *briançonnais*, pp. 248-249.

[21] Archives départementales des Hautes-Alpes (comunidade de La Salle – série E). 1351/1365,
p. 61: Jn Bompard, promessa feita em diferentes atos; 1367/1379, p. 44: Jn Bompard, aprovação
pelos habitantes de La Salle de uma sentença arbitral (limite de território) e pagamento de uma
pensão ao delfim; 1375/1384, p. 45: Jn Bompard (*Boniparis*), sentença arbitral sobre uma questão de limite de território; 1380/1386, p. 43: Jn Bompard (*Boniparis*), sentença arbitral entre La
Salle e Le Monêtier a respeito dos diques em La Guisane; 1471/1481, p. 49: Jean e Florimond
Bompard, procuração para receber a pensão do delfim; 1582/1645, p. 36: Claude Bompard e
Antoine, documento relativo ao depósito de uma quantia por uma terra; 1627/1646, p. 66: Marcellin Bompard (notário) a respeito de dízimos que o juizado de Oulx recebe em La Salle.

* A expressão *Boniparis* significa algo como "boa sorte", segundo esclarecimento do autor deste
livro. (N. da T.)

[22] Memorando do tabelião real Jacques Bompard ao comerciante Bonnardel, datada de 29 de
março de 1690. Arquivos Família Bompard, cota 2.AB.59.1.

[23] Esse pedido pôde ser formulado por Étienne Bompard, bisneto de Marcellin Hercule Bompard (1574-1648), que foi um dos médicos de Luís XIII.

Imagem 3. Memorando do notário Bompard (1690). Arquivos Família Bompard, fotografia J.-J. Bompard.

tronco comum, cujos ramos podem estar espalhados por muitos lugares, uma vez que as pessoas desta terra estão sujeitas a ir comerciar ou a outros empregos".

Em seguida, tendo lembrado sua própria ascendência, com ao menos quatro gerações de notários, e citado alguns dos Bompard conhecidos fora do país, ele esclareceu que "os chefes de família dos outros Bompard desta localidade são quase todos comerciantes". Assim, a memória do tabelião Bompard, redigida com base em um histórico de mais de 300 documentos relacionados em seu repertório,[24] pôs em evidência que os Bompard tinham constituído, pelo menos desde o início do século XVI, um ramo de notários e, de outro lado, um outro ramo que exerceu, de longa data, o comércio fora do Delfinado, na Itália e em outras regiões.

UMA VIDA DE LABOR EM UMA TERRA INGRATA

Quando, em 19 de maio de 1790, os procuradores-síndicos do distrito de Briançon encaminharam sua adesão à Assembleia Nacional, descreveram da seguinte maneira o Briançonnais: "Em meio aos rochedos terríveis que nos cercam, sobre estas montanhas estéreis, das quais um trabalho con-

---

[24] O repertório de documentos de Jacques Bompard (período 1630-1650) inclui perto de 350 referências nominativas que remetem aos documentos desse notário. Arquivos da família Bompard, cota 2.AB.21.1. Esse repertório e o memorando (nota 22) pertencem a um conjunto de 250 peças provenientes dos notários Bompard de La Salle, adquiridas em Paris na livraria Engelmann por intermédio de Lucien Borel du Bez por volta de 1930. Essas peças haviam sido parcialmente classificadas e analisadas por Edmond Maignien, antigo bibliotecário da Biblioteca de Grenoble.

tínuo e penoso extrai somente algumas colheitas, a liberdade encontrará sempre seu último refúgio; nós a adquirimos a preço de ouro dos últimos soberanos do Delfinado".

No estreito vale de Guisane, as aldeias e vilarejos eram ligados por caminhos traçados, em grande parte, sob a ocupação romana. Único em tal situação, o *habitat* da comunidade de La Salle estendia-se pelas duas vertentes do vale, de ambos os lados do rio: do lado ensolarado, La Salle e os vilarejos dos Pananches e da Chirouze; do lado sombrio, o vilarejo de Bez, no cume de um cone de terras férteis dando acesso aos prados de estiva de Fréjus (Imagem 4), onde, quando ocorria o derretimento das neves, uma parte dos habitantes instalava-se com os rebanhos durante todo o verão. Bem expostas, as terras de Bez eram conhecidas por fornecer feno em quantidade, assim como cereais e frutas, mas a longa duração dos invernos e as geadas tardias tornavam as colheitas aleatórias, de modo que o gado, com os deslocamentos no verão, constituía um recurso primordial.

Imagem 4. Antigo *habitat* dos chalés de estiva em Fréjus, no inverno (um vilarejo dotado de uma capela; altitude de 1.940 metros). Fotografia de Francou, Briançon.

28 | LIVREIROS DO NOVO MUNDO

O rigor e a precariedade das condições de vida manifestavam-se no dia a dia; os partos constituíam uma circunstância arriscada para todas as mulheres e a mortalidade infantil era um flagelo que atingia até um terço dos recém-nascidos e das crianças mais novas; eram então inumados num quadrado denominado "das criancinhas", a elas reservado no cemitério. Com frequência, o recém-nascido não parecia "viável"; assim, a primeira providência era fazer com que os que cercavam a mãe trouxessem água,[25] a fim de que o padre, que nunca se distanciava, pudesse batizar o bebê e atestar que ainda vivia no momento da unção salvadora.

Se a doença e os acidentes eram uma ameaça permanente, as epidemias[26] representavam outra calamidade; a peste grassava em 1348, como ainda entre setembro de 1629 e março de 1630, aniquilando até metade da população em algumas aldeias.

Enfim, último território antes do Piemonte e da Itália, o Briançonnais esteve, do século XVI ao XVIII, e particularmente entre 1628 e 1712, sujeito à passagem dos exércitos franceses mobilizados contra os aliados, até o Tratado de Utrecht, de 1713. Malgrado seus poucos recursos, as comunidades deviam, com isso, subvencionar as necessidades das tropas e sujeitar-se a contribuições, requisições e servilismos que constituíam uma preocupação permanente para os cônsules encarregados de satisfazer essas demandas e de estabelecer, com vistas à sua posterior indenização, um quadro detalhado das despesas com as quais tiveram de se comprometer. Alguns desses documentos foram conservados em Briançon.[27] Também os arquivos do notário Jacques Bompard, na época secretário da comunidade de La Salle, contêm um resumo[28] do custo dos fornecimentos concedidos em maio de 1696 às tropas do regimento irlandês de Athlone, que se puseram a serviço de Luís XIV.

---

[25] Um exemplo, entre outros: em 1º de fevereiro de 1688, falecimento de Pierre Bompard, filho de Pierre (ramo Lantelme), que recebeu água, junto à mãe, das mãos da viúva Borel, a qual assegurou que o bebê ainda vivia. AD 05, La Salle, 1686-1690, folhas 26/86. No mesmo ramo familiar, em 12 de fevereiro de 1713, foi batizado Jacques Bompard, filho de Antoine Bompard e de Marie Béguier, neto de Lantelme Bompard (ver genealogia de Paul Martin, Anexo 4), que faleceu poucos dias depois e foi enterrado no quadrado das criancinhas do cemitério em 19 de fevereiro. AD 05, La Salle, 1709-1714, folhas 84/127.

[26] Epidemias de peste de 1629-1630, arquivos municipais de Briançon, G.G. 130.

[27] Alojamento e passagem das tropas, arquivos municipais de Briançon, 1681 (EE 142), 1689 (EE 159), 1727 (EE 252).

[28] Arquivos família Bompard, cota 3.AB.10.1. As tropas irlandesas, após terem sido derrotadas em Limerick, quando lutavam sob ordens de Jaime II, tiveram de recuar na França.

O LUGAR RESERVADO À INSTRUÇÃO

Como um desafio às condições de vida precárias e penosas, a instrução era uma prioridade no seio de cada comunidade do Briançonnais. Organizada sob a responsabilidade dos cônsules, sem distinção nem privilégio entre as famílias, ela assegurava, antes de tudo, uma formação em leitura, escrita e cálculo, e posteriormente em outras disciplinas.

Desde 1343, a criação dos *escartons*[29] havia suscitado, em cada vila, a criação de uma organização autônoma e original de instrução das crianças. Quando, a partir do início do século XVI, se desenvolveu o movimento da Reforma,[30] os protestantes, cujo apreço pela instrução era estimulado pelo uso dos textos religiosos na vida cotidiana, levaram consigo, para as localidades onde se instalaram, sua contribuição a esse sistema de educação, principalmente nas áreas de Gapençais e Haut-Embrunais e no vale Cluson, um *escarton* à parte daquele de Oulx.

O nível de instrução e cultura alcançado pelos membros das comunidades do Briançonnais ainda resta um paradoxo, a tal ponto parece ter sido significativa a distância entre o conhecimento adquirido por esses montanheses e o que era observado nos outros territórios do reino. Diversos historiadores, entre os quais François Furet e Jacques Ozouf, concluíram, a partir de assinaturas de certidões de cartório,[31] que a proporção de homens que dominavam a escrita (mais de 80% dentre eles em 1690) colocava essas comunidades dos Alpes na primeira fila das regiões mais alfabetizadas do país – e a página do registro da certidão de casamento do convencional Borel, de 1778 (reproduzida no Anexo 10), fornece uma perfeita ilustração disso.

---

[29] Os *escartons* eram uma federação das comunidades aldeãs do "grande Briançonnais". De formação antiga, seu funcionamento foi reconhecido pela transação de 1343, que definia suas atribuições: a defesa das liberdades, políticas e econômicas, entre as quais a educação; eles moldaram, por mais de quatro séculos, um particularismo local inteiramente original. Cf. Angélique Blanc-Serra. "L'offre scolaire sous la République des Escartons: L'exemple de Briançon". *Bulletin de la Société d'Études des Hautes-Alpes*, p. 53 e ss., 2014.

[30] Após um início da Reforma, em 1522, os protestantes se apoderaram de Gap em 1562, e Lesdiguières se tornou senhor de Embrun em 1585. A primeira implantação de um pastor em Briançon data de 1605, mas a pequena cidade permaneceu sem pastor entre 1630 e 1665.

[31] François Furet & Jacques Ozouf (org.). *Lire et écrire. L'alphabétisation des français de Calvin à Jules Ferry*. Paris, Minuit, 1977, p. 57 e ss.

Com a ausência dos homens, cujas atividades (professores, mascates, entre outros) os mantinham afastados por longos períodos, as mães respondiam pela continuidade da educação dos filhos. Como o papel era um material raro na época, por vezes, os meninos exercitavam seu aprendizado com base em documentos da família.[32] Ao comentar esse sistema educativo, Aristide Albert,[33] historiador do Delfinado, explicou que "a superioridade intelectual (dessa juventude) residia em uma instrução mútua organizada no seio da família, a qual reforçava as práticas da vida em comunidade".

Por volta dos 18 anos, muitos jovens tinham adquirido conhecimento suficiente em certas disciplinas para oferecerem, durante o inverno, seus serviços nas escolas, até mesmo como preceptores. Assim, ausentavam-se por longos meses em razão desses compromissos, que os levavam não só a outras partes do Delfinado, mas às regiões de Bresse, de Lyon, da Provença, ou até mais longe. O vale de Névache, por exemplo, foi grande provedor de professores até a época da Revolução Francesa, e os registros das comunas mencionam, em anos sucessivos, a concessão de várias dezenas de passaportes.

Preparados pela formação e pela educação a uma emigração temporária (que eles sabiam poderia se tornar definitiva), esses jovens compartilhavam tal situação com a de colegas que, dispondo de uma mesma bagagem intelectual inicial, passaram a se dedicar a alguma atividade no comércio.

DA MASCATAGEM AOS OFÍCIOS DO COMÉRCIO

Apesar das aparências, essas comunidades rurais estavam longe de se acharem isoladas. Havia muito, os caminhos abertos para a transposição dos Alpes tinham criado condições para a circulação de homens e de mercadorias e para o desenvolvimento das trocas entre as províncias que os vales interligavam. Além disso, incontáveis peregrinos utilizavam essas vias de passagem para ir a Roma ou a Santiago de Compostela, conforme demonstram a capela Saint-Jacques de Prelles, do final do século XIII (a

---

[32] Há um exemplo, entre outros, de aprendizagem da escrita em uma ata de sucessão de Marie--Madeleine Borel, em 1688. Arquivos da família Bompard, 2 AB-43-1.

[33] Albert, 1874, pp. 5-6.

seis quilômetros de Briançon), e suas pinturas murais medievais. Tais deslocamentos foram estimulados ainda, no século XIV, pela instalação do papado em Avignon.

No início do século XIII, o volume desse tráfego[34] havia justificado a criação de uma feira sazonal em Briançon. Ela incluía gado e produtos locais, até se tornar um evento econômico bastante movimentado, com vários dias de duração: assim ocorreu com a que foi organizada em setembro de 1646,[35] quando comerciantes originários do Piemonte, de La Salle, do Comtat, além de La Seyne, Pignerol, Carpentras e Barcelona, ali expuseram têxteis, peles, ourivesaria, chapelaria, cordame, carnes e outros artigos.

Foi nesse contexto, já pelo fim da Idade Média, que surgiu nesses vales a mascatagem em meio a famílias de tradição agrícola à procura de meios para melhorar sua situação. No início, seus membros praticavam a venda ou a troca de produtos locais em outras regiões; depois, ampliaram sua atividade com a revenda de produtos e artigos – trocados ou comprados – que apregoavam em territórios ou povoados afastados dos pontos de venda ou de produção, empreendendo assim incursões cada vez mais longas.

Os *briançonnais* se envolveram bem cedo nessas transações: mascates, depois comerciantes, ligados por uma grande solidariedade entre os membros de uma mesma vila, eles levaram seu comércio a diferentes províncias da França, à Itália e, mais tarde, à Espanha. Ausentes por longos meses, suas cartas, confiadas por vezes a membros de sua comunidade encontrados em viagem, eram o único meio de comunicação com as esposas. E elas, respondendo "à noite, à luz de vela", se esforçavam em lhes prodigalizar as palavras mais reconfortantes sobre a manutenção dos bens e os progressos feitos pelos filhos, que "justamente tinham acabado de se deitar", conforme ilustram bem as cartas trocadas no século XVIII entre Hyacinthe Marcellin Borel e sua esposa Charlotte ou seus aparentados Gravier e Bompard.[36]

Para os jovens, assumir a responsabilidade por um membro da família ou da comunidade marcava o início de um período de aprendizado rigo-

---

[34] Jacqueline Routier. *Briançon à travers l'histoire*. Gap, Société d'Études des Hautes Alpes, 1981, pp. 95-106.

[35] "Foires et marchés" [Feiras e mercados], arquivos municipais de Briançon, cota H.H.7.

[36] Fundo Borel du Bez. AD 05, Gap, 1 J 301.

roso, durante o qual nada podia ser deixado ao acaso. É o que mostra o exemplo de certo Thomas Borel, que assinou, em 14 de setembro de 1753, uma prestação de contas detalhada do dinheiro[37] que lhe fora adiantado por Joseph Bompard referente a fornecimentos – principalmente de vestuário – durante seu aprendizado, entre 1751 e 1753, com o senhor Rignon, comerciante em Pignerol.

Para a maioria dos jovens e chefes de família, assim obrigados a buscar fora da região de Briançon recursos que ali eram escassos, a emigração geralmente se tornava definitiva quando obtinham êxito. Dotados de caráter forte, como um reflexo de sua terra natal, hábeis para os negócios,[38] esses homens demonstraram também ser muito formalistas e apegados a documentações, manifestando uma desconfiança que lhes impunha tomar todas as precauções formais ao concluir um negócio. O que era também herança das práticas inspiradas por um notariado formado no direito romano sob influência histórica do Piemonte. De fato, o registro de Oulx menciona a existência, desde 1223,[39] de um notário em Briançon, e de outros dois em Villar d'Arène. Logo, eles passaram a ser tão numerosos que Luís XIII viria a determinar a extinção desse posto, criando, em 1627, na província do Delfinado, 1.200 cargos hereditários.

É possível ilustrar esse comportamento dos *briançonnais* tomando-se como exemplo uma venda de lençóis realizada em Châtillon les Dombes (departamento de Ain) por dois membros da família Bompard (Antoine e Sébastien), a respeito da qual um documento notarial foi registrado em 15 de março de 1666,[40] ou lembrando ainda membros das famílias Reycend e Guibert (originários do Monêtier e de Guibertes) estabelecidos como livreiros na Itália entre 1675 e 1690, que faziam seu notário redigir, a cada ano, certidões

---

[37] Despesas adiantadas por Joseph Bompard, no montante de 65 libras do Piemonte, pagas em 3 de dezembro de 1753, em parte em gêneros. Arquivos da família Bompard, cota 3 AB 41.

[38] Société d'Études des Hautes Alpes. *Les briançonnais au commencement du XVIIIe siècle. Moeurs des habitants*, 1882, pp. 101-104.

[39] R. Gollion [notário]. "Institution du Notariat à Grenoble et en Dauphiné". *Les Alpes Économiques* (Apaf), maio-jun. 1932.

[40] Arquivos da família Bompard, cota 2.AB.21.1.

sobre todas as disposições de sua vida privada ou comercial,[41] tendo como regra comum manter rigorosamente as cadernetas contábeis.

Da mesma forma, os originários dos Altos Alpes que emigraram para Portugal no século XVIII tiveram o cuidado de formalizar perante o notário todos os fatos de sua vida civil ou societária, o que hoje nos permite dispor de uma documentação detalhada sobre suas atividades e as de suas famílias.

A partir de quando os comerciantes *briançonnais*, detentores de inegável instrução, evidenciada por um comprovado gosto pela leitura, acrescentaram os impressos, os folhetos e os primeiros livros à sua oferta de mercadorias? Isso ocorreu, provavelmente, em fins do século XVI. Na obra *Histoire du colportage en Europe*[42] [História da mascatagem na Europa], Laurence Fontaine cita, entre outros, certo Gravier, devedor de um impressor em 1578, e posteriormente um Bompard, por um compromisso firmado em 1690. O autor sublinha que a assinatura do Tratado de Utrecht, em 1713, obrigou esses comerciantes a abandonar a Itália[43] e seguir para a Espanha e também para Portugal, país que já tinha despertado o interesse deles havia algumas décadas. Por exemplo, segundo uma fonte portuguesa,[44] assinalava-se desde 1674 a presença nesse país de um comerciante da região de Briançon, Joseph Charbonnel, sem que se saiba exatamente seu ramo de atividade.

Os testemunhos que chegaram até nós sobre o início desses mercadores itinerantes no comércio de livros, como o que se refere a Dominique Villars,[45] de Champsaur, nos Altos Alpes, descrevem a aspereza do ofício,

---

[41] Giancarlo Chiarle. *L'Europa del libro: Librai torinesi a Lisbona nel '700*. Torino, CSRS, 2006, p. 19.

[42] Laurence Fontaine. *Histoire du colportage en Europe – XVᵉ-XIXᵉ siècle*. Paris, Albin Michel, 1993, pp. 76-77.

[43] A transferência de uma parte das transações da Itália para outros países, após a assinatura do Tratado de Utrecht, e a perda dos territórios do Piemonte tinham obrigado os *briançonnais* que desejavam prosseguir as trocas com esse país a conformar-se com a instauração de taxas e autorizações. Um exemplo: em 9 de maio de 1783, os irmãos Bompard escreveram de Briançon a seu primo Hyacinthe Marcellin Borel, futuro convencional [na Revolução Francesa], então comerciante em Turim (onde haviam se estabelecido alguns Bompard e Gravier), para que ele interviesse contatando a pessoa encarregada pelo rei da Sardenha de liberar a autorização de saída do reino de "200 quintais de pedras de greda" que eles pretendiam adquirir (Fundo Borel du Bez).

[44] Manuela D. Domingos. *Livreiros de Setecentos*. Lisboa, Biblioteca Nacional, 2000, p. 22.

[45] Esse testemunho consta em Georges de Manteyer. *Les origines de Dominique Villars*. Gap,

34 | LIVREIROS DO NOVO MUNDO

e as dificuldades do transporte de malas de livros de uma cidade a outra. Além da necessidade, para se lançar nessa aventura, de tomar dinheiro emprestado ou de se associar a comerciantes, parentes ou próximos, que já possuíssem, ao mesmo tempo, a capitalização necessária, experiência e o acesso a uma rede de venda.

Se, historicamente, o comércio do livro se havia limitado a uma oferta restrita de obras destinadas sobretudo a eclesiásticos, médicos e juristas, a partir do século XVIII, esse negócio conheceu um nítido desenvolvimento em Portugal, ao qual, organizados em corporação, se dedicaram livreiros portugueses e estrangeiros.

Foi ao longo desse período que os primeiros comerciantes dos Altos Alpes, todos originários do Monêtier de Briançon, emigraram para Portugal, onde em poucos anos passaram a ocupar uma sólida posição nos ofícios do livro.

1822, pp. 210-211. É tirado de uma notícia biográfica de Dominique Villars escrita por ele, em 1805, na qual evoca suas lembranças de comerciante ambulante entre Lyon e o norte da Borgonha durante o ano de 1764, as dificuldades do ofício, e também o tempo que dedicava à leitura de livros de medicina, anatomia, botânica, geografia, geometria, além de suas permutas com advogados e médicos.

2

OS PRECURSORES DO MONÊTIER DE BRIANÇON (HOJE, MONÊTIER-LES-BAINS)

Os documentos históricos falham em descrever com precisão a trajetória dos primeiros mascates e negociantes *briançonnais* que vieram a exercer o comércio de livros em Portugal. Ao longo do século XVII, verificava-se nesse país uma demanda de brochuras ou de livros que, em decorrência dos limitados recursos dos raros impressores ali existentes, era satisfeita em grande parte por seus confrades de Lyon ou Paris, da Suíça ou mesmo dos Países Baixos.[1] Essa demanda se referia essencialmente a obras religiosas ou de caráter jurídico, as únicas que podiam desafiar os rigores da Inquisição,[2] exercidos sobretudo no porto de Lisboa.

De modo ainda mais significativo, em termos de livros expedidos, impressores da França, da Itália, da Suíça, da Alemanha e dos Países Baixos eram fornecedores da Espanha – país que, desde 1730, durante dois ou três decênios, passou por circunstâncias que beneficiaram, entre outros, a casa Gosse e os irmãos Cramer. Sozinhos à frente de sua empresa, em 1753, estes últimos tinham numerosos correspondentes nas cidades da Europa. Uma vez que os impressores espanhóis contavam com precários recursos, esse país dependia do exterior para o abastecimento de livros. De fato, "o pouco que ali se imprime é muito ruim e muito caro",

---

[1] Francisque Michel. *Les portugais en France et les français au Portugal*. Paris, Guillard et Aillaud, 1832, p. 121.

[2] Georges Bonnant. *Le livre genevois sous l'Ancien Régime*. Genève, Droz, 1999, pp. 8 e 16.

observava em 1753 o funcionário genebrino François Grasset em uma carta a Malesherbes. Na mesma época, um autor[3] viria a observar que esses mesmos males se verificavam entre os impressores e editores de Portugal, acrescentando, porém: "Lá os censores são menos ridículos que na Espanha, e a existência de um público instruído […] cria condições mais favoráveis à expansão dos ofícios livreiros".

Nesse contexto, comerciantes *briançonnais* estabeleceram relações com impressores-editores principalmente de Lyon, da Suíça e da Itália, o que lhes permitiu se interessar pelo comércio livreiro na Espanha. Assim, quando se realizou a *enumeração* da população do Monêtier, em 1723,[4] recenseou-se, nessa vilazinha (Imagem 5) e no vilarejo vizinho de Guibertes, uma quinzena de mascates e mercadores, pertencentes às famílias Rey, Rolland, Hermil, Bonnardel, Gaillard e Gendron. Alguns deles eram conhecidos por comerciar na Espanha (Joseph Bonnardel), também aí como comerciantes-livreiros (caso de Jean Gaillard). Embora distantes da aldeia natal por longos meses, ou definitivamente, todos eles ali conservavam terras ou uma casa, e até mesmo cabeças de gado.[5]

Imagem 5. Le Monêtier de Briançon, altitude de 1493 metros. Gap, Joubert editor.

[3] Jacques Guinard. "Le livre dans la Péninsule Ibérique au XVIIIe siècle". *Bulletin Hispanique*, t. 59, n. 2, 1957, pp. 180-181.

[4] *Dénombrement* do Monêtier de 22-23-24 de abril de 1723. Arquivos do Monêtier, EE 186 (recenseamento de 1.011 habitantes, dos quais 288 homens casados e 117 meninos com mais de 12 anos).

[5] *Dénombrement* do Monêtier de 17 de agosto de 1736, que menciona duas vacas de Pierre Rey, cônsul, duas juntas de bois e um cavalo de Joseph Bonnardel, comerciante em Barcelona. Arquivos do Monêtier, EE 182.

Vários dos patrônimos antes mencionados – notadamente os Rey, Rolland, Bonnardel e Gendron – figuraram na primeira metade do século XVIII entre os livreiros radicados em Lisboa, o que dá credibilidade à hipótese de que vários deles ajudaram a promover o negócio do livro em Portugal: uma questão que, todavia, permanece sem resposta documentada, salvo se considerarmos a fonte já citada,[6] que menciona a presença de um emigrante *briançonnais*, Joseph Charbonnel, filho de Antoine, nascido em Monêtier,[7] que chegara em Lisboa em 1674, aos 18 anos. Porém, nada indica que ele tenha exercido lá alguma atividade no setor de livros.

Vamos nos ater, então, à publicação[8] que confere papel precursor a Pierre (Pedro) Faure, natural do Monêtier, que inseriu em 1727, na *Gazeta de Lisboa*, um anúncio referente à venda de estampas em sua loja da "antiga cordaria",* empregando assim um modo de se fazer conhecer ao qual os comerciantes recorreriam com frequência mais tarde.

Estabelecido posteriormente na rua do Norte, Faure esteve na origem de uma dinastia de livreiros, perpetuada com o sobrenome Bertrand (ver sua genealogia no Anexo 1 deste volume) após o casamento de sua filha, Madeleine, com Jean-Joseph Bertrand, nascido no Monêtier em 18 de março de 1720.

Pierre Faure deixou um testamento, redigido em 14 de janeiro de 1753,[9] pouco antes de morrer, em 11 de março do mesmo ano, cujas disposições, conforme costume dos *briançonnais* emigrados, incluíam doações à paróquia e ao hospital de sua aldeia. Seu genro, Jean-Joseph (João José) Bertrand, que enviuvara poucos anos após o casamento, desposou em segundas núpcias Marie-Claire (Maria Clara) Rey, em 8 de fevereiro de 1752, na igreja do Monêtier; união que ampliava a rede de alianças firmadas entre famílias do mesmo lugar.

---

[6] Manuela D. Domingos, 2000, p. 22.

[7] Os arquivos do Monêtier são desprovidos de documentos referentes ao ano de 1656 (ou seja, daquele que seria o ano de seu nascimento).

[8] Manuela D. Domingos. *Bertrand: Uma livraria antes do terramoto/Une librairie avant le tremblement de terre*. Lisboa, Biblioteca Nacional, 2002, p. 60.

* Antigos agrupamentos de fabricantes e comerciantes de cordas e afins presentes em bairros de cidades europeias desde a Idade Média. (N. da T.)

[9] Testamento de Pedro Faure. IAN/TT, Registo Geral de Testamentos, Lisboa, 11 de janeiro de 1753, livro 255, folhas 22-23 v. (aprovado em 14 de janeiro de 1753, aberto em 11 de março de 1753).

A 2 de julho de 1753, considerando o caráter definitivo da instalação do casal em Lisboa, Marie-Claire Rey escreveu[10] ao intendente do Delfinado solicitando que seu esposo, Jean-Joseph Bertrand, fosse demitido de suas funções de cônsul pelo fato de que, tendo se estabelecido como livreiro em Lisboa, "distante quatrocentas léguas do vilarejo" (*sic*), não tinha mais nenhum vínculo com a comunidade do Monêtier.

Sob impulso dos Bertrand, aquela livraria adquiriu um papel de destaque no mercado de livros português, e apresentou em 1755 o primeiro catálogo dedicado ao livro francês publicado em Lisboa. Composto de 1.780 títulos – a maioria publicada por casas editoras parisienses –, o catálogo incluía obras sobre teologia, direito, ciências e artes, além de literatura e história, segundo a análise feita por Manuela D. Domingos.[11]

Duas outras famílias de livreiros, ligadas entre si por diferentes motivos, e também conhecidas como precursoras, seguiram caminho próprio e tiveram uma posição marcante no comércio do livro em Lisboa a partir da década de 1730: Guibert & Reycend.[12]

François Guibert, originário do vilarejo de Guibertes, comunidade do Monêtier, onde nasceu em 1642, tinha emigrado como comerciante para Turim em 1675. Seu filho Jean-Joseph, nascido em 1689, partiu para Lisboa em 1730, onde trabalhou como livreiro, especialmente sob a insígnia "Guibert & Reycend".[13] Ele fez seu testamento em 16 de maio de 1736,[14] pouco antes de falecer em sua casa, na paróquia lisboeta de Nossa Senhora dos Mártires, em 23 de maio do mesmo ano. Também originário da comunidade do Monêtier, Jean Reycend tinha chegado a Turim por volta de 1690,[15] onde morreu em 1717, deixando dois filhos, Jean-Joseph, nascido em 1713, e Joseph. Ambos se tornaram livreiros e se instalaram em Lisboa em torno de 1730. Na década de 1740, eles se associaram a Pierre Gendron, igualmente do Monêtier, e editaram, sob a insígnia "Reycend & Gendron", diversos catálogos de livros

---

[10] Arquivos do Monêtier-BB 143.

[11] Em Domingos, 2002, p. 67 e ss.

[12] Ver a história desses livreiros em: Chiarle, 2006.

[13] A 24 de julho de 1732, aparecia na *Gazeta de Lisboa* um anúncio da livraria Guibert & Reycend. Cf. Domingos, 2000, p. 24.

[14] IAN/TT, Lisboa, Registo Geral de Testamentos, 16 de maio de 1736, livro 209, folhas 112v-114.

[15] Chiarle, 2006, p. 13.

em latim e em francês.[16] Após o primeiro, datado de 1741, seguiram-se outros, cuja publicação esteve sem dúvida na origem da remessa de livros, em maio de 1747, à Real Biblioteca do palácio de Mafra, a noroeste de Lisboa. Enfim, como todo o comércio de livros na época, sua atividade foi submetida a rigorosa censura, exercida então pelo conselho geral do Santo Ofício. Por esse motivo, em 18 de fevereiro de 1752, eles tiveram de enviar para fora do reino um lote de livros proibido.[17]

Depois do terremoto de 1755, no qual faleceu Jean-Joseph Reycend,[18] seu irmão Joseph voltou para Turim no final daquele ano. Já em 1756, outro membro da família, Jean-Baptiste (João Baptista) Reycend,[19] nascido em 1735, assumiu seu lugar em Lisboa. Livreiro em atividade por mais de 50 anos, ele manteve relações comerciais com seus confrades originários dos Alpes, assim como com portugueses, e em sociedade com eles fundou uma fábrica de copos, frascos e garrafas em 1792, da qual se retirou em março de 1794.

A COMUNIDADE DOS LIVREIROS BRIANÇONNAIS EM PORTUGAL, 1750

Ao longo da primeira metade do século XVIII, Portugal prosperou no comércio e, com senso de oportunidade, tirou proveito de sua abertura ao mundo – além da Europa, a abertura incluía as Américas, a África e as chamadas Índias Orientais (Goa). Esse atrativo, assim como o exemplo de seus compatriotas Bertrand, estimulou vários *briançonnais* a lá se instalar. Além disso, o país oferecia a perspectiva de uma grande influência da cultura fran-

---

[16] *Idem*, p. 30.

[17] Curto *et al.*, 2007, p. 423 (IAN/TT, Real Mesa Censória, cx. 173).

[18] Cartas enviadas de Lisboa em novembro de 1755 (arquivos do Monêtier, cota I. I 21; arquivos dos Altos Alpes, cota 1 J 446). A primeira, redigida em 11 de novembro por um comerciante ou comerciário nos arredores de Lisboa, dirigida à esposa de Reycend no Monêtier; a segunda, também atribuída a um comerciante, é intitulada "Relação abreviada do terrível terremoto e do incêndio ocorridos em Lisboa a 1º de novembro de 1755". A identidade dos autores não é conhecida com exatidão.

[19] Filho de Pierre Reycend, chegou a Lisboa em 1756-1757. Cf. Domingos, 2000, pp. 101 e 103.

cesa, apesar da forte presença dos ingleses, que controlavam o mercado dos vinhos do Porto e, em grande parte, o comércio com o Brasil.

Tal situação e o apoio das estruturas familiares no interior de seus estabelecimentos comerciais tiveram por efeito aumentar o número de *briançonnais* que se tornaram conhecidos nos ofícios do livro em Portugal desde a década de 1740. Segundo diversas fontes, em 1750, eles eram ao menos 13 livreiros apenas na cidade de Lisboa e 17 no país todo. Entre eles, estavam Jean-Joseph Bertrand, Jean-Joseph Reycend, Joseph Reycend, Pierre Bertrand, Pierre Gendron, Georges Rey, Marie-Claire Rey, L. Antoine Bonnardel, João Pedro Guibert e Martinho Bertrand. A estes convém acrescentar seus empregados e aprendizes, sem esquecer a presença de comerciantes como Jacome (Jacques) Ratton, que evocaremos adiante. No total, perfaziam uma comunidade de várias dezenas de pessoas.

Tornada manifesta, a forte implantação de originários da região de Briançon nos ofícios do livro na Europa inspirou então a Grasset, antigo empregado do impressor suíço Cramer, o seguinte comentário, muito citado,[20] enviado em novembro de 1754 a Malesherbes, o diretor da Biblioteca: "O comércio de livraria em Espanha e Portugal, tal como o de muitas cidades de Itália, está quase todo na mão dos franceses, todos eles saídos duma aldeia situada num vale do Briançonnais, no Delfinado".

Um evento importante iria, então, abalar o bom encaminhamento de tal situação.

O TERREMOTO DE 1º DE NOVEMBRO DE 1755

Em meados do século XVIII, a capital portuguesa incluía-se entre as mais belas cidades da Europa.

Como escreveu, em novembro de 1755,[21] um comerciante ou empregado do Monêtier, "o luxo se apoderara de todas as organizações e o povo se em-

---

[20] Francisco da Gama Caeiro. "Livros e livreiros franceses em Lisboa nos fins de Setecentos e no primeiro quartel do século XIX". *Boletim da Biblioteca da Universidade de Coimbra*, vol. 35 [separata], 1980, p. 150.

[21] Cf. cartas referidas anteriormente (nota 18).

briagara com a ideia de que não havia na terra nação mais rica, mais favore-
cida pelo céu". Numerosos edifícios suscitavam o orgulho do país, entre eles
o palácio real e suas obras de arte, inclusive de Ticiano e de Rubens; igrejas e
catedrais como a Sé Patriarcal, que foi adornada com riquezas imensas por
João V; uma biblioteca reputada pela raridade de suas coleções; e, enfim, uma
ópera recentemente inaugurada.

Em 1º de novembro de 1755, pouco depois das 9:30 h da manhã, um forte sismo, cujos abalos foram sentidos em toda a Europa e no norte da África,
atingiu Portugal e devastou a cidade de Lisboa.

Esse desastre, conhecido em Versalhes cerca de duas semanas depois, suscitou viva emoção por toda parte. Na região de Briançon, as notícias sobre o
inquietante acontecimento foram seguidas, provavelmente já em dezembro,
pelas cartas enviadas às famílias do Monêtier por comerciantes ou colabora-
dores que atuavam no comércio de Lisboa.

Duas dessas cartas[22] constituem um testemunho sobre as circunstâncias
do sismo. Elas visavam também tranquilizar as famílias sobre a maneira pela
qual pessoas da terra tinham enfrentado essa catástrofe.

A primeira, escrita na área rural dos arredores de Lisboa, em 11 de novembro de 1755, relatava os episódios do sismo, que ocorreu quando muitos
lisboetas se encontravam nas igrejas pela festa de todos os santos. A outra,
sem data, foi redigida com o mesmo propósito.

Um segundo tremor, ainda mais violento que o primeiro, "dava a impressão de que a terra ia tudo engolir". Os prédios e as casas ruíram com
um estrondo horrível, o que acarretou, conforme o primeiro testemunho,
"60 mil vítimas segundo alguns e talvez 100 mil, segundo outros". O autor dessa carta informava ainda que "se todos em casa puderam se salvar,
Joseph Reycend (na verdade, Jean-Joseph), um dos irmãos de mesmo sobrenome que se mudara, há alguns anos, para o país com o senhor Gendron, perdeu a vida".

O tremor foi seguido por um forte tsunâmi. "O mar se elevou de repen-
te por mais de dez pés, acima das mais fortes marés, e as ondas engoliram
muita gente que se retirara para a beira-mar" e "fez submergir as casas bai-
xas do porto; "as águas, que pareciam sair dos abismos [explicou o segundo

[22] *Idem* (nota 18).

narrador], arrastavam com elas os destroços dos barcos". "Mas a cólera de Deus ainda não estava satisfeita... Foi ainda preciso que essa cidade, uma das mais ricas e mais importantes da Europa, fosse reduzida a cinzas" por incêndios surgidos em diversos pontos, que assolaram a maior parte dos edifícios e das casas por vários dias.

Dezoito horas depois do segundo tremor [descreveu o primeiro redator], nossa casa ficou presa das chamas, a loja, todas as mercadorias que somavam um alto preço, e até minhas camisas, tudo queimado. [...] Laurent Bonnardel saiu descalço; Joseph Reycend, em roupão, sem sapatos, ficou assim durante dois dias, e retornou a Turim. [...] Desde então, dormimos à luz das estrelas no jardim dos infantes, irmãos legítimos do rei [e a acrescentar que] esses senhores da terra foram envolvidos na mesma desgraça. O senhor Ratton perdeu tudo o que tinha e se retirou para o Porto; Pierre Bertrand e os irmãos Bertrand também perderam tudo. [...] Foi um grande infortúnio, minha cara esposa.

Por um feliz acaso, a família real, que tinha assistido a uma missa logo cedo, escapou sem danos desse cataclismo, mas o rei José I tornou-se claustrofóbico pelo resto de seus dias, passando a viver nos jardins do palácio da Ajuda sob o abrigo de campânulas leves ou de tecido.

Outra testemunha histórica desse sismo foi Jacome Ratton, que relatou o evento na obra que publicaria em 1813,[23] em Londres. Nascido no Monêtier em 7 de julho de 1736, ele foi empregado em 1747 por seu tio, Jacques Belon, que criara com seu pai, pouco antes de ele nascer, uma casa de comércio em Lisboa.

Formado desde muito jovem ao lado deles, Ratton instalou-se no Porto depois do terremoto de 1755, onde se casou em 1758. Criou várias empresas (fiação, papelaria, chapelaria, gado, tabacaria etc.) e se tornou um personagem importante do país, membro da Junta do Comércio e cavaleiro da Ordem de Cristo.[24]

---

[23] Jacome Ratton. *Recordações (1747-1810)*. Lisboa, Fenda, 1992, parágrafos 13 e 14 (cf. 1. ed., London, 1813). Essa obra constou do catálogo (p. 86) da livraria de Jean-Baptiste Bompard, 1825; Rio de Janeiro, Biblioteca Nacional.

[24] Ordem de Cristo em 1º de abril e 26 de junho de 1762. IAN/TT, cf. Habilitações da Ordem de Cristo, letra J, maço 20, n. 2 e 3.

Em 1º de novembro de 1755, ele tinha ido à igreja do Carmo, cujo telhado de pedras desabou (Imagem 6), causando numerosas mortes. Tendo saído antes do final da missa, no momento do sismo ele recebia em sua casa um comprador interessado em um lote de papel danificado pela água.

Quando ocorreu o primeiro abalo, ele conseguiu escapar indo para a rua, abrindo caminho entre os destroços e os mortos em direção ao mar. Teve tempo de dar meia-volta antes de ser atingido pelas águas trazidas por ondas enormes, e se refugiou na rua São Roque. Voltando mais tarde para casa com seu pai, a fim de salvar o que fosse possível, principalmente papéis importantes e livros, ambos saíram então com uma charrete e um burro de carga em direção ao campo, onde "se refugiaram pelo tempo de refazer as roupas brancas, sem terem podido salvar nada além do que tinham no corpo".

Imagem 6. Ruínas da igreja do Carmo, Lisboa. Fotografia de J.-J. Bompard.

UM NOVO COMEÇO

Depois dessa catástrofe, Lisboa conheceu uma fase de penúria que durou vários meses. As mercadorias tinham sido destruídas nas lojas, nos entrepostos, inclusive os da alfândega; e faltavam barcos. Chegara o tempo de partilhar e de reconstruir. Os *briançonnais* empenharam-se nisso com determinação, apoiando-se em seus vínculos familiares, principalmente os mantidos com parentes da França e da Itália. Destaca-se, por exemplo, que Pierre Gendron fez imprimir em 1759, em Paris, uma edição de *Os Lusíadas* de Luís de Camões, com seu nome e o de François Ambroise Didot. Conseguiram, assim, entre 1756 e 1760, reconstituir uma oferta, bem como reencontrar sua posição no mercado de livros, sabendo aproveitar o espírito de emulação suscitado pela reconstrução da cidade, conduzida na base de planos inovadores sob a autoridade do marquês de Pombal (ainda chamado Sebastião José de Carvalho e Melo). Detendo poderes quase absolutos sob o reinado de José I, Pombal pôs em andamento um importante programa de modernização do país, incluindo a educação, o comércio, o exército e a marinha.

Homem das Luzes, ele se associou à campanha desenvolvida em relação aos jesuítas, cuja excessiva influência se deplorava, e usou como pretexto a tentativa de atentado contra o rei, em setembro de 1758, para proibir a atuação desses religiosos e conseguir sua expulsão de Portugal e de suas colônias em 1759. Não se pode ignorar que tais medidas serviam também a interesses econômicos daqueles que se opunham às atividades desses missionários, que, embora tolerando a escravidão africana, dispensavam uma educação aos indígenas e se erigiam como defensores de sua liberdade e opositores de sua escravização.

O confisco dos bens dos jesuítas teve por consequência o desbaratamento das bibliotecas que eles tinham constituído, com uma perda estimada em cinco mil obras no Rio de Janeiro.[25]

Uma vez que o terremoto de 1755 acarretou a destruição da maior parte das casas de impressão, o marquês de Pombal decidiu, em 1768, criar a Impressão Régia e, em 1769, uma escola de estampas e de gravuras.[26]

Os livreiros Bertrand, que haviam retomado suas atividades na rua do Loreto, adquiriram mais tarde, em novembro de 1773, no bairro do Chiado, um terreno liberado das ruínas do sismo, no qual construíram um imóvel onde se encontra até hoje a livraria que ali instalaram em 1777 (Imagem 7).

No transcurso desses anos, no contexto do renascimento da cidade, cujas obras se estenderam por mais de dois decênios, àqueles livreiros do Monêtier foram se juntar recém-chegados como Claude (Cláudio) Dubeux, François Rolland, Joseph Collomb, Jean-Baptiste Gignoux e Jean-Pierre Aillard.

Foi também por essa época que chegaram a Lisboa jovens originários de Bez, vilarejo de La Salle, que não demoraram a incluir seu nome entre os livreiros da cidade e de outros lugares, demonstrando um surpreendente espírito empreendedor.

---

[25] Laurence Hallewell. *O livro no Brasil*. São Paulo, Edusp, 2005, p. 85.

[26] *Idem*, p. 97.

Imagem 7. A livraria Bertrand em Lisboa (seu endereço desde 1773).

3

DO VILAREJO DE
BEZ A LISBOA

Preparados pela educação que receberam a enfrentar a dura realidade, os jovens da comunidade de La Salle e de seu vilarejo de Bez sabiam que, assim como seus pais, não seriam poucos os que deveriam buscar no exterior os recursos que sua aldeia não podia lhes proporcionar. Apesar de o ofício de professor parecer atraente para alguns, o êxito no comércio, itinerante ou sedentário, de vários de seus ascendentes encorajava outros a seguir esse caminho e a realizar sem demora seu aprendizado, com o apoio dos mais velhos.

Entre estes, distinguiam-se os *briançonnais* estabelecidos como livreiros, que, sempre ligados à sua terra natal, apesar da distância, aproveitavam as temporadas nos Alpes para reforçar os laços que os uniam a suas famílias e para se interessar pelos jovens que poderiam assegurar uma continuidade geracional em seus negócios, a seu lado. No século XVIII, vários membros das famílias Borel, Gravier e Bompard, comerciantes tornados livreiros, haviam deixado o vilarejo de Bez para se estabelecer na Itália – em Turim, Gênova ou Roma.

Pela mesma época, houve três, nascidos respectivamente em 1738, 1741 e 1749, a escolher pela primeira vez Portugal, onde se tornaram atores importantes do mercado do livro e da edição.

UMA TRADIÇÃO DE SOLIDARIEDADE
E UMA MESMA AMBIÇÃO

O êxito de muitos *briançonnais* expatriados é comumente atribuído a seu espírito empreendedor e a sua paixão pelo trabalho; explicar esse fenômeno implica também trazer à tona a grande solidariedade existente no interior desses grupos.

Os resumos biográficos que se seguem, concernentes ao estabelecimento dos três primeiros livreiros de Bez em Portugal, no século XVIII, constituem, desse ponto de vista, uma ilustração eloquente de como eram seus vínculos, fundados ao mesmo tempo no parentesco, nas alianças e associações.

Assim, a rememoração das origens familiares e das relações de negócios desses personagens emblemáticos, embora inevitavelmente um tanto exaustiva, poderá contribuir para a compreensão de uma situação e de uma evolução marcadas por suas iniciativas durante um período determinante da história do livro na Europa.

JOSEPH-AUGUSTIN BOREL

Nascido em Bez a 18 de março de 1738, era filho de Jean Borel, este filho de Michel, comerciante, antigo cônsul de Bez, e de Élizabeth Bérard, filha de Jean, comerciante em Pignerol (Piemonte), originário de Chantemerle. Ele tinha em sua ascendência o ramo Lantelme Bompard (ver sua genealogia no Anexo 2 deste volume).

Em que circunstâncias deixou ele os Alpes rumo a Portugal? Ignoramos o motivo exato. Todavia, criado em uma família de comerciantes, é provável que estivesse, desde a adolescência, em contato com Joseph Bonnardel, livreiro em Lisboa, originário do Monêtier, mas próximo de várias famílias de La Salle.[1]

---

[1] Cabe observar que Jeanne Bonnardel tinha se casado em 1711 com um dos netos do notário Marcellin Bompard, que Jean Bourel (Borel), filho de Thomas, se casou com Marie Bonnardel em La Salle, a 30 de novembro de 1712, e que o convencional Hyacinthe Marcellin Borel (nascido em 1756) tinha como tio o abade Bonnardel. Quanto a Joseph

Desse modo, pode-se afirmar que antes de seus 20 anos, em torno de 1757, ele partiu para Lisboa, onde debutou junto a Joseph Bonnardel, que estabelecera seu comércio de livros e sua residência na rua Direita do Poço dos Negros.[2] O jovem Borel, tendo conquistado em poucos anos a confiança de seu tutor e um lugar no seio da comunidade dos livreiros, levou Joseph Bonnardel a ceder-lhe, em 11 de janeiro de 1762, sua loja e seu estoque de livros,[3] mediante a soma de 24 mil antigas libras de Tours,[4] com pagamento à vista de duas mil libras e o saldo em oito anos.

Provavelmente preocupado em aliviar o peso financeiro dessa aquisição, Joseph-Augustin Borel associou-se, em 15 de janeiro de 1762, em partes iguais, a seu compatriota Jorge Rey, filho de Pierre (ver Anexo 1), por oito anos, criando-se a nova sociedade Joseph-Augustin Borel e Jorge Rey & Companhia.[5] Um ano mais tarde, em 30 de janeiro de 1763,[6] a certidão da sociedade foi modificada, com a participação de Joseph-Augustin Borel passando a ser de dois terços do negócio. Além disso, o pacto social foi alterado para seis anos e os sócios ficavam proibidos de cooptar outros, assim como de ampliar o setor de atividade. Ao longo desses anos, Joseph-Augustin Borel pôs à venda livros provenientes da França e de outros lugares em caixotes ou fardos, cujas listas estavam, segundo a regra em vigor, submetidas à revisão do conselho geral do Santo Ofício, que havia requerido, em

---

Bonnardel, ele era filho de Claude Bonnardel, secretário da comunidade do Monêtier, onde nascera em 1º de novembro de 1719. Ele se casou, em 11 de agosto de 1744, com Marie Anne Gendron (nascida no Monêtier em 22 de março de 1718, cujos pais eram Louis Gendron e Anne Guibert), irmã de Pierre Gendron, nascido no Monêtier em 5 de janeiro de 1713, livreiro em Lisboa. Sabe-se, por fim, que Joseph Bonnardel voltou à França em fins de junho de 1762 (cf. menção no documento de sua procuração de 4 de junho de 1762 a J.A. Borel e J. Rey. IAN/TT, Registos Notariais de Lisboa, carta 8ª, atual 11-liv. 24, folha 5v-6), e teria morrido, aos 48 anos, em 8 de março de 1768, quando era cônsul da comunidade do Monêtier.

[2] Certidão notarial de 11 jan. 1762. IAN/TT, Registos Notariais de Lisboa, carta 11, livro 22, folha 61-61v.

[3] *Idem.*

[4] O equivalente a 3.840.000 réis (cotação: 160 réis por uma libra de Tours, da França), soma que equivaleria a cerca de 173 euros atuais (segundo Fernando Guedes, um euro valeria 22,222 réis: em *Livreiros franceses do Delfinado em Portugal no século XVIII*, 2012, p. 103).

[5] Contrato reproduzido em Curto *et al.*, 2007, p. 461.

[6] O novo contrato também foi reproduzido em Curto *et al.*, 2007, p. 475.

Imagem 8. Igreja Saint-Marcellin de La Salle. Coleção André Chalandon.

1769,[7] o envio para fora do reino dos livros proibidos. Era assim, dissimulando-as em certos lotes, que podiam ser introduzidas em Portugal obras proibidas, a exemplo daquelas despachadas a Lisboa por intermédio de um comerciante de Marselha ligado aos *briançonnais*.[8]

Em 26 de novembro de 1765, Joseph-Augustin Borel casou-se,[9] em La Salle, com Marie-Madeleine Bompard, nascida em Bez a 28 de outubro de 1745, filha de Jean, antigo cônsul, falecido no ano anterior. A cerimônia foi celebrada na igreja Saint-Marcellin de La Salle (Imagem 8), na presença de Élizabeth Gravier, mãe da noiva, e dos irmãos Bompard. Dessa união, nasceriam, entre 1766 e 1769, em Lisboa, duas filhas, Maria e Mariana, que permaneceram por longo tempo em Briançon como internas do convento das ursulinas. Desde 1765, Joseph-Augustin Borel foi submetido, prova de seu êxito material, ao pagamento da *décima*, imposto instituído pela Casa Real, cujo montante correspondia a 10% do valor de locação dos bens possuídos.[10]

---

[7] "José Agostinho Borel, 24 de julho de 1769", em Curto *et al.*, 2007, p. 384 (IAN/TT, Real Mesa Censória, cx. 173).

[8] Laurence Fontaine. "Le rôle de la fraude dans l'enrichissement des réseaux de migrants montagnards à l'époque moderne". *In*: G. Béaur, H. Bonin & C. Lemercier (org.). *Fraude, contrefaçon et contrebande. Études.* Genève, Droz, 2006, p. 139. O autor aborda, a respeito do contrabando no comércio de livros dos *briançonnais*, como certo Joseph Collomb, estabelecido em Marselha, pode ter servido aos impressores Cramer para introduzir em Portugal livros proibidos.

[9] Casamento de Joseph-Augustin Borel. AD 05, La Salle, 1764/1773, folhas 31/131.

[10] Cf. Curto *et al.*, 2007, p. 383.

Em 1766, Borel recebeu uma entrega de fardos de livros,[11] ainda sujeitos à censura pelo Santo Ofício, antes que a reforma instituída por um édito real (alvará) de 5 de abril de 1768 viesse a substituí-lo por um outro órgão, a Real Mesa Censória. Em 1770, algumas obras de sua propriedade que haviam sido apreendidas pelo Santo Ofício entre 1765 e 1766 lhe foram restituídas;[12] e em 1769, tendo expirado o contrato de sociedade que o ligava a Jorge Rey, cada um seguiu seu próprio caminho. Instalado desde então no bairro do Chiado, Joseph-Augustin Borel criou a sociedade Borel, Borel & Companhia, que se tornou por quase um século um dos atores do mercado português de livros, primeiro sob a direção de Paul Martin e de Jean-François (João Francisco) Borel, e depois, com a morte deste último, de seus descendentes e aliados, um ramo dos Borel cujo percurso retraçaremos logo a seguir.

Pela mesma época, com efeito, dois jovens originários de Bez foram para Lisboa: Jean-François Borel, em 1764, e depois Paul Martin, em 1767. Ao fim de um período de experiência ao lado de Joseph-Augustin Borel, este lhes passou, em 4 de março de 1771,[13] uma procuração em nome da sociedade Borel, Borel & Companhia, que lhes conferia, de fato, todos os poderes para administrar o negócio. Ignora-se por que Joseph-Augustin Borel tomou tal decisão. Tinha então apenas 33 anos.

Fosse porque pensasse em se lançar em novas atividades ou pretendesse apenas desfrutar de sua propriedade na Borgonha, o certo é que ele se deslocou, no final do verão de 1771, a Brienne, nas proximidades de Tournus – cidade que integrava o circuito dos comerciantes de livros; Joseph-Augustin Borel podia ali reencontrar Jacome Ratton, o *briançonnais* que se tornara um personagem importante em Portugal (ver Capítulo 2), e possuía, desde 1763, em Charnay-les-Mâcon, a 30 quilômetros de Brienne, o castelo de La Condemine.

Sua esposa, Marie-Madeleine Borel, nascida Bompard, que o acompanhara à Borgonha, passou depois uma temporada nos Alpes, em La Salle, quando ela

---

[11] J. A. Borel, 7 de fevereiro de 1766. BN Lisboa, IAN/TT, Conselho Geral do Santo Ofício, maço 41.

[12] J. A. Borel, 15 de março de 1770, BN Lisboa, IAN/TT, Real Mesa Censória, cx. 187.

[13] Procuração de José Agostinho Borel em nome da sociedade Borel, Borel & Companhia, em Curto *et al.*, 2007, p. 483; esse documento menciona que ele tivera negócios em comum com um outro *briançonnais*, sob a insígnia "Borel e Rolland", entre 1765 e 1771. Ele foi também bastante próximo de Claude Dubeux, outro compatriota livreiro.

foi, em 29 de novembro, madrinha de batismo de um sobrinho de Paul Martin, mencionado na certidão como padrinho por procuração.

Infelizmente, em 28 de setembro de 1772,[14] vencido por uma doença, Joseph-Augustin Borel veio a falecer, em Tournus, após receber os últimos sacramentos. Ele foi enterrado no dia seguinte na presença de parentes, entre eles o irmão de sua esposa, Jean-Jacques Bompard (nascido em 1743), originário de Briançon, que seria, em 1797, pai de um futuro livreiro histórico do Rio de Janeiro. Marie-Madeleine Borel, grávida quando do falecimento de seu marido, deu à luz, a 14 de janeiro de 1773, em Tournus,[15] um garoto que recebeu o nome de Jean-Jacques, mas que morreu quatro dias depois e foi enterrado ao lado do pai.

Dois anos mais tarde, Marie-Madeleine pôs fim à viuvez e se casou, em La Salle, com Paul Martin (ver o perfil dele, adiante), que se tornou tutor das duas filhas que tivera com Joseph-Augustin Borel (então com seis e oito anos de idade) no que tangia aos bens de propriedade de seu pai em Portugal, enquanto idêntica responsabilidade foi confiada a Jean Borel, dos Altos Alpes, com relação ao patrimônio que ele deixara na França – principalmente a propriedade de Brienne, estimada, em 1784, por ocasião do casamento de sua filha Maria,[16] em 16.500 libras francesas (ou dois contos e seiscentos e quarenta mil réis), a cuja metade ela tinha direito.

De volta a Lisboa, Paul Martin e sua esposa não poderiam imaginar que, 25 anos depois, seriam, por intermédio de seu filho, associados a um dos períodos mais marcantes da história do livro e da edição no Brasil, entre o período colonial e a Independência.

JEAN-FRANÇOIS BOREL

Nascido na paróquia de La Salle em 30 de março de 1741, Jean-François Borel, filho de Jacques Borel e de Françoise Bérard, pertenceu a uma família de boticários de Bez (ver sua genealogia no Anexo 3).

---

[14] Arquivos departamentais de Saône et Loire, St. André, 1772, folhas 26/37.

[15] Arquivos departamentais de Saône et Loire, St. André, 1773, folhas 5/54.

[16] 4 de abril de 1784: Contrato de dote de Maria Borel por ocasião de seu casamento com Jorge Bertrand (nascido em 1765), em Curto *et al.*, 2007, p. 528.

Seu pai (1688-1752), filho de Jacques,[17] havia contraído, em 8 de janeiro de 1720, um primeiro matrimônio, com Marie-Madeleine Bompard, nascida em 1698, filha de Joseph (ramo Pierre), que morrera de parto em 21 de julho de 1731, após ter dado à luz, em 1726, um filho chamado Jacques, o qual se casou com Anne Raby, filha do capitão castelão do Briançonnais, Pierre Raby. Eles tiveram um filho, nascido em 1754, que também recebeu o nome Jacques e, sob a denominação de Diogo Borel, foi um dos importantes livreiros de Lisboa entre 1778 e 1833. Iremos reencontrá-lo adiante.

Jean-François Borel, que recebera em Bez uma educação em conformidade com as práticas da época, partiu em 1764 para Lisboa, como aprendiz junto a Joseph-Augustin Borel, com quem partilhava origens longínquas. Na época, nem as iniciativas nem as responsabilidades esperavam muito tempo para se manifestar. Desde 1765, seu nome aparecia nas remessas das listas de livros submetidos à revisão dos órgãos de controle e censura.

Já no ano seguinte, ele se encontrava na região de Briançon, onde se casou, em 27 de novembro, na igreja do Monêtier, com Marie-Madeleine Izoard, da mesma paróquia, e com quem teve uma filha, Marie-Margherite, nascida em Lisboa em 1768.

Investidos, Jean-François Borel e Paul Martin, dos poderes que lhes foram conferidos pela procuração de Joseph-Augustin Borel, em 1771, para a administração da sociedade Borel, Borel & Companhia, os dois parceiros prosseguiram juntos na gestão do negócio após a morte do antigo patrão, provavelmente até 1777, quando Martin decidiu exercer o ofício de livreiro sob o próprio nome. Enquanto sócios, responderam pela divulgação de diversos catálogos de livros, em 1772, 1773 e, pela primeira vez em 1774, com a participação do nome de Paul Martin.

O ano de 1777 foi ainda duplamente marcante para Jean-François Borel: uma vez por mês, pelo menos, graças ao desenvolvimento de seus negócios, ele enviava para a revisão da Real Mesa Censória a lista ("rol") dos livros que recebia de diferentes procedências com vistas à sua comercialização, principal-

---

[17] No capítulo I deste livro, evocou-se o "tronco comum dos Borel"; infelizmente, a perda de alguns registros concernentes à segunda metade do século XVII não nos permitiu reconstituir com precisão uma das gerações dessa descendência.

mente em Portugal; porém, no plano pessoal, sua vida familiar foi golpeada, em 24 de novembro, pela morte de sua esposa, Marie-Madeleine Izoard. Meses mais tarde, ele assinava uma procuração a fim de associar a seus negócios Diogo Borel, que já trabalhava com ele havia dois ou três anos.

Imagem 9. Capela auxiliar de Bez. Em primeiro plano, o chafariz de Touron (1705). Fotografia Francou.

Fiel a sua aldeia, onde ele continuou sendo proprietário de terras[18] por muito tempo, Jean-François Borel voltou a se casar em 10 de abril de 1780, na capela de Bez (Imagem 9), com Rosalie Catherine Joubert, filha de Joseph, comerciante em Turim. Dessa união nasceram dois garotos, João Baptista e Cesário Alexandre, que se tornaram livreiros em Lisboa, o mais velho a partir de 1799, e estiveram envolvidos, em um período agitado, nos acontecimentos consecutivos à invasão de Portugal pelas tropas de Napoleão.

No contexto dos comportamentos endógamos, vigentes à época no interior da comunidade originária da área de Briançon, um acordo sobre os negócios era frequentemente um prelúdio das uniões conjugais. Isso ocorreu em 25 de outubro de 1785, quando Diogo Borel desposou, na capela de Bez, a filha de Jean-François Borel que vivera anteriormente como interna no convento das ursulinas de Briançon, a fim de completar sua educação. Seu pai, impedido de viajar, enviou uma procuração já no mês de junho. O contrato de casamento, previamente estabelecido, datado do dia da cerimônia

---

[18] Cf. a matriz do registro da contribuição fundiária de La Salle, colacionado ao original de 8 frutidor [12º mês do calendário pós-revolucionário francês], ano 13 da República, por Joseph Salle, escrivão (J.-F. Borel), arquivos da família Bompard.

no domicílio do notário Joseph Bompard, de La Salle, mencionava que o dote da esposa era de 10 mil libras de Tours (ou um conto e seiscentos mil réis).[19] Os irmãos Bompard, Jean-Jacques e Jean-Baptiste (este, tio do futuro livreiro de mesmo nome, no Rio de Janeiro), assistiram à cerimônia.

Durante esse período, a sociedade Borel, Borel & Companhia, dirigida conjuntamente por Jean-François (João Francisco) Borel e Jacques (Diogo) Borel, firmou-se entre os livreiros da praça de Lisboa, de um lado comercializando livros provenientes de diversos países (França, Itália, Países Baixos), mas também exercendo a edição de várias obras sob o nome de sua livraria (Loja Defronte à Igreja de Nossa Senhora dos Mártires), cuja impressão era feita em Lisboa especialmente por Simão Tadeu Ferreira e Antônio Gomes; entre essas obras, pode-se citar o *Nouveau dictionnaire français-portugais*, em 1784 e 1786 (dedicado à Sua Alteza, o príncipe do Brasil), e a *Descrição do reino de Portugal*, de Duarte Nunes de Leão.

Jean-François Borel morreria um pouco mais tarde, em 1788. Sua viúva, Rosalie Catherine Joubert, voltou a se casar, em 4 de março de 1790, em Lisboa, com Pedro José Rey, livreiro e solteiro, neto de Pierre Rey, primeiro elo da longa linhagem de livreiros do Monêtier aliados dos Bertrand. A união foi celebrada na igreja de Nossa Senhora dos Mártires e o contrato de casamento, com a data de 11 de abril de 1790, mencionava a cifra de 30 mil libras de Tours (quatro contos e oitocentos mil réis) como bens em dote da esposa.[20]

Enfim, na mesma época, o nome dos Borel foi representado em Lisboa também por Pierre Borel, membro do mesmo tronco comum familiar dos Borel do vilarejo de Bez; estabelecido como comerciante de livros à rua Direita da Cruz do Pau (paróquia de Santa Catarina), ele tinha se destacado por ocasião de um desacordo comercial importante com seu compatriota Jean-Joseph (João José) Dubeux, com quem firmara uma transação em 30 de janeiro de 1777.[21]

---

[19] Quitação do dote, com data de 14 de maio de 1788. IAN/TT, Registos Notariais de Lisboa, cart. 9A (atual 7), livro 636, folha 81 v. 82, em Curto *et al.*, 2007, p. 549.

[20] Contrato de casamento. IAN/TT, Registos Notariais de Lisboa, cart. 9A (atual 7), livro 643, folhas 92-93, em Curto *et al.*, 2007, p. 571.

[21] IAN/TT, Registos Notariais de Lisboa, cart. 9 A (atual 7), livro 593, folha 50 v. 51, em Curto *et al.*, 2007, p. 503.

PAUL MARTIN: O INÍCIO DE UMA AVENTURA FAMILIAR

Pendurada na encosta voltada para o sul que domina o vilarejo de Chazelet e as grandes extensões do planalto de Emparis, diante do imponente maciço de La Meije, a vila de La Grave tinha, no século XVIII, ares de fim do mundo, a tal ponto os longos meses de inverno podiam dissuadir o viajante de se aventurar pelo Col du Lautaret, única via de acesso à região de Briançon (Imagem 10).

Imagem 10. A vila de La Grave. Éditions Martinotto.

Essa passagem de acesso à aldeia era, no entanto, uma realidade, não somente para as comunidades do vale de Guisane, mas também para várias cidades e províncias, graças à atividade dos mascates e dos comerciantes da vila, como os das famílias Masson, Gravier, Giraud, e de outras localidades, como a família Martin.

Membro desta última, Paul Martin nasceu em 25 de novembro de 1749, filho de Alexandre, comerciante,[22] e de Catherine Bompard, de Bez, per-

---

[22] Alexandre Martin casou-se em 9 de janeiro de 1730, em La Salle. AD 05, La Salle, 1730/31, folhas 2/24. Ele faleceu em 23 de março de 1773 e foi enterrado na capela de Bez.

tencente ao ramo Lantelme, como Joseph-Augustin Borel (ver sua genealogia no Anexo 2).

A família Martin, com seus seis filhos, mantinha estreitas relações não apenas com os Bompard, mas também com a família Borel, de Bez. Foi, assim, bastante natural que, ao chegar à idade de trabalhar, por volta de 1767, Paul Martin aceitasse a proposta de Joseph-Augustin Borel de recebê-lo em Lisboa, onde ele se tornou, em 1771, graças à procuração da qual foi beneficiário, um dos parceiros da sociedade Borel, Borel & Companhia. Depois da morte de Joseph-Augustin Borel, em 1772 (abordada anteriormente), ele se casou com a viúva de Borel, nascida Marie-Madeleine Bompard, em 9 de maio de 1775, em La Salle,[23] cinco filhos nasceriam dessa união, quatro deles meninos, todos posteriormente livreiros, enquanto a filha se casaria com um homem também do mundo do livro.

De volta a Portugal, em fins de maio de 1775, por via marítima, partindo de Gênova, encontraram Lisboa em plena efervescência com os preparativos dos três dias de festividades organizadas, sob a supervisão do marquês de Pombal, por ocasião da inauguração da estátua de José I, erigida no centro da atual Praça do Comércio.

Tornado livreiro, desde 1777 em negócio com seu próprio nome, Paul Martin, que instalara sua loja em frente ao Chafariz do Loreto (Imagem 11), foi hábil em tirar proveito das oportunidades surgidas graças à crescente demanda de livros. Conforme atestam os arquivos portugueses, ele multiplicou o número de remessas de listas de obras à revisão da Real Mesa Censória, assim como os pedidos de licença para a expedição de livros para fora do país. Ao mesmo tempo, começou a mandar imprimir, na França ou em Portugal, obras sob o nome de sua livraria, como será exposto no próximo capítulo.

---

[23] Seu pai, Alexandre Martin, sua mãe, Catherine Bompard, assim como Jean-Pierre Caire, testemunha, tinham certificado previamente perante o notário Joseph Bompard, de La Salle, que Paul Martin não havia se casado em Lisboa, em documento que foi anexado à certidão de casamento.

Imagem 11. Lisboa, Praça Camões. Ao fundo, a rua do Loreto, no início da qual encontrava-se a livraria de Paul Martin. Fotografia de J.-J. Bompard.

Realizando operações comerciais de modo consequente, em 21 de junho de 1781, Paul Martin fez a aquisição de um importante lote de livros em posse de Jorge Rey, pela qual deu quitação perante o notário[24] no montante de 35 mil libras de Tours.

Ao longo desses anos, o fluxo de negócios que implementara demandava frequentes viagens ao exterior, principalmente à França. Uma precaução indispensável para um viajante consistia, na época, em passar previamente uma procuração a alguém de sua confiança para o período de ausência. Foi o que fez

---

[24] Quitação com Jorge Rey, 21 de junho de 1781, em Curto *et al.*, 2007, p. 404.

Paul Martin em 5 de abril de 1783 perante o notário,[25] em favor de sua esposa, Marie-Madeleine Bompard, na presença de duas testemunhas portuguesas.

Não raro essas viagens incluíam a oportunidade de uma passagem pelos Alpes. Assim, Paul Martin participou, em 1786, na capela de Bez e na condição de padrinho, da cerimônia de batismo de Marie-Clotilde, uma das filhas de Hyacinthe Marcellin Borel, futuro membro da Convenção Nacional. Essa foi provavelmente sua última viagem à região de Briançon. Três anos mais tarde, as agitações da Revolução Francesa – e, desde 1807, as invasões napoleônicas de Portugal – fizeram com que, já perto dos 60 anos, ele renunciasse a outras incursões à terra natal.

Antes de descrever mais detalhadamente a trajetória histórica de Paul Martin e de sua família, deve-se mencionar que, ao ficar viúvo, ele solicitou em 1812 a naturalização portuguesa, antes de falecer, no ano seguinte, em sua casa de campo nos arredores de Lisboa.

O OFÍCIO DE LIVREIRO E A CENSURA NO FINAL DO SÉCULO XVIII

Para melhor compreender a situação dos livreiros que se estabeleceram em Portugal entre 1750 e 1780, é necessário recolocar suas atividades no contexto da época.

Desde a metade do século XVI, os negociantes de livros de Portugal tinham se organizado em corporação, a fim de regulamentar e defender sua profissão, uma iniciativa que se pode relacionar com a criação, naquele reino, de órgãos de censura, em 1536. Desse modo agrupados, os livreiros submetiam a critérios de natureza essencialmente técnica os comerciantes interessados em exercer o ofício. Exigiam-se deles, principalmente, competências comerciais e domínio da encadernação.

Os estrangeiros que se iniciavam mediante prática informal no negócio de impressos ou de livros deviam, portanto, conquistar um lugar no mercado antes de integrar a profissão. Essa empreitada foi, sem dúvida, facilitada pelo

---

[25] Procuração a Marie-Madeleine Bompard. IAN/TT, Registos Notariais de Lisboa, Cart. 7, livro 615, folha 63 v. 64.

forte incremento na demanda de livros, majoritariamente em língua francesa, a qual só podia ser satisfeita por impressores estrangeiros, sendo a capacidade de edição dos portuguesas insuficiente na época.[26]

Como reação, a corporação dos livreiros, representada por um colegiado de juízes, propôs medidas restritivas para limitar as ambições dos comerciantes estrangeiros, proibindo-lhes, por exemplo, a venda de livros por unidade ou encadernados. Esses comerciantes precisaram, então, defender seus interesses e reivindicar um tratamento equânime, mas os litígios eram bastante frequentes. Como aquele que levou Paul Martin a consignar, em 1792, em nome dos negociantes de livros, um requerimento contra a queixa apresentada pelos livreiros portugueses a propósito da importação de livros; ou ainda o que, em 1799, o levou a se opor aos juízes do Ofício do Livro a respeito da autorização que ele solicitara com vistas a enviar um de seus filhos ao Rio de Janeiro para ali ensinar o comércio livreiro.

Um embaraço permanente, na época, consistia na censura. Instituída pela Inquisição, era exercida historicamente por três poderes: o Santo Ofício, o clero e o poder civil, ou Desembargo do Paço. O alvará de 5 de abril de 1768, sob o governo do marquês de Pombal, unificou e substituiu esses três poderes por um tribunal: a Real Mesa Censória, encarregada de controlar a circulação de livros no reino. Um regulamento de 18 de maio desse mesmo ano ordenou a inspeção das livrarias, tipografias e também das bibliotecas públicas e privadas. As medidas de interdição ou de proibição que podiam daí resultar concerniam a obras ateias, que transgredissem a palavra da Igreja, e a maioria das obras dos filósofos, assim como as edições de caráter licencioso.

Após a queda do marquês de Pombal, em 1777, que se sucedeu à morte do rei José I, a rainha Maria I instituiu, por uma lei de 21 de junho de 1787, um novo órgão, a Real Comissão Geral sobre o Exame e Censura de Livros, que, por sua vez, foi reformada a fim de restaurar as três autoridades anteriores.

A censura, estendida a todas as possessões portuguesas, inclusive o Brasil, desde o alvará de 5 de abril de 1768, foi oficialmente abolida em 1821. Até essa

---

[26] Entre esses impressores, estavam: Antonio Isidoro da Fonseca (por volta de 1740), Francisco Luís Ameno (aparece, após 1755, como impressor da Oficina Patriarcal), Antonio Rodrigues Galhardo (impressor da Real Mesa Censória), Miguel Manesca da Costa (impressor do Santo Ofício), João de Araújo, Domingos Rodrigues (por volta de 1749), Antonio Vicente da Silva (1761) e Simão Tadeu Ferreira (que ocupou um lugar importante após 1800).

data, a venda de livros e sobretudo sua impressão implicavam, evidentemente, um percurso difícil e exaustivo.

Embora muito dissuasiva, a censura não impediu a circulação de livros proibidos em Portugal, nem de manuscritos lá impressos. Essa transgressão se intensificou ao concentrar sua ofensiva nas obras dos filósofos e dos enciclopedistas: Montesquieu, Diderot, Voltaire, Rousseau, o abade Raynal; mas também em livros do poeta português Bocage (1765-1805), que também eram censurados pelo fato de os textos desse precursor do romantismo apresentarem caráter licencioso em relação às instituições em vigor.[27]

As viagens pela Europa ofereciam a possibilidade de introduzir em Portugal as obras colocadas no índex, sem que essa forma de contrabando, da qual alguns membros do corpo diplomático fizeram uma especialidade, tenha permitido atender de modo significativo as expectativas de uma clientela recrutada nos meios mais evoluídos. Os livreiros passaram então a usar de astúcia contra a censura, recorrendo a diferentes subterfúgios; importavam as folhas dos livros sob o pretexto de encaderná-las em Portugal – eram, na verdade, impressos proibidos, por vezes misturados a outros já autorizados. Esse estratagema foi utilizado, em 1772, por Jorge Rey com a Société Typographique de Neuchâtel,[28] que, por essa mesma época, fez chegar as obras completas de Voltaire a Jean-Baptiste Reycend. Outros ainda conseguiram introduzir obras proibidas encadernadas sob capas com títulos de livros inocentes.

Por vezes, os livreiros faziam encaminhar remessas com endereços falsos; utilizavam caixas com fundo duplo; ou, ainda, misturavam folhas proibidas com papel de embrulho forrando os fardos.

Em caso de apreensão pela censura, um dos riscos era o de jamais recuperar a mercadoria, ao que esteve sujeito Jean-Baptiste Reycend em 1790, quando ele perdeu, entre outras obras:[29] *Les liaisons dangereuses*, de Choderlos de Laclos, livros de Voltaire e *L'Histoire philosophique et politique des établissements et du commerce des Européens dans les deux Indes*, do abade Guillaume-Thomas

---

[27] Obras de Bocage. IAN//TT, Real Mesa Censória, PT.TT.RMC/B/E, livro 3.798, Torre do Tombo, mf. 6.376 (ano 1791).

[28] Luiz Carlos Villalta. "Os livreiros, os 'livros proibidos' e as livrarias em Portugal sob o olhar do Antigo Regime (1753-1807)". *In*: Lucia M. B. P. das Neves (org.). *Livros e impressos: Retratos do Setecentos e do Oitocentos*. Rio de Janeiro, Editora da UERJ, 2009, p. 230.

[29] Villalta, 2009, pp. 231-232.

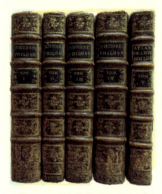

Imagem 12. Edição original da *Histoire philosophique* do abade Raynal (1780). Fotografia de J.-J. Bompard.

Raynal. Composta de cinco volume (Imagem 12), essa obra, fruto de considerável trabalho, contemporânea da de Diderot, e que teve diversas edições durante 20 anos, encarnava algumas das correntes de pensamento do Século das Luzes. Raynal aí defendia a causa do anticolonialismo e denunciava a escravidão ("o mais infame dos comércios"),[30] porém, mantinha-se partidário de uma monarquia moderada ("a República é uma fonte inesgotável de intrigas e de desordens").[31]

A sanção podia ser ainda mais severa, como foi o caso em 13 de janeiro de 1791, quando a Real Comissão Geral sobre o Exame e Censura de Livros lançou uma ordem de prisão contra dois livreiros franceses, José Dubié e Pedro Loup,[32] estabelecidos à rua Direita de Nossa Senhora dos Mártires, por terem remetido a um monge uma edição da *Histoire philosophique et politique* do abade Raynal.

A verificação das listas de obras autorizadas a circular no reino e em suas colônias representava uma tarefa que os censores cumpriam com mais ou menos dificuldades, conforme expôs Márcia Abreu, professora da Universidade Estadual de Campinas (Unicamp),[33] referindo-se ao testemunho do censor João Guilherme Muller. Com efeito, muitas vezes os censores se irritavam com a maneira pela qual eram redigidas as listas de livros – como as do nosso já bem conhecido Paul Martin –, já que um alvará de 30 de junho de 1795 ordenara que tais listas fossem formuladas com "clareza e exatidão", o que implicava indicar onde e quando os livros tinham sido editados e apresentar por extenso os no-

---

[30] Guillaume Thomas Raynal. *Histoire philosophique et politique des établissements et du commerce des européens dans les deux Indes*. Genève, Jean-Leonard Pellet, 1780, p. 704.

[31] *Idem*, p. 499.

[32] IAN/TT, Real Mesa Censória, maço 694, citado por Luís de Oliveira Ramos. "Da aquisição de livros proibidos nos fins do século XVIII (casos portugueses)". *Revista da Faculdade de Letras: História*, série I, vol. 4/5. Porto, Universidade do Porto, 1973/1974, pp. 329-338.

[33] Márcia Abreu. "Livros ao mar: Circulação de obras de Belas Letras entre Lisboa e Rio de Janeiro ao tempo da transferência da Corte para o Brasil". *Tempo*, vol. 12, n. 24, pp. 74-97, 2008; e cf. IAN//TT, RMC, cx. 28, 1796.

mes dos autores. Reprovavam Paul Martin por não respeitar essas instruções e complicar o trabalho dos censores, obrigados assim a efetuar investigações complementares antes de chegar à verdade.

No entanto, esse livreiro e seus confrades sabiam se mostrar atentos ao respeito das regras em vigor, conforme atestam os pedidos endereçados, em 1782, por Borel, Borel & Companhia e Paul Martin à Real Mesa Censória para que fosse autorizada a venda do *Code de l'humanité*, do senhor De Felice, a um universitário de Coimbra (Borel, Borel & Companhia); ou de obras de David Hume, protestante ligado aos enciclopedistas, a um professor de filosofia (Paul Martin);[34] as autorizações foram concedidas.

Nesse contexto, os livreiros foram submetidos a uma vigilância particular, e até mesmo a inspeções policiais, enquanto seus estabelecimentos eram considerados como salões de leitura e de debate para os apreciadores de livros proibidos. Essas medidas visavam sobretudo a Diogo Borel, cuja livraria foi estigmatizada, em 1792, em razão de sua atividade "subversiva", depois que ele fizera circular alguns milhares de exemplares da Constituição francesa impressos em Portugal.[35]

Para concluir, pode-se constatar que os órgãos de censura e de controle que se sucederam na segunda metade do século XVIII contribuíram para dissuadir uma parte dos leitores de tentar obter edições proibidas. Todavia, a combinação de contrabando e de estratagemas voltados à circulação de tais obras permitiu que outros – entre os mais hábeis ou mais determinados – tivessem acesso a elas, com a cumplicidade dos livreiros. Quando a edição passou a se beneficiar de um maior espaço de liberdade, esses livreiros vieram a contribuir ativamente para a difusão dos impressos, inclusive nas possessões ultramarinas de Portugal – e, em primeiro lugar, no Brasil, quando o Rio de Janeiro se tornou, em 1808, a capital de fato do reino.

---

[34] Paul Martin, 12 de setembro de 1782, Requerimento para remeter livros proibidos. IAN// TT, Real Mesa Censória, cx. 173.

[35] Nelson Werneck Sodré. "Livros e impressos". *História da imprensa no Brasil*. Rio de Janeiro, Mauá Editora, 1999, p. 14. Sobre a situação de Diogo Borel, implicado na circulação de livros proibidos, ver: Cláudio Denipoti. "O embaixador, o livreiro e o policial: Circulação de livros proibidos e medo revolucionário em Portugal na virada do século XVIII para o XIX". *Vária História*, vol. 30, n. 52, pp. 129-150, jan.-abr. 2014.

4

NOVAS PERSPECTIVAS NO RIO DE JANEIRO ANTES DA CHEGADA DE DOM JOÃO VI

Imagem 13. Lisboa, igreja de São Luís dos Franceses. Fotografia de J.-J. Bompard.

Quando a comunidade de livreiros originários da região de Briançon se reuniu na igreja de São Luís dos Franceses (Imagem 13), em Lisboa, para a cerimônia de exéquias de Jean-Joseph Bertrand, nascido em 1720 no Monêtier e falecido em 26 de maio de 1778 na capital portuguesa, ela prestava homenagem àquele que, dando sequência ao trabalho de seu sogro, Pierre Faure, tinha se distinguido no comércio de livros em Portugal. Bertrand encarnara um sucesso – que se tornou uma referência histórica[1] – ao qual seus descendentes e colegas dos Altos Alpes iriam dar continuidade, favorecidos pelas novas oportunidades do mercado.

---

[1] Domingos, 2002.

66 | LIVREIROS DO NOVO MUNDO

Sua viúva, Marie-Claire Rey, segundo as disposições testamentárias do marido,[2] assumiu a tutela dos dois filhos e a administração da loja de livros do Chiado, sob a insígnia "Viúva Bertrand & Filhos". Em 1782, ela solicitou um "privilégio de impressão" por dez anos, tornando-se, assim, livreira-editora,[3] posição que exigia reconhecido domínio da comercialização, além de boas relações com o poder.

No decorrer da década de 1770, os livreiros *briançonnais* estabelecidos em Portugal tinham começado a se interessar pela demanda de livros manifestada nas possessões ultramarinas portuguesas, especialmente no Brasil, embora o número de possuidores de livros fosse muito reduzido no país.[4] Contudo, novas oportunidades surgiram a partir de 1763, quando o Rio de Janeiro, substituindo Salvador, na Bahia, foi promovida a capital do vice-reinado do Brasil, e começaram a se formar as primeiras bibliotecas.

A introdução de livros no Brasil tinha sido até então, afora os precedentes tributados aos jesuítas, iniciativa de pessoas que agiam a título pessoal ou como intermediárias; dois autores[5] citam, a esse respeito, o requerimento apresentado em 1755 por Antônio Máximo Brito, português de partida para o Rio de Janeiro, que pedira autorização para levar 20 livros ao Brasil.

Tempos depois, a venda começou a se organizar naquela cidade. Ela contava na época cerca de 40 mil habitantes, e os únicos proprietários de livros pertenciam a uma elite intelectual ou comercial. Um diplomata inglês, segundo relata Laurence Hallewell,[6] observou que, em 1792, o Rio de Janeiro possuía dois livreiros.

Um deles era, sem nenhuma dúvida, João Roberto (Jean-Robert) Bourgeois. Em 7 de novembro de 1778, ele aparecia como tendo se estabelecido no Rio de Janeiro, segundo se lê na procuração que lhe dera o livreiro Jean-Joseph Dubeux – originário dos Altos Alpes –, a fim de recuperar uma

---

[2] "Testamento de João José Bertrand, de 31 de janeiro de 1778", em Curto *et al.*, 2007, p. 631.

[3] Segundo a definição dada por Aníbal Bragança em: "Uma introdução à história editorial brasileira". *Cultura. Revista de História e Teoria das Ideias*, vol. XIV, série II, 2002, pp. 57-83.

[4] Luiz Carlos Villalta. "Bibliothèques privées et pratiques de lecture" ["Bibliotecas privadas e práticas de leitura no Brasil colonial"]. Atas do colóquio *Naissance du Brésil* [1997]. Paris, Universidade de Paris/Sorbonne, 1998.

[5] Hallewell, 2005, pp. 101-103; Sodré, 1999, p. 12.

[6] Hallewell, 2005, pp. 101-103.

letra de crédito em mãos de um membro do clero.[7] Informação confirmada por Lucia Maria Bastos P. das Neves,[8] que identificou nos registros do *Almanaque do Rio de Janeiro*, de 1792 a 1794, a presença de dois livreiros, indicando que um passaporte fora concedido a João Roberto Bourgeois, em 16 de setembro de 1782, para que fosse ao Rio de Janeiro, onde deve ter sido um precursor.[9]

Mas quem foi o segundo livreiro? Alguns afirmam que se tratava de Paulo Martin (filho), mas este chegou ao Brasil apenas no início de 1800.[10]

De nossa parte, adiantamos a hipótese de que o segundo livreiro pode ter sido Manuel Theotonio Rodrigo de Carvalho, designado como comerciante de livros no Rio de Janeiro em um documento notarial[11] de 14 de outubro de 1786, a propósito da remessa, entre 1785 e 1787, de folhetos de preces e de livros a pedido da Congregação do Oratório de Portugal.

Seja como for, a presença de dois livreiros no Rio de Janeiro na década de 1780 abriu novas perspectivas a seus confrades de Lisboa. Observa-se, assim, que em 26 de novembro de 1784, Borel, Borel & Companhia solicitou, bem antes da maioria de outros livreiros, uma licença para o envio de livros ao Rio de Janeiro;[12] e que a obra *Idyllios e poesias pastoris*, de Salo-

---

[7] IAN/TT, Registos Notariais de Lisboa, CNLSB 12,53, folha 20 v., 7 de novembro de 1778. João Roberto Bourgeois não conseguiu executar essa missão, de sorte que Jean-Joseph Dubeux cedeu seu crédito a seu irmão, Claude, em 15 de novembro de 1785. IAN/TT, Desembargo do Paço (Corte, Estremadura e Ilhas), maço 1.713, n. 63.

[8] Lucia M. B. P. das Neves. "Trajetórias de livreiros no Rio Janeiro. Uma revisão historiográfica…". Encontro Regional de História – Anpuh, UERJ/CNPq, 2002b.

[9] Os documentos notariais não permitem saber de que região João Roberto Bourgeois era originário. Porém, observamos que existira em Paris, na rua Saint Denis, certo livreiro Benoist Bourgeois, filho de Jean, que tinha se casado em 1753, ano precedente ao do nascimento de João Roberto Bourgeois, e que teria 28 anos em 1782. Cf. notas concernentes aos arquivos destruídos em Paris em 1781, por ocasião da Comuna.

[10] Uma vez que ocupou, durante o período joanino, um lugar histórico de primeiro plano como livreiro-editor, Paulo Martin (filho) deve à sua notoriedade o fato de ter sido citado como "o primeiro livreiro alfarrabista que existiu no Rio de Janeiro" por Mário de Lima-Barbosa, em *Les français dans l'histoire du Brésil*. Rio de Janeiro/Paris, F. Briguiet/A. Blanchard, 1923, p. 417.

[11] IAN/TT, Registos Notariais de Lisboa, cx. 1, livro 632, folha 632, 3 v., 14 de outubro de 1786. *Apud* Curto *et al.*, 2007, p. 544.

[12] Pedido de envio de livros ao Rio de Janeiro apresentado por Borel, Borel & Companhia, em 26 de novembro de 1784. IAN/TT, Real Mesa Censória, cx. 167.

mão Gessner, e um dicionário *Français-Portugais* dedicado a "monsenhor o príncipe do Brasil", ambos impressos em 1784 por Simão Tadeu Ferreira, ficaram conhecidos por terem sido apreendidos em bibliotecas do Brasil e, mais tarde, terem figurado em catálogos, especialmente no do livreiro Jean--Baptiste (João Baptista) Bompard, em 1825.[13]

FAMÍLIAS ESTREITAM SEUS LAÇOS

No decorrer da década de 1780, vários casamentos foram realizados em meio às jovens gerações descendentes dos livreiros originários da área de Briançon; essas uniões contribuíram para consolidar os laços, já estreitos, existentes entre as famílias emblemáticas daquela comunidade, como as dos Bertrand, Rey, Borel e Martin.

Em 2 de maio de 1784, então com 18 anos, Maria Borel – uma das duas enteadas de Paul Martin (também seu tutor, desde a morte do pai delas) – casou-se em Lisboa, na igreja Nossa Senhora dos Mártires, com José Bertrand, neto do histórico livreiro Pierre Faure e filho de Jean-Joseph Bertrand e de Marie-Claire Rey. Casamento, infelizmente, de curta duração, em razão da morte prematura da jovem esposa, em 1787.[14]

No ano seguinte, em 13 de setembro de 1788, José Bertrand casava-se com Mariana Borel, irmã de sua falecida esposa, tendo Jorge Rey como uma das testemunhas (ver sua genealogia no Anexo 1). Os filhos nascidos dessa união tiveram por padrinhos vários membros da família Martin: Paul, o pai, em dezembro de 1790 e em outubro de 1795, por ocasião do nascimento respectivamente de João José e de Sofia Luísa; depois os filhos de Paul, Luís Justino (que se casaria com Carolina Vitória Rey, em junho de 1818), que foi padrinho em 1798 de André Agostinho, enquanto Inácio Augusto teve por afilhada Teresa Bibiana Bertrand, nascida em fevereiro de 1801, a quem desposaria em 21 de agosto de 1821 (ver Anexo 4).

---

[13] A primeira dessas obras figurou ainda no catálogo de 1825 da livraria de Jean-Baptiste Bompard, à rua dos Pescadores, 49 (p. 57). Rio de Janeiro, Fundação Biblioteca Nacional.

[14] Contrato de casamento de Maria Borel reproduzido em: Curto *et al.*, 2007, p. 528 (bem como o de Mariana Borel, p. 500).

Por fim, ao enviuvar de José Bertrand em 15 de junho de 1802, Mariana Borel se casou, em 7 de dezembro de 1807, com Jacques Antonio Orcel, originário do Monêtier de Briançon, que se estabelecera como livreiro em Coimbra.

Assim, no final do século XVIII e no início do XIX, perpetuaram-se esses grupos familiares, cujos membros, todos originários da área de Briançon, foram ligados, de uma geração a outra, por grande solidariedade em seus negócios.

OS COMERCIANTES DE LIVROS INTERESSAM-SE PELO BRASIL

Desde 1795, ao que parece, o comércio de livros com o Brasil suscitou, entre os principais livreiros de Lisboa, um aumento no número de pedidos de licenças para remessas; a simultaneidade dessas iniciativas nos leva a perguntar sobre as informações que teriam feito surgir as oportunidades de venda apresentadas pela grande colônia portuguesa.

Somos, assim, tentados a fazer uma relação com a temporada que João Roberto Bourgeois[15] passou em Lisboa, em 1795, quando, estando em contato com vários de seus confrades, pôde, em proveito de seu próprio comércio, sensibilizá-los com promessas de vendas no Brasil.

Teria ele, desse modo, favorecido tais iniciativas, ou devemos pensar em uma simples coincidência? Seja como for, em alguns meses vários pedidos de licença de remessas de livros[16] foram apresentados por livreiros de Lisboa:

- Jean-Baptiste Reycend, 13 de outubro de 1795;
- Viúva Bertrand & Filhos, 16 de novembro de 1795;
- Francisco Rolland, 18 de maio de 1796;
- Antonio Manuel Policarpo da Silva, 30 de agosto de 1796;
- Paul Martin, 9 de setembro de 1796;
- e o tipógrafo Simão Tadeu Ferreira, 26 de outubro de 1796.

---

[15] Informação contida em Neves, 2002b, p. 4.

[16] Essas remessas foram elencadas em Curto *et al.*, 2007, sob as rubricas correspondentes aos patrônimos de cada um dos livreiros citados.

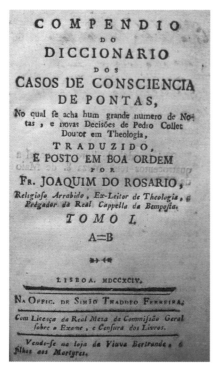

Imagem 14. *Compêndio do dicionário dos casos de consciência*, de Pontas. Edição original, Viúva Bertrand & Filhos, 1794. Coleção e fotografia de J.-J. Bompard.

Pode-se citar entre essas remessas uma obra de teologia, o *Compêndio do dicionário dos casos de consciência*, de Pontas, editada por Viúva Bertrand & Filhos (Imagem 14), que também constou do catálogo de Jean-Baptiste Bompard, em 1825. Sucederam-se cerca de outras 20 remessas, entre 1796 e 1799 – as quais podem ser consideradas como um marco da primeira etapa significativa do comércio de livros entre Portugal e o Brasil.

OUTRA ATIVIDADE DO LIVREIRO PAUL MARTIN

Cerca de 20 anos depois de sua estreia nos negócios, Paul Martin dispunha de recursos que lhe permitiram investir em novas atividades, e sua opção foi pelo comércio de vinhos. Desde fins do século XVIII, o vinho tinha uma participação crescente nas atividades do porto de Lisboa, em uma conjuntura internacional favorável, como consequência, entre outros fatores, da Revolução sobre as exportações da França. Foi nesse contexto que Paul Martin criou, em 26 de setembro de 1796, uma sociedade de comércio de vinhos[17] com um negociante português, sob a denominação Martin & Fragozo; segundo os termos do contrato, Paul Martin se comprometia a aplicar no negócio as somas necessárias para a atividade. Previa-se também que as compras e as vendas só poderiam ser realizadas com seu acordo, e que o produto das vendas lhe seria entregue. Enfim, previa-se ainda um ba-

---

[17] IAN/TT, Registos Notariais de Lisboa, cart. 9A (atual 7), livro 669, folha 73 v. 74, documento reproduzido em: *As gentes do livro*, 2007, p. 600.

lanço anual tendo por base os livros-caixa, com um terço dos lucros e das perdas cabendo a Manuel José Ribeiro Fragozo. Já a duração da sociedade foi deixada à apreciação de Paul Martin. Uma vez que esse investimento não constava no testamento de Paul Martin, feito em setembro de 1813, pode-se levantar a hipótese de que a sociedade foi desfeita por volta de 1807-1808, à época da invasão de Portugal pelas tropas de Napoleão, em razão dos impedimentos que daí resultaram.

PAUL MARTIN ABRE UMA
LIVRARIA NO RIO DE JANEIRO

Entre 1797 e 1799, o volume de negócios da livraria de Paul Martin continuou a crescer; estima-se, nesse período, mais de 12 pedidos de importação de livros de diferentes origens, assim como o recebimento de vários pedidos de expedição de livros para o Rio de Janeiro.

O mesmo ocorreu com a sociedade "Viúva Bertrand & Filhos", em nome da qual pode-se observar que Jorge Bertrand passou, em 10 de outubro de 1799, uma procuração a João Roberto Bourgeois,[18] com o objetivo de recuperar, por todos os meios, diversos créditos no Rio de Janeiro. Tal documento permite confirmar que, nessa data, Bourgeois estava de fato residindo no Rio de Janeiro.

Por essa mesma época, Paul Martin tomou as providências necessárias[19] à obtenção de um passaporte para seu filho Paulo Agostinho Martin, a fim de que ele pudesse trabalhar no Rio de Janeiro como livreiro, ao lado de João Roberto Bourgeois, negociante naquela cidade,[20] e ali aprender o comércio, mas sem o projeto declarado de criar sua própria livraria.

Para isso, Paul Martin teve que se sujeitar previamente à avaliação da Junta do Comércio, à qual a corporação dos livreiros devia recorrer pelo fato de que o solicitante era de nacionalidade francesa; contudo, como seu filho,

---

[18] IAN/TT, Registos Notariais de Lisboa, cart. 9A (atual 7), livro 683, folha 86.

[19] Arquivo Ultramarino. Lisboa, AHU-CU 107, cx. 176-D-12952.

[20] Arquivo Histórico Ultramarino, AHU, CU-107, cx. 176-D-12952 – códice 808, passaportes 1798-1806, folha 54.

Paulo Agostinho Martin, havia nascido em Lisboa – sendo, desse modo, português –, ele obteve uma decisão favorável.[21]

Depois que a autoridade militar declarou regular a situação de seu filho, em 13 de outubro de 1799, Paul Martin atestou, em 18 de outubro, que autorizava o rapaz a seguir para o Rio de Janeiro como funcionário de livraria, e o passaporte, lhe foi concedido em 22 de outubro de 1799, munido do seguinte texto:[22]

> Ao Príncipe Regente, nosso Senhor, como não há nenhum impedimento para que siga para o Rio de Janeiro Paulo Agostinho Martin, de 20 anos, de estatura condizente com sua idade, rosto sóbrio e alongado, olhos escuros e cabeleira castanha, que declarou ser português e que para aí segue como funcionário em uma casa de comércio da cidade.

Chegando ao Rio de Janeiro no início do ano de 1800, Paulo (filho) assumiu seu emprego, no número 33 da rua da Quitanda, junto a João Roberto Bourgeois, que ali desfrutava de certa notoriedade: além do ofício de comerciante, era conhecido, com efeito, por ser "administrador das cartas de jogar", nomeado para essa função pela direção da Impressão Régia de Lisboa, para a qual essa atividade, pertencendo a seu domínio reservado, representava uma apreciável fonte de renda. Pode-se observar que o nome de Bourgeois foi mencionado, com esse título, em um documento datado de 30 de outubro de 1802,[23] formulado por ocasião da chegada ao Rio de Janeiro de duas caixas de livros provenientes da Bahia. O título também aparece em uma carta de 20 de dezembro de 1802, concernente à remessa de cartas de jogar à Real Fazenda (Tesouro Público), bem como em 22 de março de 1803, quando do envio de caixas de baralho ao administrador Joaquim José da Cruz.[24]

---

[21] IAN/TT, Junta do Comércio, livro 132, Registos de Consultas, 1799-1801, folhas 32-33 (citado por Lucia M. B. P. das Neves em: "Impressores e livreiros: Brasil, Portugal e França. Ideias, cultura e poder nos primeiros anos do Oitocentos". *Revista do Instituto Histórico e Geográfico Brasileiro*, vol. 451, pp. 231-256, abr.-jun. 2011).

[22] Neves, 2002b, p. 4 [passaportes 1798-1806, códice 808, folha 12].

[23] Arquivo Histórico Ultramarino, AHU, CU 017, caixa 205, D 14408.

[24] Arquivo Público Mineiro, Casa dos Contos, CC, caixa 86,20248, rolo 527, de 20 de dezembro de 1802, e CC, cx. 43, 30216, rolo 514, de 22 de março de 1803.

Durante os dois primeiros anos seguintes à chegada de Paulo Martin ao Rio de Janeiro (1800-1802), as remessas de livros feitas de Lisboa por seu pai aumentaram significativamente. Delas se conhece uma dezena, a maior parte provavelmente destinada à livraria de João Roberto Bourgeois. A sociedade "Viúva Bertrand & Filhos" também registrou um aumento nessas remessas, mas depois elas diminuíram consideravelmente até 1805.

Foi nesse período, de 1803 a 1804, que Paul Martin (o pai), sem dúvida estimulado pelas perspectivas de vendas no Brasil, decidiu criar uma livraria própria no Rio de Janeiro,[25] da qual permaneceu proprietário até sua morte, em 1813 – conforme consta de seu testamento –, embora seu filho fosse o administrador.

A análise dos pedidos de remessa de livros feitos na época por Paul Martin – mais de 20 – revela qual era, no fim do período colonial, a natureza das obras por ele enviadas ao Rio de Janeiro. Nós realizamos tal avaliação com base em quatro listas submetidas ao Desembargo do Paço em nome de Paulo Martin e de Paul Martin e filhos (as de 20 de janeiro, 13 de março, 19 de abril e 20 de outubro de 1806); elas incluem 141 títulos formando um total de cerca de 250 exemplares.

Embora a maioria desses livros fosse em português, havia mais de um terço de obras em francês, além de outras em latim. Quanto aos temas, o maior número (mais de um quarto) concernia à religião e à teologia (breviários, missais, sermões, dicionários apostólicos, conjuntos de orações, catecismos); depois, com mais de 20%, vinham as belas-letras e os romances: *As aventuras de Telêmaco*, de Fénelon (obra que foi objeto do maior número de edições), *Recreações do homem sensível*, de François d'Arnaud (editado por Borel em 1792), *Os amantes desgraçados*, do mesmo autor, e *Amigos rivais* (três volumes que também foram mencionados no catálogo de Jean-Baptiste Bompard, em 1825). Nessas listas, figuram ainda obras de Bocage, como *Rimas*, e, em outras áreas, *Ovide (Opera ad Usum Del-*

---

[25] Os documentos de época (*Gazeta do Rio de Janeiro*, por exemplo) indicam sucessivamente como endereço o número 34, depois o 33, que era o ponto de João Roberto Bourgeois, o qual Paulo Martin (filho) ocupou após a morte de Bourgeois, em 1814, e onde permaneceu até 1822, quando então se mudou, instalando-se na rua dos Pescadores.

74 | LIVREIROS DO NOVO MUNDO

phini),[26] as *Fables d'Esope, Les aventures d'Ulysse*; biografias: *Mémoires de Nelson, Vie de Louis XVI, Vie de Bonaparte*; mas também livros de educação ou estudos sobre química, física, matemática, dicionários como o *Francez-Portuguez* (Imagem 15), editado por Paul Martin em 1803 (que se encontraria mais tarde no catálogo de Jean-Baptiste Bompard, de 1825); e por fim diversas obras sobre agricultura, exército, marinha, arquitetura, navegação (com tabelas sobre as longitudes e as latitudes), comércio, medicina (livros de Benjamin Bell, de quem Paul Martin editou em 1794 o *Curso completo de cirurgia*) ou livros de botânica de Felix Avellar Brotero, como o *Compêndio de botânica*, também editado por Martin (pai) em 1788 (Imagem 16), incluído ainda à página 13 do catálogo de 1825 de Jean-Baptiste Bompard.

Vários historiadores e pesquisadores se empenharam em recensear e analisar os livros que foram enviados ao Brasil, naqueles mesmos anos, especialmente Márcia Abreu, que publicou "Leituras no Brasil colonial".[27] Seu estudo, baseado em mais de 500 títulos, fornece uma síntese muito coerente das tendências que se podem depreender das remessas de Paul Martin. Ela aí acrescenta obras de autores ingleses, como *Night thoughts on life, Death and immortality*, de Edward Young, autor que foi objeto de diversas remessas ao Brasil, como, por exemplo, por Jean-Baptiste Reycend – este enviou uma edição de 1783 desse livro, impressa por Simão Tadeu Ferreira –, ou *Meditations and contemplations*, de James Hervey. Mas também *Histoire de Gil Blas*, de Lesage, *Dom Quixote*, de Cervantes, ou as *Obras* de Luís de Camões. Parece, no entanto, que os volumes em língua estrangeira são, nesse estudo, majoritários (66%, percentual superior ao de nossa seleção).

---

[26] *Ad Usum Delphini*: essa menção diz respeito a um dos 64 exemplares impressos entre 1670 e 1698, a pedido de Bossuet, encarregado, com Huet, da instrução do delfim, filho de Luís XIV e de Maria Teresa da Áustria.

[27] Márcia Abreu. "Leituras no Brasil colonial". *Remate de Males*, Unicamp, n. 22, 2002, pp. 131-163.

Imagem 15. *Novo diccionario francez-portuguez*, edição livraria P. Martin (1803). Coleção e fotografia de J.-J. Bompard.

Imagem 16. *Compendio de botanica*, de Brotero, edição livraria P. Martin (1788). Coleção e fotografia de J.-J. Bompard.

Enquanto seu comércio se beneficiava desse acréscimo de atividade, propiciado por sua nova livraria do Rio de Janeiro, Paul Martin recebeu, entre 1802 e 1806, diversas encomendas de livros[28] da Real Biblioteca Pública da Corte, cujos responsáveis tinham logrado, depois de anos, reconstituir acervos destruídos pelo terremoto de 1755, recorrendo aos principais livreiros da praça de Lisboa. A essas compras juntaram-se doações, como, por exemplo, em 1772, a do abade Diogo Barbosa Machado, padre, escritor e bibliófilo português.[29] Ele doou 3.226 livros, entre os quais 581 volumes raríssimos, que hoje constituem uma das riquezas da Biblioteca Nacional do Rio de Janeiro.

Relações regulares com fornecedores de vários países da Europa eram, então, para esses livreiros originários da área de Briançon, uma garantia

---

[28] Em Curto *et al.*, 2007, p. 409.
[29] Biblioteca Nacional, Rio de Janeiro, Seção de Manuscritos, ano de 1772, Doação: Abade Diogo Barbosa Machado ("Ajuda em 19 d'outubro de 1770").

de sua capacidade de manter o dinamismo de seus negócios. Um exemplo é o prolongado deslocamento de João Batista Borel, que deixou Lisboa em direção a Dieppe, em setembro de 1804,[30] realizando um périplo, do qual não temos os detalhes, mas que terminou em Paris, onde, em 10 de novembro de 1805, obteve passaporte para voltar a Portugal, a partir do porto de Nantes.[31]

Porém, desde que Napoleão anexara a coroa do rei da Itália, já se percebiam, na Europa, as primícias de novos conflitos. Após a instituição do Bloqueio Continental, em novembro de 1806, tais conflitos levariam as tropas napoleônicas a invadir Portugal.

A INVASÃO DE PORTUGAL E A PARTIDA DA CORTE PARA O BRASIL

Ao ser levado a se pronunciar sobre sua adesão ao Bloqueio Continental, Portugal adotou uma política ambígua, simulando obedecer a Napoleão, mas repelindo-o ao receber promessas de Londres, passando então a pender para a causa inglesa. No entanto, o regente dom João, consciente de que o que estava em jogo era ou perder Portugal para Napoleão, ou o Brasil em benefício dos ingleses, anunciou sua decisão de apor sua assinatura ao Bloqueio, em 20 de outubro de 1807, e ordenar o fechamento dos portos de Portugal aos navios ingleses. Porém, secretamente havia sido assinado um acordo prevendo que a Inglaterra concederia ajuda à família real para lhe permitir escapar, caso fosse necessário, do invasor.

A situação evoluiu repentinamente, quando se deu a conhecer, em 27 de outubro de 1807, a conclusão de um tratado entre a França e a Espanha, em Fontainebleau, segundo o qual esses dois países concordavam em partilhar entre si Portugal. A despeito das últimas tentativas de negociação, um destacamento do exército francês, comandado pelo general Junot, penetrou

---

[30] IAN/TT, Ministério dos Negócios Estrangeiros, livro 365, folha 183 v. (Curto *et al.*, 2007, p. 327).

[31] Archives Nationales, Paris, F/7/3565.

em território português, no início de novembro, sob a alegação de satisfazer "o ardente desígnio de seu Chefe de se apoderar da pessoa do regente".[32]

Em Lisboa, depois que o conselho presidido por dom João decidiu, em 24 de novembro, transferir a Corte para o Brasil, os acontecimentos se precipitaram entre 25 e 27 de novembro de 1807. O regente deu a conhecer por um decreto de 26 de novembro sua decisão "de se estabelecer com sua família na cidade do Rio de Janeiro até a volta da paz"; e então os preparativos da partida foram organizados apressadamente.

Já na noite de 25 para 26 de novembro, Antônio de Araújo e Azevedo deu ordens para que se encaixotasse tudo o que dependia de seu secretariado de Estado e para que se transportasse o material para a nau *Medusa*, operações realizadas apesar de incessantes tempestades. O carregamento incluía um equipamento tipográfico completo, que chegara havia pouco em Lisboa procedente de Londres, destinado à Secretaria de Estado dos Negócios Estrangeiros e da Guerra, e que ainda permanecia encaixotado.

A evacuação da rica biblioteca real, composta de 60 mil livros, também estava prevista, mas não pôde se realizar naquele breve prazo; ela seguiria posteriormente para o Brasil, uma vez que foi poupada pelos ocupantes franceses.[33]

No dia seguinte, 27 de novembro de 1807, o regente, sua família e os membros da Corte embarcaram nos veleiros portugueses fretados com urgência no cais do Tejo, do qual partira outrora Vasco da Gama. Todavia, em razão das condições do mar, a esquadra foi obrigada a esperar até 29 de novembro para levantar âncora. No total, 420 pessoas embarcaram, de acordo com a reconstituição realizada em junho de 2007,[34] e os membros da família real foram divididos em três navios (*Príncipe Real, Afonso de Albuquerque* e *Rainha de Portugal*).[35] Os demais membros da Corte e

---

[32] Walter Scott. *Observations sur la vie de Napoléon Bonaparte.* Paris, Le Normand et fils, 1827, p. 150.

[33] Abordado por Márcia Abreu, em "Livros ao mar...", 2008, p. 81 (segundo indicações que lhe foram fornecidas por Lucia M. B. P. das Neves).

[34] Nireu Oliveira Cavalcanti. "Lista geral, relação dos passageiros que computei segundo os documentos a que tive acesso", jun. 2007.

[35] As duas camas usadas pelos "infantes" durante a travessia a bordo do *Rainha de Portugal* foram conservadas no Museu da Marinha de Lisboa.

acompanhantes de dom João partiram em uma dezena de embarcações (fragatas, bergantins, escunas), às quais se juntara a *Medusa*, do secretário de Estado Araújo e Azevedo.

Mal a esquadra real pôs-se ao largo, saudada de passagem pela frota inglesa, da qual vários navios formaram uma escolta, as tropas francesas, por volta das nove horas da manhã do dia 30 de novembro, fizeram sua entrada em Lisboa; o estado-maior do general Junot se instalou na tarde desse mesmo dia na casa do *briançonnais* Jacques Ratton, da qual tomou posse.

A caminho do Brasil, a esquadra enfrentou uma terrível tempestade, dispersando os navios que, reagrupados apenas no início de dezembro, foram outra vez separados durante alguns dias por uma segunda tempestade.

Quando os navios já se aproximavam da costa do Brasil, o visconde de Anadia endereçou, de Recife, Pernambuco, em 5 de janeiro de 1808, a seguinte mensagem ao regente: "A oito graus ao sul do equinócio, não é temerário supor que os navios vindos da Europa encontrem algumas faltas d'água e de refrescamentos; por essa razão, faço embarcar em um bergantim, que envio ao encontro da esquadra, sessenta tonéis de água e de frutas frescas".[36]

A esquadra aportou na Bahia, na costa brasileira, onde o regente desembarcou solenemente no dia 24 de janeiro de 1808. Pouco depois, por uma carta régia, de 28 de janeiro, endereçada ao governador da Bahia, ele deu a conhecer suas primeiras decisões, cuja importância o futuro revelaria:[37] a abertura dos portos (e das alfândegas) do Brasil a todos os navios de nações amigas (mediante o pagamento de uma taxa cujo montante podia chegar a 24% do valor das mercadorias); e, de outro lado, a autorização a seus vassalos, bem como aos estrangeiros, para "exportar a partir dos portos do Brasil em benefício do comércio e da agricultura".

Pouco antes de deixar a Bahia, o regente determinou ainda, em 28 de fevereiro de 1808, a fundação da primeira escola de medicina e autorizou a criação da primeira companhia de seguros. Quanto ao navio *Medusa*, adian-

---

[36] Carta do visconde de Anadia, de 5 de janeiro de 1808, Biblioteca Nacional, Rio de Janeiro (digital), conteúdo E, v. 16. 2009-09-14T14.

[37] Esse primeiro documento assinado pelo regente na chegada ao Brasil foi reproduzido no *Correio Braziliense* de agosto de 1808, e referenciado em Camargo & Moraes, 1993, vol. 2, p. 1.

tando-se por dois dias à nave real, chegou ao Rio de Janeiro levando a bordo o precioso material tipográfico; a seguir, em 7 de março, aportaram os navios da esquadra do regente e de seu séquito num ponto da baía que dá acesso à atual praça XV.

Enquanto o Rio de Janeiro se preparava para se tornar a capital de fato de Portugal, a história registrou que, ao suscitar a fuga do herdeiro do trono português, Napoleão esteve na origem da fundação da única casa real que reinou duradouramente em um país da América do Sul, e do qual soube, malgrado certas vicissitudes, salvaguardar a unidade territorial. Um evento fundador de uma dimensão histórica de grande importância, que o Brasil celebrou, em 2008, por ocasião do bicentenário da chegada de dom João ao Rio de Janeiro.

Imagem 17. Rio de Janeiro: o Palácio Real, depois, Paço Imperial. Coleção e fotografia de J.-J. Bompard.

5

A LIVRARIA, A EDIÇÃO E A IMPRENSA
NO BRASIL E EM PORTUGAL SOB
A REGÊNCIA DE DOM JOÃO

O INÍCIO EM UM BRASIL EM FORMAÇÃO

A chegada da esquadra real ao Rio de Janeiro, anunciada pelos passageiros dos navios procedentes da Bahia que a precederam, provavelmente tornou-se conhecida na cidade tão logo os primeiros espectadores – postados, segundo um antigo costume, ao longo da Praia Vermelha – a vislumbraram aproximar-se da baía de Guanabara. A esquadra foi recebida por uma população em estado de efervescência. A primeira providência do vice-rei Marcos de Noronha e Brito, conde dos Arcos, à frente da administração local, foi subir a bordo do veleiro real para homenagear o regente, e também para organizar sua instalação na cidade.

Decidiu-se que a residência do vice-rei, promovida a Palácio (Paço) Real (Imagem 17), e também o convento das carmelitas seriam reservados ao regente e à sua família,[1] enquanto as moradias próximas ao palácio seriam re-

---

[1] A família real era composta por 14 membros: dom João, o príncipe regente; dona Maria I, mãe do regente (sofrendo de debilidade mental); dona Carlota Joaquina, esposa de dom João; dom Pedro de Alcântara (futuro Pedro I) e dom Miguel (filhos de dom João); dona Maria Teresa, dona Maria Isabel, dona Maria Francisca, dona Isabel Maria, dona Maria

quisitadas para alojar o restante da Corte e os oficiais.

Na tarde seguinte, 8 de março de 1808, o regente desembarcou em uma cidade em júbilo, ao som dos sinos de todas as igrejas. Ele declarou então que era seu dever dirigir-se à catedral para uma ação de graças em reconhecimento pela boa fortuna que lhe permitira, assim como a seus próximos, chegar são e salvo a essa parte do mundo. Formou-se um longo cortejo, saudado pelos notáveis, os sacerdotes e os comerciantes da cidade, em meio aos quais estavam certamente os livreiros João Roberto Bourgeois e Paulo Martin, cujo estabelecimento ficava bem próximo do trajeto empreendido pelo regente para se dirigir, pela rua do Rosário, à igreja Nossa Senhora do Rosário e São Benedito.

Três meses depois, em 15 de junho de 1808, o regente transferiu o título e a condição de catedral para a igreja de Nossa Senhora do Carmo, mais próxima ao Paço Real.

Ao chegarem ao Rio de Janeiro, malgrado a beleza do cenário e da natureza luxuriante, a cidade pareceu bastante ingrata aos membros da Corte e a todos os que a acompanhavam. Edificada entre morros e áreas pantanosas, suas ruas e becos, ladeados por pequenos imóveis, eram estreitos, calçados com pedras brutas, quando não sem calçamento, e intransitáveis em dias de chuva, além de desprovidos de sol e de ar puro; enfim, infectos e com higiene deplorável (Imagem 18).

O regente, consciente dos riscos que ameaçavam a saúde pública, não tardou em encomendar um relatório a Manuel Vieira da Silva, médico da Real Câmara, o qual foi publicado em setembro de 1808 com o título "Reflexões sobre alguns dos meios propostos por mais conducentes para melhorar o clima da cidade do Rio de Janeiro".[2]

O autor do documento, constatando a gravidade dos males que afetavam a população, responsabilizou a atmosfera quente e úmida da cidade, os ventos malsãos bloqueados pelo morro do Castelo (posteriormente removido), os riscos sanitários do cemitério da Misericórdia, além de lamentar a ausência

---

de Assumpção, dona Ana Jesus Maria Assumpção (filhas de dom João); dona Maria Francisca Benedita e dona Maria Ana de Jesus (irmãs de dona Maria I); dom Pedro Carlos de Bourbon e Bragança (genro de dom João).

[2] Publicado por ordem de S.A.R., na Impressão Régia (cf. Camargo & Moraes, 1993, vol. 1, p. 12; e cf. o texto integral. Rio de Janeiro, Biblioteca Nacional, 37, 1,13).

Imagem 18. Rio de Janeiro: Beco do Bragança.
Coleção e fotografia de J.-J. Bompard. [p. 71]

de um leprosário (sobretudo para abrigar em quarentena os escravos vindos da África). Condições de vida que favoreciam, além do mais, a proliferação de mosquitos e de outros insetos transmissores de epidemias – contra cujas picadas tornou-se comum o uso de mosquiteiros e de fumigações nas casas. No ano seguinte à sua chegada, o regente determinou por decreto, datado de 28 de julho de 1809, a criação de um órgão de Estado, dotado de poderes administrativos e judiciários (Provedoria-mor da Saúde), com a missão de fazer aplicar medidas de proteção à saúde pública, as quais se estendiam aos barcos que entravam no porto.

Apesar das precauções tomadas e das campanhas regulares de vacinação, um dos funcionários da Corte, Luís Joaquim dos Santos Marrocos, não escondeu sua aflição ao relatar em carta a seu pai, datada de 27 de fevereiro de 1812,[3] que apenas em 1811 (ano de sua chegada ao Brasil) foram registradas 300 mortes entre os residentes de origem portuguesa e que, dia e noite, o santo viático era levado aos que se encontravam presos ao leito (Imagem 19). Compreende-se assim que, naquela época, um dos meios de tornar mais agradável a estada no Rio de Janeiro era, para certa elite, dispor de uma casa de campo, nas valorizadas cercanias da Glória ou nos espaços transformados em propriedades rurais nos flancos do maciço da Tijuca.

---

[3] Luís Joaquim dos Santos Marrocos. *Cartas do Rio de Janeiro, 1811-1821*. Lisboa, Biblioteca Nacional, 2008, p. 107. Inicialmente bibliotecário da Real Biblioteca, Marrocos foi chamado em julho de 1811 para novas funções pelo príncipe regente – as de redator e oficial maior da Secretaria de Estado dos Negócios do Reino.

Imagem 19. Rio de Janeiro: O santo viático levado à casa de um doente. Desenho de Jean-Baptiste Debret. Litografia Thierry, 1834--1839, tomo 3, gravura 12. Coleção J.-J. Bompard.

Mas, afora as vicissitudes que cada um tinha de enfrentar em uma cidade que não fora preparada para acolher centenas e, logo depois, milhares de pessoas (cujo total geralmente era estimado em 15 mil, na época), para o regente, era prioridade instalar os meios necessários ao exercício do poder a partir do Rio de Janeiro – tornado, com a transferência da Corte, o lugar de onde emanava a soberania sobre Portugal e seu Império.[4] O regente a isso se dedicou sem demora, desdobrando-se em uma grande atividade legislativa que lhe possibilitou, em poucos meses, criar as estruturas e os órgãos de administração necessários para firmar sua autoridade e favorecer o desenvolvimento econômico do país. Essas medidas levaram, em pouco tempo, a uma profunda mudança na organização social da cidade, onde passaram a coexistir, desde então, além da administração real, uma

---

[4] Essa situação paradoxal encobria todos os elementos do antagonismo que se manifestaria mais tarde entre Portugal e sua colônia da América. Ela levaria o regente, tornado dom João VI, a retornar a Lisboa em 1821, em prenúncio da Independência do Brasil, no ano seguinte.

nobreza que fugira de Portugal, os comerciantes, exploradores e proprietários oriundos do período colonial, aos quais se somaram os recém-chegados e uma significativa população de escravos, também esta em clara e regular expansão.

O regente dom João, que assumira as responsabilidades reais após o falecimento de seu irmão mais velho [dom José], em 1788, e em razão da manifestação dos problemas mentais de sua mãe, em 1792, era visto até então como homem sem vigor e pouco atraente, conforme sublinhou Lucia Maria Bastos P. das Neves.[5]

No entanto, ele realizou com determinação seu programa legislativo, embora continuasse "a pensar como um soberano do Antigo Regime. Havia a possibilidade de realizar reformas contra os abusos dos governadores das capitanias, mas ele não as executou. O absolutismo não era do rei, mas sim dos governadores".[6] De um ponto de vista mais pessoal, sua sensibilidade artística lhe inspirou diversas decisões relativas à arquitetura e à cultura, como a criação de um museu de Belas Artes. Além disso, a acolhida benévola que ele dispensou a franceses que tinham sido adeptos de Napoleão, assim como certos aspectos de sua personalidade – por exemplo, sua reprovação a casos de maus-tratos de escravos, dos quais foi testemunha, e o perdão concedido a condenados – contribuíram para forjar a imagem de um soberano tolerante.

Por ocasião de sua escala na Bahia, em fins de janeiro de 1808, dom João já havia tomado medidas importantes, referentes à abertura dos portos e à suspensão das restrições à exportação. Outras, editadas no mesmo ano,[7] a partir de abril, foram historicamente determinantes, principalmente as que se seguem:

- 1º de abril: revogação da proibição que atingia fábricas e manufaturas;
- 13 de maio: criação do corpo da Brigada Real da Marinha;
- 13 de maio: criação da Real Fábrica de Pólvora;

---

[5] Lucia Maria B. P. das Neves. "Retrato de um rei em movimento". *Blog* Entrevistas Brasil, 2009a.

[6] *Idem.*

[7] Camargo & Moraes, 1993, vol. 1.

86 | LIVREIROS DO NOVO MUNDO

- 13 de maio: criação do Regimento de Cavalaria;
- 13 de maio: criação da Impressão Régia;
- 28 de junho: criação do Erário Régio (Tesouro Público);
- 23 de agosto: criação da Real Junta de Comércio, Agricultura, Fábrica e Navegação;
- 10 de setembro: início da circulação da *Gazeta do Rio de Janeiro*, primeiro jornal impresso no Brasil;
- 12 de outubro: criação do banco público (Banco do Brasil);
- enfim, em 1º de dezembro, as tropas navais portuguesas desembarcaram no litoral da Guiana Francesa, território que seria restituído em 1814. De fato, segundo Manuel de Oliveira Lima, autor de uma biografia de dom João VI, publicada em 1908 (*Dom João VI no Brasil, 1808-1821*), ao ocupar a Guiana, a Corte do Rio de Janeiro teria pretendido tomar posse de alguma coisa para depois, com a volta da paz, vir a restituir, a fim de obter em troca o reconhecimento dos limites da fronteira ao norte do Brasil, consagrados pelo tratado de Utrecht.

A IMPRESSÃO RÉGIA

Era indispensável que os atos oficiais adotados pelo novo poder fossem levados ao conhecimento de um grande número de pessoas, o que impunha viabilizar a sua publicação, um imperativo reforçado pela distância de Portugal.

Para responder a essa exigência, as prensas e o material tipográfico transportados ao Brasil por ocasião da transferência da Corte, mas ainda encaixotados desde sua aquisição em Londres, foram instalados; a seguir, em 13 de maio de 1808,[8] dia de seu aniversário, o regente decretou a criação da Impressão Régia, a primeira tipografia a existir no Rio de Janeiro.

O objetivo era imprimir os textos da nova legislação e das notas "diplomáticas", mas também realizar outros trabalhos, suscetíveis de acompanhar o desenvolvimento da tipografia e de atenuar seu investimento financeiro, possibilidade que foi aproveitada desde os primeiros meses de atividade, com a publicação de impressos e de documentos; depois, a partir de setembro de

---

[8] "Decreto de 13 de maio de 1808", em Camargo & Moraes, 1993, vol. 2.

1808, com a edição de um jornal, a *Gazeta do Rio de Janeiro*, e, a partir de 1810, de livros, além de cartas de baralho, em 1811, de cuja produção a Coroa detinha o monopólio.

O conjunto desses trabalhos foi relacionado por Ana Maria de Almeida Camargo e Rubens Borba de Moraes em dois volumes.[9] Os autores estimaram em um total de 2.149 documentos (dos quais 720 referentes à legislação) as publicações feitas no período entre 1808 e 1822, ao fim do qual a Impressão Régia tornou-se Imprensa Nacional, depois que as Cortes de Lisboa promulgaram, em 14 de julho de 1821, um texto sobre liberdade de imprensa e de edição.

Foi nesse novo contexto legal e regulamentário que se desenvolveu, desde então, a atividade dos livreiros-editores, e que Paulo Martin, residente já havia nove anos no Rio de Janeiro, viria a ocupar uma posição de destaque.

A *GAZETA DO RIO DE JANEIRO* E A NOVA POSIÇÃO DE PAULO MARTIN (FILHO)

O primeiro número da *Gazeta do Rio de Janeiro*, produzido pela Impressão Régia, apareceu em 10 de setembro de 1808, apresentando, como subtítulo, um excerto da Ode III, livro IV, de Horácio: *Doctrina sed vim promovet insitam, Rectique cultus pectora roborant* [A educação desenvolve e fortalece a natureza, uma cultura justa fortalece a alma]. Os versos seriam ali mantidos até a edição de 17 de maio de 1821.

Um aviso ao público informava que a *Gazeta do Rio de Janeiro* estaria à venda na Corte "na loja de Paulo Martin, filho, mercador de livros, no fim da rua da Quitanda", e que a assinatura dos números semanais – periodicidade que rapidamente aumentou – custava "1.900 réis por seis meses".[10]

Como Paulo Martin, português, mas conhecido por ser filho de um casal de franceses originários dos Altos Alpes, pôde ser escolhido pela Corte para se encarregar, em condição de exclusividade, da difusão desse primeiro jornal, que tinha caráter oficial? Não se sabe. Ocorre que, preferido em de-

---

[9] *Bibliografia da Impressão Régia*, 1993.
[10] 1.900 réis.

trimento de seus confrades[11] pelos representantes do poder, Paulo Martin foi gratificado, ao exercer essa função inédita, com uma notoriedade preciosa para sua credibilidade e seus negócios.

No primeiro número, explicava-se também que a *Gazeta do Rio de Janeiro*, "ainda que pertença por privilégio aos oficiais da Secretaria de Estado dos Negócios Estrangeiros e da Guerra", não era "oficial" ("não é com tudo oficial"); e que o governo participaria somente com alguns artigos (na realidade, bastante numerosos), os quais faria publicar em seu nome.

Essa advertência foi completada na edição de 26 de outubro de 1808 (número 13), com a explicação de que fazia "parte do plano da *Gazeta do Rio de Janeiro* publicar, de vez em quando, sendo necessário, além dos artigos de novidades políticas, alguns outros relativos à literatura, ao comércio, às artes etc., julgando-se assim agradar a todas as classes de leitores".

Enfim, o número 1 da *Gazeta* trazia uma primeira rubrica de mensagens e avisos, na qual se assinalava a próxima aparição de dois documentos "no prelo" da Impressão Régia:[12] *Memória histórica da invasão dos franceses em Portugal no ano de 1807* e *Observações sobre o comércio franco do Brasil*, para cuja venda Paulo Martin publicaria anúncio a partir de 15 de outubro de 1808 (número 10), juntamente com seu confrade Manoel Joaquim da Silva Porto. Essa seção ocupou espaço cada vez mais importante; graças à sua posição, Paulo Martin tornou-se, em seu campo de atividade – o comércio de livros, da edição, da imprensa e afins –, de longe seu principal anunciante, com a particularidade de que suas chamadas ("Na Loja de Paulo Martin" ou "Na Loja da *Gazeta*"), quase sempre inseridas na parte superior da rubrica, por vezes ali ocupavam todo o espaço.

O aparecimento da *Gazeta do Rio de Janeiro* encontrou, desde os primeiros números, um público representativo das diferentes categorias de leitores, que ali podia ler as publicações oficiais, as nomeações, os despachos recebidos de capitais do mundo todo (embora com dois ou três me-

---

[11] Provavelmente havia seis livreiros em atividade, em 1808, segundo os anúncios publicados, ao longo dos primeiros anos desse período, na *Gazeta do Rio de Janeiro*: João Roberto Bourgeois, Manoel Joaquim da Silva Porto, Manoel Mandillo, Domingos da Cunha Pereira, Francisco Luís Saturnino da Veiga e Paulo Martin.

[12] *Gazeta do Rio de Janeiro*, 10 de setembro de 1805, p. 5; e Camargo & Moraes, 1993, vol. 1, pp. 9-10.

ses de atraso, devido ao encaminhamento por via marítima), a relação dos acontecimentos da cidade e do país, uma seção de anúncios e, desde maio de 1809, informações regulares sobre as entradas e saídas dos navios no porto do Rio de Janeiro.

O leitor de hoje, sendo observador da sociedade da época, pode se beneficiar, graças à *Gazeta*, de uma visão bastante explícita de toda a fase brasileira de dom João VI, que, ciente do interesse documental desse jornal, recomendou à secretaria da Real Biblioteca, em novembro de 1811, a reunião "de toda a coleção da *Gazeta do Rio de Janeiro*, desde o seu início".[13]

Nesse contexto, o caráter quase oficial da *Gazeta* representou, em várias ocasiões, uma oportunidade para que os membros de algumas corporações, ou que compunham a elite da sociedade, tornassem pública sua condição de assinantes, como um testemunho de apoio à casa real.

Foi assim que, inaugurando uma prática suscitada pela instalação da Monarquia no Brasil, os comerciantes da praça do Rio de Janeiro fizeram publicar, na *Gazeta Extraordinária do Rio de Janeiro*, de 14 de outubro de 1808 (número 5), uma carta dirigida ao regente, datada de 27 de setembro, na qual declaravam assumir sua parte nos sofrimentos engendrados pela invasão dos bárbaros usurpadores do reino de Portugal, participando de uma subscrição voluntária em auxílio aos vassalos e a seus concidadãos, além de manter cofre para depósito de valores no Tesouro Real.

Até o fim de dezembro de 1808, diversos números da *Gazeta do Rio de Janeiro* publicaram os nomes desses doadores e o montante de suas contribuições, num total de cerca de 600 pessoas, o que representava toda a elite comercial da cidade. As doações, de alguns milhares de réis entre as mais modestas, chegaram a várias centenas de milhares de réis, de parte dos mais ricos. O livreiro João Roberto Bourgeois constava da lista com 24 mil réis e Paulo Martin (filho), que apareceu como doador ao menos quatro vezes ao longo do reinado brasileiro de dom João VI, com 40 mil réis.[14]

Na obra *Promenade autour du monde...*,[15] Jacques Arago, que esteve no Brasil em 1817, relatou, "a respeito dos usos e costumes do país", quan-

---

[13] Marrocos, 2008, carta de 16 de novembro de 1811, 9 A, 2008, p. 95.
[14] *Gazeta do Rio de Janeiro*, 22 de outubro de 1808, n. 12.
[15] Arago, 1822, t. 1, p. 74.

90 | LIVREIROS DO NOVO MUNDO

to custava em "tempo e esforço" se manter na Corte. Também Lucia M. Bastos das Neves[16] comentou essa prática da Corte de conceder graças e benefícios em troca de serviços e favores de seus súditos. Assim, a elite mercantil adotava esse protocolo de vassalagem em busca de reconhecimento e títulos honoríficos, podendo até pretender, em alguns casos, elevar-se à categoria de nobreza.

Uma vez que os acontecimentos de 1808 abriram novas perspectivas históricas ao Brasil – as quais levariam, por fim, à sua independência em 1822 –, o percurso dos livreiros-editores que nos fornecem a trama deste relato não poderia ser compreendido sem que recoloquemos suas atividades no ambiente social e econômico da época.

A NOVA SOCIEDADE DO RIO DE JANEIRO

Por ocasião da chegada da Corte portuguesa ao Brasil, como ainda aconteceria por vários decênios, as atividades da cidade do Rio de Janeiro se concentravam nas cercanias do porto, cuja área localizada a leste, oferecendo melhor circulação de ar, era a mais frequentada. Antes de pisar em terra, os passageiros dos barcos deviam se submeter a diversos controles, como o da polícia, para a verificação ainda a bordo dos passaportes, além do da alfândega e do sanitário. O mesmo ocorria em relação a tudo o que os navios transportavam, incluídos os escravos, cuja contagem e cuja descrição do estado de saúde eram registradas em documentos específicos.

O descarregamento dos veleiros era efetuado por meio de pequenas embarcações; depois, nas ruas da vizinhança, as mais movimentadas, as mercadorias eram encaminhadas a seus destinatários, num rumor incessante de idas e vindas dos "escravos de ganho".[17] Para o transporte das cargas, eles utilizavam longas barras de madeira dotadas de um aparato

---

[16] Em "Impressores e livreiros...", 2011, p. 3.

[17] Os "escravos de ganho" eram empregados em diferentes tarefas, e sua manutenção representava uma fonte de renda para seus donos, aos quais eles entregavam uma porcentagem das somas recebidas de seus clientes. Os ganhos obtidos por alguns desses escravos – até cinco ou seis vezes o montante exigido por seus senhores – abriam para eles a possibilidade de comprar sua liberdade.

apropriado, as cangalhas (Imagem 20). Já os "negros de carro" usavam as numerosas carroças disponíveis nas proximidades da alfândega, ou ainda transportavam as cargas nas costas.

Imagem 20. Rio de Janeiro: Escravos "de ganho". Desenho de H. Taunay. *In*: H. Taunay & F. Denis, *Le Brésil ou Histoire, moeurs, usages et coutumes des habitans de ce royaume*, 1822. Coleção família Bompard e fotografia de J.-J. Bompard.

As principais lojas da cidade, entre as quais incluíam-se as livrarias, estavam instaladas no perímetro compreendido entre a rua do Ouvidor, a rua dos Pescadores (atual Visconde de Inhaúma) e a rua Direita (atual Primeiro de Março), no andar térreo de imóveis de dois ou três andares – à exceção de algumas lojas que, conforme um costume mais antigo, ocupavam o primeiro andar dos imóveis.

A decisão de abrir os portos aos navios e ao comércio com as nações aliadas, tomada em janeiro de 1808, acarretara um aumento do tráfego portuário. Contudo, em razão do Bloqueio Continental instaurado por Napoleão, o intercâmbio com a Inglaterra foi o principal beneficiário dessa medida, considerando-se que o "Tratado de Comércio e Navegação", assinado em

19 de fevereiro de 1810 entre o Brasil e a Grã-Bretanha, havia ratificado as disposições favoráveis aos ingleses – especialmente a redução para 15% (em vez de 24%) da tarifa alfandegária sobre as importações –, além de incluir o compromisso de acabar com o tráfico de escravos.

As trocas com a França, entretanto, se intensificaram, suprindo o mercado local com artigos de moda, têxteis, joias, móveis, relojoaria, livros e medicamentos em quantidades crescentes, inspirando – em 21 de setembro de 1816 – o seguinte comentário do missivista Luís Joaquim dos Santos Marrocos:[18]

> Não posso explicar-te a abundância e a fartura das fazendas e quinquilharias francesas que têm inundado esta cidade [...] e toda a gente se vê ataviada ao gosto francês [...]. Este porto se vê coalhado de navios franceses [...] que só no mês passado entraram 29 carregados de bugiarias [...] para evitar essa enxurrada perniciosa, foram levantados os direitos de alfândega a 40 por cento do seu valor real.

Imagem 21. Aqueduto do Rio de Janeiro, visto da baía da Glória. Desenho de H. Taunay. *In*: H. Taunay & F. Denis, 1822. Coleção família Bompard e fotografia de J.-J. Bompard.

---

[18] Em *Cartas do Rio de Janeiro*, folha 181, e carta de 21 de julho de 1811, folha 5, *op. cit.*, 2008, pp. 347 e 82 [a grafia foi sempre atualizada, para facilitar a compreensão. (N. da R.)].

Um pouco mais tarde, ele poderia acrescentar a essa lista a importação de champanhe e de vinhos franceses, que se tornariam especialidade de alguns comerciantes. A exemplo de certo negociante da rua dos Ourives que, em 11 de fevereiro de 1824, em um anúncio no *Diário do Rio de Janeiro*, oferecia toda sorte de vinhos estrangeiros, especialmente "Champagne, Bourgogne, Côte-Rotie, Bordeaux, Graves, Frontignan, assim como Málaga, do Porto e diversas qualidades de licores".

A cidade, organizada então em sete paróquias, era abastecida de água por um importante aqueduto (Arcos da Lapa, Imagem 21) que alimentava os chafarizes das ruas,[19] onde se podiam encontrar os "escravos urbanos" – que faziam de tudo, os "domésticos" –, encarregados de servir nas casas e dar de beber aos animais.

A escravidão, indissociável do sistema econômico em vigor na época, na verdade, surgira no século XVII. Contudo, aumentou significativamente no século XVIII, em resposta à demanda, em primeiro lugar, dos plantadores de cana-de-açúcar e dos exploradores das minas auríferas. A abertura do país ao comércio e ao intercâmbio, decretada em 1808, o crescimento da população da cidade e as necessidades mais diversificadas das explorações, como os engenhos de açúcar, suscitaram uma nova demanda de mão de obra. Assim, o número de escravos desembarcados no Rio de Janeiro, de cerca de 9 mil em 1808, passava de 19 mil em 1810, chegando à média anual de 20 mil na década seguinte.[20]

Esse tráfico mobilizava muita gente, desde agentes nas costas da África a armadores e traficantes, e o transporte dos escravos era feito nos navios negreiros, em condições cruéis. Jacques Arago, membro da expedição de Freycinet, escreveu ao voltar de sua estada no Brasil, em 1817: "O espetáculo desses infelizes amontoados uns contra os outros, devorados pelas verminoses, expostos a todo tipo de doenças e de privações, parte o coração e suscita indignação".[21] Em sua chegada ao porto do Rio de Janeiro,

---

[19] O principal, a "Fonte da Carioca", ficava ao pé do convento de Santo Antônio, e comportava cerca de 30 bicas.

[20] Cf. Cláudio de Paula Honorato. *Valongo, o mercado de escravos do Rio de Janeiro: 1758-1831*. Niterói, Universidade Federal Fluminense, 2008 (tabela 6); e ANRJ, IS42. Rio de Janeiro, Instituto Vacínico [hoje Instituto Oswaldo Cruz], 1809-1830.

[21] Em *Promenade autour du monde*, 1822, t. 1, p. 99.

o "carregamento" de cada barco era registrado de maneira sucinta, como se vê no registro de entrada de dois navios, em 30 de abril e 1º de maio de 1813, que transportaram um total de 1.146 escravos. A nota acerca do primeiro estava redigida assim: "A corveta *Amizade*, vinda de Angola, após 41 dias de viagem, transportando 35 homens da tripulação, dos quais um morreu de diarreia, foi carregada com 577 escravos, dos quais 35 morreram de diarreia durante a viagem, e encontram-se a bordo 30 escravos doentes dos olhos e de diarreia".[22]

Os sofrimentos infligidos aos escravos no decorrer do transporte e a mortalidade, que podia atingir um quinto dos embarcados, levaram o regente a editar um alvará, datado de 24 de novembro de 1813, regulamentando "a arqueação dos navios empregados na condução dos negros que dos portos da África se exportam para os do Brasil", com o intuito de exprimir "sentimentos de humanidade e beneficência, dando as mais saudáveis e benignas providências em benefício daqueles indivíduos".[23] Além disso, conforme o decreto de 28 de julho de 1809 (criação da Provedoria da Saúde), os africanos desembarcados no porto do Rio de Janeiro deviam ser vacinados, mas segundo os dados disponíveis (cf. nota 20) somente 11% deles (36.927) se beneficiaram dessa medida no período de 1811 a 1826. Outras estatísticas, publicadas pela *Gazeta do Rio de Janeiro* em 1820, referentes ao período 1811--1819 (ou seja, depois da criação, mediante decreto de 4 de abril de 1811, da Junta da Instituição Vacínica da Corte), indicam que, apesar da organização de campanhas, a proporção de pessoas, de todas as condições, vacinadas na cidade era ainda minoritária.

A sorte dos escravos desembarcados no porto do Rio de Janeiro era decidida no mercado do Valongo, principalmente na passagem existente entre os morros de São Bento e da Conceição, onde eram postos à venda nas "lojas de negros". Elas foram retratadas por vários artistas – como Jean-Baptiste Debret, Hippolyte Taunay, Jacques Arago e, mais tarde, J.-J. Steinmann – e

---

[22] "Entrou no dia 30 de abril de 1813 e [em] 1º de maio de 1813". Rio de Janeiro, Biblioteca Nacional: o anúncio acerca da entrada no porto do Rio de Janeiro do *Amizade* foi publicado na *Gazeta do Rio de Janeiro* de 5 de maio de 1813, sendo Felix José dos Santos o capitão do barco.

[23] Em Camargo & Moraes, 1993, vol. 2, p. 79 [n. 260].

descritas em relatos de viagem por Ferdinand Denis[24] (Imagem 22) ou pela inglesa Maria Graham-Calcott. Esta, por ocasião da visita que fez a esses locais, em 1º de maio de 1823, "tomou consciência da dimensão desse tráfico e expressou sua compaixão por aqueles com quem trocou olhares".[25]

Imagem 22. Loja de escravos. Desenho de H. Taunay. *In*: H. Taunay & F. Denis, 1822. Coleção família Bompard e fotografia de J.-J. Bompard.

Expostos quase nus, os escravos – homens, mulheres e crianças – eram objeto de venda por unidade, em lotes ou leilões, quando os serviços de um "avaliador de escravos" podiam ser solicitados para determinar o montante das transações.[26] Não se pode deixar de observar também, na análise das vendas diretas ou por intermédio de anúncios nos jornais, como essas transações

---

[24] Hippolyte Taunay & Ferdinand Denis. *Le Brésil ou Histoire, moeurs, usages et coutumes des habitans de ce royaume*. Paris, Nepveu, 1822.
[25] Maria Graham. *Journal of a voyage to Brazil and residence there during part of the years 1821, 1822, 1823*. London, Longman & Others, 1824, p. 239.
[26] Cf. anúncio publicado por um desses "avaliadores" em 28 de julho de 1823, no *Diário do Rio de Janeiro*.

punham em evidência o "papel social" da mulher escrava na vida doméstica da época. Além da execução das tarefas caseiras (lavar, passar, cozinhar etc.), a escrava exercia, com efeito, no seio da célula familiar, a função de babá de crianças que, antes, havia amamentado (amas de leite – Imagem 23), função que aparecia em uma rubrica frequente nos anúncios. Ademais, não se pode ignorar a natureza de certos relacionamentos que ligavam as escravas e seus senhores, e como essas relações engendraram uma prole mestiça com estatuto ambivalente, que prefigurou, no espírito de alguns autores,[27] um princípio de desaparecimento das barreiras sociais. Essas práticas, entre outras, suscitadas – conforme se escreveu na época – pela "amenidade do clima", eram então bastante comuns; o que levou o secretário Luís Joaquim dos Santos Marrocos a escrever, na carta a seu pai[28] em que justificava seu casamento, que lamentava sua vida "de misantropo" e "agradecer a Deus" por não ter incorrido em "certos vícios".

Imagem 23. Transporte pela ama de leite de uma criança branca para ser batizada na igreja. Desenho de J.-B. Debret. Litografia Thierry, tomo 3, gravura 12. Coleção e fotografia de J.-J. Bompard.

---

[27] Ver Gilberto Freyre, *Casa-grande & senzala*. 48. ed. Recife, Global, 2003.
[28] Carta de 23 de dezembro de 1813. *Cartas do Rio de Janeiro*, 2008, p. 236.

Os maiores compradores de escravos[29] eram os proprietários de explorações de minérios e de plantações (cana-de-açúcar, algodão, café etc.), onde uma mão de obra escrava respondia pelos trabalhos mais pesados.

A Corte, a Real Fazenda (Tesouro Público) e os monastérios, como o de São Bento (com sua propriedade da ilha do Governador), figuravam entre os principais detentores de escravos. De fato, todas as categorias sociais utilizavam essa mão de obra, inclusive as mais pobres, que com isso podiam encontrar uma fonte de rendimentos mediante a prática, nos meios urbanos, do comércio ambulante.

Os imigrantes recentemente chegados ao Brasil não tardaram a se conformar com esses hábitos. Assim, Luís Joaquim dos Santos Marrocos, que viera em junho de 1811 para assumir o posto de secretário da Real Biblioteca, relatou a seu pai, em carta de 21 de julho daquele ano, que havia recebido um adiantamento de 250 mil réis para o semestre, e comprado, para os serviços domésticos, um escravo pelo preço de 93 mil réis.[30] Com efeito, a integração de muitos escravos à vida familiar de seus senhores melhorava nitidamente sua condição, e com isso reforçava sua dependência. Era nesses meios sociais, bem como no comércio e no artesanato, onde mais se registravam medidas de alforria – prática, na realidade, bastante disseminada no Rio de Janeiro. No entanto, em razão das más condições de vida de grande número de escravos, frequentemente havia fugitivos entre eles que tentavam encontrar refúgio nos arredores da cidade para escapar às buscas, empreendidas mediante oferta de recompensas, sobretudo por meio de anúncios publicados na *Gazeta do Rio de Janeiro*, e, a partir de 1821, nos jornais recentemente criados.

Assim, o recurso à escravidão, completamente integrado ao funcionamento da sociedade brasileira e de sua economia, viria a constituir, por algumas décadas ainda, uma engrenagem incontornável da vida da época.

---

[29] "Registros de Arrecadação de Impostos Referentes ao Comércio de Escravos". Rio de Janeiro, Biblioteca Nacional, Manuscritos: 8 abr. 1822, MSS 136-25-30. As transações que envolviam escravos eram submetidas ao recolhimento de uma taxa pelo Tesouro Público. Instituída em 1778, ela foi atualizada por um decreto de 30 de setembro de 1808, depois por um alvará de 3 de junho de 1809, que fixou o montante dessa taxa em 5% (em vez de 10%) sobre a venda ou adjudicação de crianças (ladinos); os descontos encontram-se no registro mencionado, onde constam os nomes do comprador e do vendedor, o preço de venda (entre 150 mil e 200 mil réis), assim como a taxa paga.

[30] Carta de 21 de julho de 1811. *Cartas do Rio de Janeiro*, 2008, p. 82.

A SITUAÇÃO DOS LIVREIROS
NO RIO DE JANEIRO E EM LISBOA

Nos anos que se seguiram à chegada da Corte ao Brasil, e à dos que depois a ela se juntaram, constatou-se um aumento na demanda de livros, reforçada pelo afluxo de estrangeiros de diversas nacionalidades que foram se instalar no Rio de Janeiro.

A clientela dos livreiros, refletindo as classes sociais que compunham a população, era constituída de funcionários da Corte, eclesiásticos, militares, médicos, armadores, navegadores, grandes proprietários, negociantes, artesãos, professores e viajantes. Enfim, de todos os que desejavam encontrar também artigos diversos – desde papel para escrita, desenho ou fumo, até medicamentos e uniformes para os agraciados com a Ordem de Cristo. Além disso, Paulo Martin, na qualidade de distribuidor da *Gazeta do Rio de Janeiro*, agia muitas vezes como intermediário para facilitar a aproximação entre os leitores do jornal e os agenciadores de anúncios.

No total, a clientela potencial dos livreiros, numa cidade que dificilmente contava mais de 30 mil habitantes "livres" em 1810, pode ser estimada – sem incluir mulheres, crianças e os que não tinham acesso aos livros – em não mais que alguns milhares de pessoas. Elas dispunham de seis livreiros, cujo número mais que dobrou no final da década seguinte.

A maior parte dos livros, cumpridas as formalidades de importação, provinha de Portugal e de outros países europeus. Afora as numerosas edições de caráter religioso, tratava-se de obras literárias ou "românticas" e, sempre de acordo com o limite das autorizações concedidas, de livros que continham as novas ideias, além de escritos que estigmatizavam a "tirania" de Napoleão; havia, por fim, muitos livros técnicos (de medicina, botânica etc.) e de cultura geral. As obras se beneficiavam de anúncios para sua divulgação, mais ou menos detalhados, publicados entre 1808 e 1822 na *Gazeta do Rio de Janeiro*, e posteriormente em outros jornais.

O estatuto de grande nação, conquistado por Portugal ao longo dos três séculos anteriores, tinha sido prejudicado pela invasão das tropas de Napoleão, pela transferência da regência para o Brasil e pela tutela inglesa. O mercado lusófono do livro e da edição foi afetado com isso, como toda a economia; entre 1808 e

1812, registrou-se uma diminuição no número de pedidos de autorização para remessas de livros ao Rio de Janeiro, uma vez que, após a retirada dos invasores, a situação política provocara a prisão, a expulsão do reino ou o sequestro de bens de vários livreiros franceses e italianos que estavam entre os mais atuantes.

Os sócios da Borel, Borel & Companhia foram particularmente visados por essas medidas: Diogo Borel, nascido em La Salle, seu irmão e seus cunhados[31] tiveram de apresentar um requerimento, em fevereiro de 1809, para não serem obrigados a deixar Lisboa em cumprimento às ordens reais; depois, submetidos a vigilância, ficaram impedidos de retomar as remessas de livros ao Rio de Janeiro até dezembro de 1810. Porém, após serem presos por um tempo em Cascais, tiveram de deixar Portugal, enquanto a suspensão do sequestro de seus bens ocorreu apenas em maio de 1811.[32] Pedro José Rey, membro de uma das mais antigas famílias de livreiros lisboetas originárias da região de Briançon, também obrigado a se retirar de Portugal,[33] acabou se estabelecendo em Paris, onde adquiriu em 1º de março de 1815, em sociedade com Jean-Simon Gravier, dos Altos Alpes, a loja do livreiro Fantin,[34] adotando a razão social "Rey et Gravier". Outros pediram a naturalização portuguesa, como Marie-Claire Rey, residente em Lisboa por quase 50 anos, e seu filho Jorge.

De outro lado, a família Martin aparentemente não foi visada pelas medidas, à exceção de João José – um dos filhos de Paul –, que, em 9 de fevereiro de 1809, foi alvo de um inquérito.[35] Poupado das proibições que atingiram seus colegas, Paul Martin (pai) retomou, sob o próprio nome, as remessas para o Rio de Janeiro em 6 de outubro de 1808, e depois, em 23 de janeiro de 1809,[36] sob a insígnia "Paulo Martin & Irmãos", enquanto seu filho Inácio Augusto Martin realizou em seu próprio nome, em dezembro de 1810,[37] expedições para a capital do Brasil, as quais se intensificaram em 1811; outro de seus filhos, João José, viajou a Londres em 1812,[38] onde seu irmão Inácio Augusto

---

[31] Cf. Curto *et al.*, 2007, pp. 290-291.

[32] *Idem*, p. 301.

[33] *Idem*, p. 421.

[34] Geneviève Julliard. "De la famille Gravier", 1982.

[35] Curto *et al.*, 2007, p. 359.

[36] Curto *et al.* 2007, p. 411.

[37] *Idem*, p. 320.

[38] *Idem*, p. 359.

mantinha relações de negócios.[39] Por fim, Paul Martin, beneficiando-se da retomada das aquisições pela biblioteca pública da Corte, a ela vendeu mil livros, em novembro de 1811.[40]

No Rio de Janeiro, Paulo Martin (filho), que se tornara, segundo os principais testemunhos, o livreiro mais reputado da cidade, era, naturalmente, o destinatário das remessas feitas por seu pai e seus irmãos, uma parte das quais era reenviada para outras regiões do Brasil, principalmente para a Bahia.

Foi nesse contexto de retomada do mercado que ocorreu, no início de 1810, a transferência de um total de 317 caixas de livros e de manuscritos raros[41] da Real Biblioteca para o Rio de Janeiro, volumes que felizmente haviam sido poupados quando da invasão de Portugal. Uma parte dos lotes assim reunidos foi entregue a Luís Joaquim dos Santos Marrocos, que descreveu, em carta a seu pai datada de 12 de abril de 1811, as condições muito penosas de sua infindável viagem para o Brasil: ausência de ventos, cordames defeituosos, falta de água, esgotamento dos víveres. Foi Marrocos quem recebeu, em setembro de 1811, a última remessa de 87 caixas de livros, com obras que hoje constituem uma das riquezas da atual Biblioteca Nacional, no Rio de Janeiro.

A *GAZETA DO RIO DE JANEIRO*, REFLEXO DA ÉPOCA E DA ATIVIDADE DOS LIVREIROS

Entre as fontes documentais que se reportam ao período "joanino" do Brasil, a *Gazeta do Rio de Janeiro*, cobrindo exatamente essa época, fornece um volume incomparável de informações, cuja análise permite apreender os fatos históricos mais marcantes, a começar pelos dos anos de 1808 a 1812.

Depois da chegada da Corte de Portugal, os livros enviados ao Brasil não diferiam muito dos importados anteriormente; a proporção dos volumes em francês, estimada em 46% do total,[42] ressaltava a influência da cultura francesa. A principal mudança resultou da nova oferta de impressos, folhetos e depois

---

[39] *Idem*, p. 320.
[40] *Idem*, p. 410.
[41] Ana Cristina Araújo. "Uma longa despedida", introdução em Marrocos, 2008, p. 24.
[42] Márcia Abreu, 2008, p. 85.

de livros publicados pela Impressão Régia – dos quais Paulo Martin, devido à sua posição, foi o primeiro divulgador, por meio de um anúncio publicado em seu nome, em 12 de outubro de 1808, associado nessa ocasião com o livreiro Manuel Jorge da Silva. As ofertas de venda anunciadas incluíam preliminarmente as menções "sairão à luz" ou "estão no prelo". Entre essas primeiras publicações, destacam-se, no segundo semestre de 1808, diversos alvarás reais: no número 3 da *Gazeta do Rio de Janeiro*, de 21 de setembro de 1808, o alvará de 13 de maio de 1808: Criação da Contadoria da Marinha; alvará de 28 de junho de 1808: Criação do Erário Régio e do Conselho da Fazenda deste Estado e dos Domínios Ultramarinos. O número 9 do mesmo jornal, de 12 de outubro de 1808, trazia uma sequência de anúncios tratando de textos oficiais que estavam à venda na loja de Paulo Martin e na de Manuel Jorge da Silva: alvará de 22 de abril de 1808: Criação do Tribunal ligado à Mesa do Desembargo do Paço; alvará de 23 de agosto de 1808: Criação do Tribunal da Junta do Comércio; e também o anúncio da publicação de uma "Ode ao Príncipe Regente" para "a gloriosa restauração de Portugal".

Enfim, esses livreiros ofereciam, já nas edições da *Gazeta do Rio de Janeiro* de 30 de novembro e de 4 de dezembro de 1808, folhetos que, no contexto da época, denunciavam os malefícios causados por Napoleão: "Confederação dos Reinos e Províncias de Espanha contra Bonaparte"[43] e "Documentos Oficiais Publicados em Palermo [...]" nos quais se vê o comportamento atroz e não civilizado do Imperador dos franceses contra o chefe da religião católica.[44] Estes últimos anúncios foram seguidos, depois, de muitos outros referentes a livros sobre o mesmo tema.

Pode-se ainda acompanhar a evolução da sociedade da época pela leitura, por exemplo, do número 48 da *Gazeta* (25 de fevereiro de 1809), que publicou uma das primeiras páginas completas de anúncios, cujo conteúdo, resumido a seguir, fornece uma síntese do que foram essas publicações durante toda a existência da *Gazeta do Rio de Janeiro* (1808-1822):

–   "Saiu à luz: Regimento dos Boticários para o ano de 1809. Vende-se na Botica do Boticário Real."

---

[43] Camargo & Moraes, 1993, n. 3, vol. 1, p. 1.

[44] *Idem*, n. 7, vol. 1, p. 2.

- "No dia do entrudo pelas 9 horas e meia da noite fugiu a Vicente Guedes de Souza uma mulata, filha do Cabo de Boa Esperança por nome Dina, de estatura ordinária [...]; fala português e inglês [...], idade pouco ou menos de vinte e cinco anos. Quem dela tiver notícia avisará ao mesmo na Rua da Misericórdia [...] ou na Loja da Gazeta e receberá boas alvíssaras."
- "Acha-se nesta Corte um sujeito aprovado em Matemáticas, que se oferece para publicar qualquer das partes desta ciência, e suas aplicações mais úteis à Geografia, Marinha e Arquitetura. Quem se quiser utilizar pode deixar seu nome e moradia na Loja da Gazeta."
- "Vende-se uma fazenda com meia légua de testada, e uma légua de fundo, com pasto para ter já quatrocentas vacas, casas de sapé, e vários arvoredos de pessegueiros, marmeleiros, e toda a mais plantação, com água para poder formar engenho. [...] Quem quiser comprar fale com Manoel Fernandes Pedrozo, na Rua Alfândega n. 8."
- "Nicolao Pereira da Costa e outros dão a saber ao Público que querem fazer venda uma fazenda sita na Freguesia da Sacra Família com Escravatura e toda a qualidade de gado, que na mesma se achar; e também sua Engenhoca de aguardente, e outras manufaturas [...]. Quem pretender comprar [...] procurará o dito na rua São Pedro n. 10."
- "Quem quiser comprar duas moradas de casas feitas de pedra e cal, sitas na Cidade Nova, dirija-se à Candelária nas casas n. 16, a falar com José Francisco Bellona."
- "Quem quiser vender um cavalo, mula ou macho grande, e bom, para andar em carrinho, fale com Nathanael Lucas, que também tem um cavalo de sela para vender e mais várias carruagens."

Em poucos meses, a diversidade dos anúncios desse jornal abrangia todas as atividades. De fato, o ecletismo das ofertas dos livreiros manifestara-se desde 5 de outubro de 1808, quando apareceu o anúncio de Francisco Luís Saturnino da Veiga, que propunha, "a quem quiser celebrar missa, hábitos sacerdotais". Pouco depois (*Gazeta* de 29 de setembro de 1810), Paulo Martin fez conhecer que procurava para vender um "Hábito de Cristo" com a fivela de ouro, conforme o costume quando da outorga dessa distinção na capela real. A Ordem de Cristo, com longínquas raízes portuguesas, no início de natureza militar e depois religiosa, aa partir do final do século XVIII tornara-se uma condecoração muito almejada, que o monarca atribuía aos que haviam se destacado por serviços prestados à Coroa. Durante os 14 anos do reinado "brasileiro" de dom João VI, estima-se que ela foi concedida (nos cinco graus da Ordem) a cerca de quatro mil pessoas.

PAULO MARTIN E A VENDA DE GRAVURAS

Na edição de número 35 da *Gazeta do Rio de Janeiro*, datada de 11 de janeiro de 1809, Paulo Martin anunciou a venda de "belas estampas do embarque de S.A.R. (Sua Alteza Real), obras do famoso Bartolozzi". Tratava-se da primeira divulgação no Brasil da venda desse tipo de artigo. "O mais antigo *marchand* de gravuras foi naturalmente o franco-português Paulo Martin", escreveu Orlando da Costa Ferreira.[45] Uma especialidade na qual a loja de Martin tornou-se uma referência, anunciando as novidades. Na *Gazeta* de 10 de abril de 1811, ele oferecia diversos retratos: de S.A.R., o príncipe regente; das princesas Carlota Joaquina e Maria Teresa; do infante dom Pedro Carlos; de Fernando VII e lorde Wellington; e também estampas com a representação da cidade do Porto, "exaltada e abatida", e do embarque dos franceses no cais da Pedra – a propósito, Costa Ferreira escreveu que se tratava talvez do primeiro anúncio de gravuras feito no Brasil, "como reportagem visual".[46]

Mais tarde, ainda seria possível encontrar, na *Gazeta do Rio de Janeiro* de 15 de junho de 1813, um anúncio de Paulo Martin relativo a uma série de estampas e desenhos sobre "A Espanha até a derrota dos franceses e o mapa geral de Lisboa"; e, na edição de 22 de junho de 1814, outro anúncio, sobre retratos a buril de Alexandre I e do papa Pio VII.

No mesmo período, Paulo Martin anunciou ainda, o que era novidade, mapas e plantas de cidades: na *Gazeta do Rio de Janeiro* de 26 de junho de 1811, "um mapa da Espanha", "um mapa militar de Portugal e Algarve, assim como plantas do Porto e de Cádiz"; na edição de 27 de março de 1813, um "mapa geográfico das quatro partes do mundo" e um "atlas publicado em Londres em 1810", contendo 56 mapas realçados em cores, bem encadernado, oferecido pelo preço de

[45] Em *Imagem e letra*, 1994, pp. 301-302.
[46] *Idem.*

64 mil réis; anunciou, enfim, na *Gazeta* de 5 de maio de 1813, a venda de "uma planta da cidade de São Sebastião do Rio de Janeiro" traçada em 1808, gravada a talho-doce e impressa na tipografia da Impressão Régia em 1812[47] (Imagem 24).

Desde então, o mercado de estampas passou a interessar outros livreiros da cidade, mas também comerciantes como Carlos Durand,[48] com frequência presente nesse tipo de anúncios. A oferta ainda se ampliaria depois, com a evolução das técnicas – a xilogravura em 1817, seguida pela litografia a partir de 1819.

1809-1813: O MERCADO DO LIVRO EVOLUI

Nos meses seguintes à sua instalação, a Impressão Régia exercia uma influência limitada no mercado de edição, sempre abastecido em grande parte pelas remessas provenientes de Portugal.

Todavia, uma consulta à *Gazeta do Rio de Janeiro* mostra que, desde 1809, os documentos impressos na Impressão Régia passaram a ocupar um lugar crescente nas rubricas de anúncios dos principais livreiros. Além dos alvarás e decretos, por cuja divulgação esses comerciantes respondiam – como a do alvará de 21 de janeiro de 1809, sobre o qual Paulo Martin publicou um anúncio na *Gazeta* de 19 de abril de 1809 –, incluíam-se múltiplas publicações, que ultrapassaram uma centena entre maio de 1808 e fins de 1809:[49] documentos oficiais, estudos históricos, folhetos e brochuras, com frequência, naquele período, sobre Napoleão – como *Relação da Viagem de Junot a Portugal* (*Gazeta* de 6 de março de 1809), *Verdadeira vida de Bonaparte* (*Gazeta* de 25 de novembro de 1809) –, mas também livros de ensino, como *Elementos de geometria*, de Legendre, e *Tratado de trigonometria*, do mesmo autor, traduzido para o português por recomendação do príncipe regente para uso na Academia Militar (*Gazeta* de 18 de outubro de 1809), ou ainda *Modo de cultivar a caneleira*.

[47] Camargo & Moraes, 1993, t. 1, n. 327, 1812, p. 110.

[48] Carlos Durand era um comerciante estabelecido no primeiro andar do número 18 da rua do Ouvidor. Seu anúncio na *Gazeta* de 6 de dezembro de 1816 indica que ele vendia lâmpadas, cafeteiras, camisolas, "barba de baleia" [para barcos], chapéus de palha com flores e plumas, livros (*Voyage pittoresque en France*, *Procès de Bonaparte*, *Testament de Louis XVI* e outras "obras modernas"), vinagres e um traje completo de Corte para homem.

[49] Cf. Camargo & Moraes, 1993, vol. 2.

Imagem 24. Planta do Rio de Janeiro, traçada em 1808 (detalhe). Documento e fotografia de J.-J. Bompard.

Essas publicações eram oferecidas pelos livreiros da cidade, ao lado de uma seleção de outras obras, entre as quais vale destacar, nas lojas de Manuel Jorge da Silva e de Paulo Martin, o *Tratado elementar da análise matemática*, de J.-A. Cousin, professor do Collège de France, traduzido para o português por ordem do regente (*Gazeta* de 20 de janeiro de 1810); na mesma data, a loja de João Roberto Bourgeois anunciava folhetos de inspiração política: *Portugal desafrontado, Partidistas contra partidistas e jacobinos praguejados*; pouco depois, a loja de Paulo Martin anunciava, entre outras edições: *Narração histórica do combate, saque, e crueldades praticadas pelos franceses na cidade de Évora* (*Gazeta* de 10 de março de 1810); um folheto sobre *Os pedreiros livres e os iluminados* (*Gazeta* de 18 de abril de 1810); também obras de economia: *Cálculo dos câmbios de Portugal, Guia dos negociantes, Livros de contas em partidas dobradas* (*Gazeta* de 25 de abril de 1810); ou ainda *Compêndio da arte de partos para uso dos praticantes de cirurgia e parteiras* (*Gazeta* de 23 de janeiro de 1811).

Tornados comerciantes respeitados, os livreiros se interessaram também pela edição, empreendida em caráter precursor por Paulo Martin a partir de 1810.

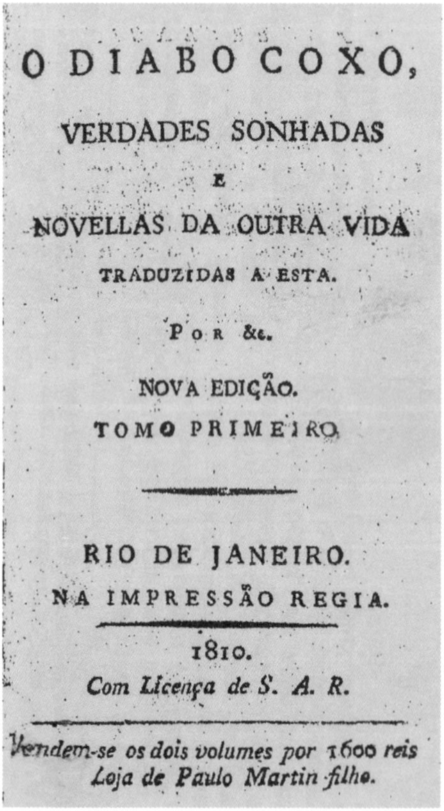

PAULO MARTIN, O PRIMEIRO LIVREIRO-EDITOR

Em 26 de janeiro de 1811, Paulo Martin anunciava, na *Gazeta do Rio de Janeiro*, o lançamento de uma "obra muito divertida" intitulada *O diabo coxo*,

Imagem 25. *O diabo coxo*. Reprodução do frontispício da obra (1810), cf. *Bibliografia da Impressão Régia...*, 1993, vol. 1, p. 43.

de Alain-René Lesage, publicada originalmente em 1707, traduzida para o português e descrita posteriormente por Rubens Borba de Moraes como o "primeiro romance que apareceu", publicado em dois volumes, devendo-se "à iniciativa de Paulo Martin Filho, nosso primeiro editor"[50] (Imagem 25).

"O livreiro-editor nasce na loja", escreveu Aníbal Bragança em artigo sobre a história editorial brasileira.[51] "Seu centro é o mercado. Precisa estar atento às demandas existentes e ter boas relações com os clientes"[52] – e ter, enfim, boas relações com o poder, para obter privilégios e autorizações. Pode-se definir desse modo o perfil de Paulo Martin, que, tirando o melhor partido de seu relacionamento de negócios com a Impressão Régia, mandou realizar, desde 1810 e 1811, trabalhos de edição em seu nome. A começar por um "Catálogo dos folhetos impressos à custa de Paulo Martin, filho",[53] impresso como anexo à obra *O Plutarco Revolucionário, na parte que contém as vidas de Madame Buonaparte e outros desta família*, traduzida do inglês.[54] Também publicou: *Improvisos*, de Bocage,[55] *Erícia ou a Vestal*, também de Bocage,[56] *História de dois amantes*[57] e *Paulo e Virgínia*, em nova edição de 1811.[58]

Desfrutando de uma notoriedade já estabelecida, Paulo Martin figurou então no *Almanaque do Rio de Janeiro para o Ano de 1811*,[59] na lista de administradores e empregados, na condição de distribuidor exclusivo da *Gazeta*

---

[50] Rubens Borba de Moraes. "A Impressão Régia no Rio de Janeiro: Origens e produção", em Camargo & Moraes, 1993, vol. 1, p. XXIX e p. 43.

[51] Aníbal Bragança. "Uma introdução à história editorial brasileira". *Cultura – Revista de História e Teoria das Ideias*, vol. XIV, série II, pp. 63-64 e 70-72, 2002.

[52] "Uma obra cuja publicação era ordenada pelo governo trazia a menção: "Por Ordem de S.A.R."; a que era publicada por conta do autor trazia a menção: "Com Licença"; enfim, quando mais tarde a censura foi assumida pelo Desembargo do Paço, a menção era: Com Licença do Desembargo do Paço". Cf. Rubens Borba de Moraes. "A Impressão Régia do Rio de Janeiro: Origens e produção", em Camargo & Moraes, 1993, vol. 1, p. XXII.

[53] Camargo & Moraes, 1993, vol. 1, p. 41.

[54] *Idem*, vol. 1, p. 59.

[55] *Idem*, vol. 1, p. 48.

[56] *Idem*, vol. 1, p. 78.

[57] *Idem*, vol. 1, p. 80. [De autoria de Eneas Silvio Piccolomini, posteriormente papa Pio II. (N. da T.)]

[58] *Idem*, vol. 1, p. 86. [De autoria do francês Bernardin de Saint-Pierre. (N. da T.)]

[59] Cf. Neves. 2002b.

do Rio de Janeiro, e se beneficiou, como livreiro, de uma demanda crescente, à qual atendia com suas aquisições na Europa, além de sempre contar com os trabalhos de edição da Impressão Régia.

Foi então que ele se destacou ainda, em 1812, ao conceber, pela primeira vez, uma operação na contracorrente do mercado: a venda em Portugal de livros impressos no Rio de Janeiro.

VENDAS INÉDITAS POR CATÁLOGO

Para realizar tal operação, Paulo Martin, filho, depois de ter obtido a "licença" da Mesa do Desembargo do Paço, formulou uma lista de 45 títulos editados pela Impressão Régia entre 1810 e 1812 que tratavam de economia, agricultura, medicina, teatro e poesia, matemática, geometria, direito e religião. Todos esses livros tinham figurado, nos últimos dois anos, nos anúncios publicados por sua loja e por alguns de seus confrades.

Entre as obras que não citamos anteriormente, estavam na lista: o *Código brasileiro* e uma coletânea de leis, o *Almanaque da Corte* de 1811, *Indagações fisiológicas sobre a vida e a morte*, de Bichat, vários livros sobre os meios de se combater a insalubridade do Rio de Janeiro, *Ensaio sobre o estabelecimento de bancos, Reflexões sobre o comércio de seguros, Elogio do marquês de Pombal, O comércio das flores, Dissertação sobre as plantas do Brasil, Plano de organização de uma escola médico-cirúrgica*.

O catálogo que reunia essa seleção de livros[60] foi impresso em Lisboa, com a menção na capa de venda na loja de Paulo Martin e Filhos nessa mesma cidade. Hoje ainda permanece em aberto a questão de como se financiou essa operação, uma vez que o custo e o preço de venda dos livros parecia ser, então, mais alto no Brasil que em Portugal. Resta também esclarecer se coube a Paulo Martin a iniciativa de oferecer as obras que não estavam disponíveis em Lisboa mediante uma operação comercial inédita, ou se foi simplesmente iniciativa da Impressão Régia associar-se a um negócio que lhe abria a oportunidade de fazer conhecer seus trabalhos.

---

[60] *Catálogo das obras impressas no Rio de Janeiro e que se achão de venda em Lisboa na loja de Paulo Martin e Filhos*. Lisboa, Biblioteca Nacional de Portugal (digitalizado a pedido).

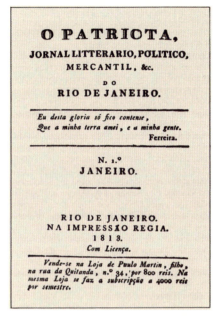

Imagem 26. *O Patriota*. Reprodução n. 1 (1813), *Bibliografia da Impressão Régia do Rio de Janeiro*, 1993, vol. 1, p. 123.

Em todo o caso, durante o ano de 1812, Paulo Martin (filho), dando prosseguimento à ampliação das ofertas em sua livraria e à sua colaboração com a Impressão Régia, comercializou outras edições produzidas nas tipografias reais: *Regulamentos militares para a Infantaria e a Cavalaria* (29 de abril), várias obras sobre economia, *Compêndio da obra da riqueza das nações*, de Adam Smith, *Extratos das obras políticas e econômicas*, de Edmund Burke (29 de julho), *Efemérides náuticas* e *Cálculo do meridiano do Rio de Janeiro*, vendida também por José Antônio da Silva (15 de agosto), ou ainda o *Tratado elementar de física*, do abade Haily, todas publicadas em português (21 de novembro).

Enfim, ao informar seus assinantes, em 2 de dezembro de 1812, sobre as subscrições da *Gazeta do Rio de Janeiro* para o segundo semestre daquele ano, Paulo Martin, filho, anunciou também a abertura de assinaturas para um novo jornal, *O Patriota* (Imagem 26), do qual ele responderia igualmente pela distribuição. Esse periódico se autodefinia como jornal literário, político e comercial. Voltado a uma clientela de eruditos, foi o primeiro jornal no Brasil que se propôs a abordar, entre outros temas, informações técnicas e científicas. Defensor do Império lusófono, mas longe de ser um jornal oficial como a *Gazeta*, ele consistia em uma tentativa de constituir um espaço intelectual na imprensa. Deixou de circular em 1814, após a publicação de 18 números. Mais tarde, Paulo Martin teria a oportunidade de se interessar por outros jornais.

A NOVA SITUAÇÃO FAMILIAR DOS LIVREIROS MARTIN

Depois do falecimento de sua esposa, Marie-Madeleine Bompard, ocorrido em 16 de junho de 1812,[61] em Lisboa – e das exéquias celebradas na igreja Nossa Senhora dos Mártires, seguidas do enterro no cemitério da paróquia de Nossa Senhora do Amparo, em Benfica –, o livreiro *briançonnais* Paul Martin, então com 63 anos, decidiu pedir a naturalização portuguesa, e no ano seguinte se ocupou da transmissão de seus bens.

Sempre na condição de proprietário, não apenas da livraria de Lisboa, mas também da que fora instalada no Rio de Janeiro, ele teria proposto, segundo indica o desenrolar dos fatos, que seus outros filhos fossem se reunir a Paulo (filho), no Brasil, a fim de ajudá-lo em seus negócios. Foi assim que João José obteve, em 20 de maio de 1812, em Londres, onde se encontrava para tratar de assuntos do comércio de Lisboa, um passaporte para seguir para o Rio de Janeiro, onde se instalou como assistente do irmão.

No ano seguinte, quando do falecimento do pai deles, Paul Martin, ocorrido em 27 de setembro de 1813 em sua propriedade de Calhariz, paróquia de Benfica, Paulo e João José encontravam-se no Brasil, seu irmão Luís Justino em viagem à França,[62] enquanto Henriqueta e Inácio Augusto, os outros irmãos, em Lisboa. Inácio foi o único a estar presente na abertura do testamento inscrito no registro *ad hoc* de Lisboa.

Em fins de 1813, quando os dois irmãos souberam no Brasil do desaparecimento de seu pai, João José deve ter expressado o desejo de voltar a Portugal, o que ocorreu em 1814, quando deixou Paulo novamente sozinho à frente da livraria do Rio de Janeiro.

Paul Martin, em seu testamento de 24 de setembro de 1813,[63] previra certas disposições para a transmissão de seus bens, incluindo as lojas e os inventários de livros. Elas resultaram, pelo que deduzimos, na seguinte partilha: devidamente ressarcida, Henriqueta casou-se em 4 de novembro de 1813, na igreja de São Nicolau e São Julião, de Lisboa, com Alexandre Rodrigues da

---

[61] IAN/TT, Registos Paroquiais. Lisboa, óbitos. N.S. dos Mártires, PT-ADLSB-PRQ-PLS B20-003-02, mO 624, folha 36, 1812.

[62] Cf. Curto *et al.*, 2007, p. 359.

[63] *Idem*, p. 635, "Testamento de Paulo Martin", 24 de setembro de 1813.

Costa, tendo seu irmão Inácio Augusto como testemunha.[64] Este último e Luís Justino continuaram a exercer em Lisboa o ofício de livreiros-editores, agora sob a insígnia "Martin Irmãos", enquanto Paulo Martin assumiu a posse do conjunto dos bens inventariados no Rio de Janeiro.

Não conhecemos formalmente quais foram os projetos dele desde então, exceto pelo fato de que, no início de 1815, ao constatar que nenhum de seus irmãos aceitara se instalar com ele no Rio de Janeiro, teve a ideia, inspirada na tradição de solidariedade familiar dos *briançonnais*, de se dirigir a seu tio Jean-Jacques Bompard, uma vez que um dos filhos deste poderia eventualmente se interessar pelo convite para ir trabalhar a seu lado. Veremos, mais adiante, que essa ideia prosperou.

A SITUAÇÃO NO FINAL DA REGÊNCIA DE DOM JOÃO: 1813-1816

Os acontecimentos que precederam e envolveram a queda e o exílio de Napoleão Bonaparte tiveram, no Brasil, uma repercussão à altura do que o Imperador dos franceses representava para os brasileiros e o mundo lusófono: execrado de modo praticamente unânime, coberto de diversos qualificativos – ogro, tirano, monstro, déspota, usurpador –, Bonaparte inspirava ódio, enquanto sua "epopeia" exercia um real fascínio que alimentava, como escreveu Lucia M. Bastos P. das Neves, uma lenda ao mesmo tempo negra e dourada.[65]

A *Gazeta do Rio de Janeiro* informava regularmente seus leitores sobre as peripécias marcantes da extraordinária odisseia napoleônica (embora com um atraso de dois a três meses): sua excomunhão pelo papa Pio VII (8 de novembro de 1809), a campanha russa e a travessia do rio Berezina (19 de dezembro de 1812 – segundo a publicação de um jornal de São Petersburgo), sua abdicação em 1814, saudada no Rio de Janeiro[66] por festejos na Capela Real, iluminada ao longo de três noites, e com salvas de artilharia, parada militar e a

---

[64] IAN/TT, Registos Paroquiais. Igreja São Julião, PT-ADLSB-PRQ-PLS-B60-002-C5 – mO 386, 1813.

[65] Em "As imagens de Napoleão Bonaparte na produção dos impressos e livros luso-brasileiros (1808-1846)". IV Encontro dos Núcleos de Pesquisa da Intercom, 2004.

[66] Cf. relato de Marrocos, 2008, carta de 2 de julho de 1814, p. 266.

112 | LIVREIROS DO NOVO MUNDO

tradicional cerimônia do beija-mão ao regente. E, por fim, a fase de Napoleão em Grenoble, em 9 de março de 1815, durante os Cem Dias, e a derrota em Waterloo, sucedida por sua partida para o exílio em Santa Helena a bordo do *Bellérophon* (21-22 de novembro de 1815).

O relato desses acontecimentos suscitou diversas publicações, produzidas inicialmente pelos ingleses e depois divulgadas em Portugal, Espanha, Alemanha e Rússia.[67]

Uma dessas edições inglesas, a da obra *História secreta da Corte, e Gabinete de S. Cloud, ou de Bonaparte*, de Goldsmith, publicada originalmente em 1810, traçava o retrato de um homem violento e excessivo. Traduzida para o português, encontrava-se à venda na loja de Paulo Martin (*Gazeta do Rio de Janeiro* de 18 de maio de 1811), assim como o jornal *Correio Braziliense*, editado em Londres desde 1808 pelo brasileiro Hipólito José da Costa, conhecido pelas críticas acerbas a Napoleão.

Em Portugal, centenas de panfletos e de libelos, por vezes apresentados na forma de diálogos históricos, foram dedicados ao "tirano". Já no Rio de Janeiro, pôde-se avaliar[68] que a Impressão Régia publicou, entre 1808 e 1815, 55 títulos com sátiras ou críticas a Napoleão Bonaparte, entre os quais, além dos que já citamos, incluem-se: *O tirano da Europa, Napoleão* (anunciado na *Gazeta*, 10 de março de 1810), *Diálogo entre Lúcifer e Bonaparte* (*Gazeta*, 9 de março de 1810), *Política particular de Bonaparte* – manifesto que descrevia as atrocidades cometidas durante a guerra da Espanha, impresso em Lisboa –, à venda na loja de Paulo Martin (*Gazeta*, 16 de setembro de 1812), e *Memórias secretas sobre Napoleão Bonaparte*, redigido por um homem que acompanhou Napoleão durante 15 anos, impresso em Lisboa em 1815 e disponível no ano seguinte no Rio de Janeiro, também na livraria de Paulo Martin (*Gazeta*, 2 de março de 1816).[69]

Em 1814, a abdicação de Napoleão permitira uma reaproximação entre Portugal e França, traduzida pelo compromisso de restituição da Guiana aos franceses, assumido nas negociações do Tratado de Paris, de 30 de maio de 1814 (artigo 10), o que foi confirmado em 1815 pelo Tratado de Viena. Durante a ocupação de seu território, a Guiana havia fornecido ao Brasil várias espécies

---

[67] *Idem, ibidem.*

[68] *Idem, ibidem.*

[69] *Idem, ibidem.*

de plantas que botânicos franceses tinham aclimatado e desenvolvido ali, em uma propriedade denominada "La Gabrielle", da qual os portugueses souberam cuidar, e, a partir de então, introduzir no Brasil, entre outras espécies, uma variedade enriquecida de cana-de-açúcar, o cravo-da-índia e a noz-moscada.

Em 1812, Paulo Martin havia inserido no catálogo de impressos vendidos por seus irmãos em Lisboa uma "Notícia histórica e abreviada para servir à cultura de uma remessa (para o Jardim Botânico do Pará) de árvores espe-cieiras e frutíferas [...] da colônia de Caiena", que fora impressa no Rio de Janeiro pela Impressão Régia.[70]

Uma medida importante foi, em 22 de janeiro de 1815, durante o Con-gresso de Viena, a assinatura pelo príncipe regente de Portugal e pelo rei do Reino Unido da Grã-Bretanha e da Irlanda – representados pelos plenipoten-ciários das duas Cortes – de um "Tratado de abolição do tráfico de escravos em todos os lugares, da costa da África do Norte ao norte do equador", cujo texto foi publicado em 1815 no Rio de Janeiro pela Impressão Régia[71] e posto à venda na loja de Paulo Martin. Com um alvará, de maio de 1818, que se re-portava a esse tratado[72] e à convenção adicional de 28 de julho de 1817, dom João VI[73] esclarecia que as compras e transferências de escravos a partir das costas da África estavam proibidas ao norte do equador e que os navios en-volvidos em tal tráfico seriam confiscados e estavam proibidos de contratar seguros (parágrafo 1). Acrescentava que os escravos pertencentes ao domínio real (Real Fazenda) poderiam recuperar a liberdade, sob certas condições quanto a prazos (parágrafo 5), mas também dispunha (parágrafo 6) que o comércio de escravos continuava autorizado ao sul do equador, mediante novas obrigações, tais como: o limite de um número máximo de escravos admitidos a bordo a cada duas toneladas do calado dos barcos, a proibição de marcá-los a ferro ou a presença a bordo de um "cirurgião" habilitado a prestar socorros e a administrar os tratamentos e remédios apropriados. Essas disposições contribuíram para constranger, mas não para eliminar, o

---

[70] Camargo & Moraes, 1993, n. 165, vol. 1.

[71] *Idem*, n. 472, vol. 1, p. 158: "Tratado de abolição do tráfico de escravos".

[72] *Idem*, n. 350, vol. 2, p. 112: alvará de 6 de maio de 1818, cuja publicação foi feita por Luís Joaquim dos Santos Marrocos.

[73] Esse fato ocorreu após a criação do Reino Unido de Portugal, Brasil e Algarves (16 de de-zembro de 1815) e a morte de dona Maria I (20 de março de 1816).

114 | LIVREIROS DO NOVO MUNDO

tráfico marítimo de escravos, sobretudo devido à prática do apresamento e do embargo de navios negreiros pelos britânicos, desde 1810.[74]

No Brasil, a aplicação das sanções previstas por esse acordo bilateral foi noticiada na *Gazeta do Rio de Janeiro* de 16 de agosto de 1821, que relatou:

> Havendo se apresentado à Comissão Mista estabelecida nesta Corte sobre o tráfico da escravatura, *William Finlaison*, comandante da fragata inglesa *Morgiana*, com a escuna *Emília* carregada de escravos [...], em conformidade do Tratado de 22 de janeiro de 1815 e a Convenção de 28 de julho de 1817 [...]; examinados os documentos, e ouvidas as testemunhas [...], foi a escuna julgada boa presa e condenada [...] para o uso dos dois governos [Brasil e Grã-Bretanha] e os escravos da carregação emancipados e declarados livres [...].

Não se deixará de observar que, pouco depois, uma carta com data de 8 de outubro de 1821 foi endereçada pelo inspetor da Contadoria, João Caetano Gomes, a dom João VI,[75] tratando da petição entregue por armadores de navios negreiros apreendidos pelos ingleses que reclamavam uma indenização pelas perdas. Eles se baseavam em uma das disposições da Convenção de Viena de 22 de janeiro de 1815, segundo a qual os britânicos tinham prometido o pagamento ao Tesouro Real de 300 mil libras esterlinas, acrescido de juros, para cobrir as perdas resultantes da aplicação das sanções previstas.[76] Disposições que ilustram, de um lado, as iniciativas da Coroa britânica para pôr fim ao tráfico de escravos, no contexto dos acordos firmados com o Brasil, e, de outro, a persistência de uma demanda

---

[74] Em 31 de maio de 1814, foi formulada uma tabela para avaliação das perdas e dos prejuízos, acrescidos de juros, resultantes desses apresamentos. Envolvia 34 barcos de negociantes portugueses que traficaram para o Brasil entre dezembro de 1810 e 31 de maio de 1814 (data limite dos empenhos da Inglaterra), e as perdas totais foram estimadas em 2.372:256$936 réis. Fonte: "Tabela das Perdas e Danos Experimentados pelos Negociantes Portugueses, em consequência dos apresamentos feitos pelas forças britânicas dos navios empregados no resgate dos escravos até 31 de maio de 1814". Rio de Janeiro, Impressão Nacional, Biblioteca Nacional, cota 99 D 179.

[75] Arquivo Nacional, História luso-brasileira, fundo 7X. Junta do Comércio, Agricultura, Fábrica e Navegação, caixa 369, pacote 03.

[76] Em 1817, com a ratificação das decisões do Congresso de Viena, dom João VI concedera aos ingleses o direito de visita em alto-mar aos barcos suspeitos de tráfico de escravos.

Imagem 27. Retrato de dom João VI. Museu de Queluz, Portugal. Fotografia de J.-J. Bompard.

de mão de obra proveniente desse tráfico, de parte principalmente dos grandes proprietários.

Com Napoleão agora derrotado e distante, Portugal pôde se regozijar com o fato de o Tratado de Paz de Paris – assinado pelas grandes nações europeias em 20 de novembro de 1815 – lhe atribuir uma indenização pelos prejuízos sofridos com a guerra (convenção anexa ao artigo 4). No Rio de Janeiro, nessa condição de uma soberania reabilitada, em 16 de dezembro, dom João VI proclamou o Reino Unido de Portugal, Brasil e Algarves. Pouco tempo depois, em 20 de março de 1816, a rainha Maria I falecia no convento das carmelitas do Rio de Janeiro, aos 81 anos, e o regente subia ao trono sob o nome de dom João VI (Imagem 27).

Desde a chegada da Corte, oito anos antes, o Brasil evoluíra muito. Além de várias medidas marcantes no campo econômico, na saúde pública, no ensino de medicina, química ou agricultura, o regente decidira em 1811 criar um jardim botânico no Rio de Janeiro. E também forneceu àquele território no "fim do mundo" os meios para o desenvolvimento de uma vida cultural, dotando a cidade de uma biblioteca pública e de um teatro, além de outras iniciativas em favor da música e das artes em geral.

Assim, desde 1808, o regente se preocupara em criar na igreja Nossa Senhora do Carmo, elevada à condição de catedral, a função de mestre da capela real, a qual confiou a José Maurício Nunes Garcia, um padre mestiço, músico e compositor, desde 1798 titular do cargo de mestre de capela da catedral de Nossa Senhora do Rosário e São Benedito. Prolífico, ele compôs em poucos anos várias dezenas de obras e obteve a proteção de dom João.[77] Este, contudo, teve de ceder quando seu círculo próximo, que deplorava as origens de Nunes Garcia, impôs que ele fosse substituído por Marcos Antônio da Fonseca Portugal, compositor de música sacra que chegara de Lisboa em 1811.

---

[77] Dom João VI lhe manifestou sua estima, concedendo ao músico uma renda anual, em 1814.

116 | LIVREIROS DO NOVO MUNDO

Como a cidade do Rio de Janeiro não dispunha de uma sala que permitisse a apresentação de obras musicais ou óperas, dom João decidiu criar um teatro, nomeado Real Theatro de São João. A fim de contribuir para seu financiamento, criou-se uma loteria, com a organização de vários sorteios, divulgados em anúncios publicados na *Gazeta do Rio de Janeiro*.[78] No período que precedeu à abertura do teatro, entre 1808 e 1812,[79] diferentes salas eram utilizadas, tais como a da residência real na Quinta da Boa Vista, principalmente para a apresentação de obras de Nunes Garcia e de Marcos Portugal. Assim, em 13 de maio de 1810, aniversário do príncipe regente, todos os notáveis da cidade ouviram, sob a fachada iluminada do palácio, *O triunfo da América*, de Nunes Garcia.[80]

O livreiro Paulo Martin respondeu pela difusão dos libretos da maior parte desses espetáculos. Como, por exemplo, na apresentação de *Ulissea Libertada*, de Nunes Garcia,* em 24 de junho de 1809, cujo libreto foi anunciado ao preço de 480 réis na *Gazeta do Rio de Janeiro* daquele mesmo dia.

Quando o Real Theatro de São João foi inaugurado, em 12 de outubro de 1813, na presença do príncipe regente, de sua família, da nobreza e de outras figuras da sociedade, dom João foi apresentado em um artigo da *Gazeta do Rio de Janeiro*, de 16 de outubro de 1813, como protetor das "artes, como fontes perenes da riqueza e da civilização das nações".

Mesmo na agitação de uma vida cultural que, três anos mais tarde, seria beneficiada por uma contribuição histórica, com a chegada da Missão Artística Francesa, na pintura, o gosto limitava-se aos temas convencionais. Havia retratistas que ofereciam seus serviços, a exemplo de Simplício João Rodrigues de Sá,[81] autor em 1812 de um retrato do príncipe da Beira.**

---

[78] "Plano de uma Pequena Loteria a Benefício do Real Theatro de São João". *Gazeta do Rio de Janeiro*, 5 de fevereiro de 1812.

[79] Paulo Mugayar Kühl, *Cronologia da ópera no Brasil – Século XIX (Rio de Janeiro)*. Campinas, Unicamp/Instituto de Artes/Cepab, 2003. Nesse estudo, o autor relacionou as obras apresentadas, os locais e os compositores entre 1808 e 1821.

[80] *Idem.*

* Nunes Garcia recriou a música de uma ópera homônima, de autoria do português Miguel Antonio de Barros, e música atribuída a João José Baldi, apresentada em 1808 em Lisboa. (N. da T.)

[81] *Gazeta do Rio de Janeiro*, 2 de dezembro de 1912; e Orlando da Costa Ferreira. *Imagem e letra*, 1994, p. 250.

O mesmo ocorria com professores independentes de instituições religiosas, que se davam a conhecer por ensinar desenho, além de latim, português, retórica e matemática.[82]

Os livreiros – agora cerca de dez – tiveram seus negócios impulsionados por esse movimento de expansão; os mais ativos apoiavam com frequência o interesse pelos livros mediante a oferta de novos títulos. Paulo Martin, por exemplo, em 1814[83] expôs em sua loja uma coletânea das *Fábulas* de La Fontaine, traduzida para o português e impressa em 1812 em Londres, edição que mais tarde constaria do catálogo do livreiro Jean-Baptiste Bompard (1825). Quanto ao bibliotecário e oficial maior da Secretaria de Estado dos Negócios do Reino, Luís Joaquim dos Santos Marrocos, este não conseguia dissimular certa animosidade em relação aos livreiros franceses; considerava que, em decorrência da posição que haviam atingido, eram até certo ponto vendedores incontornáveis,[84] qualificando, em carta de 3 de abril de 1812, João Roberto Bourgeois de "desavergonhado", Paulo Martin de "gazeteiro" e ambos de "traidores". Mas graças a Marrocos se conhece a data da morte de João Roberto Bourgeois – ocorrida repentinamente, segundo a carta que escrevera a seu pai, em 15 de março de 1814.[85]

Contudo, desde o início de 1815 outras questões ocupavam a mente de Paulo Martin. Por intermédio de seus irmãos em Lisboa, ele sugerira a seu tio materno de Briançon, Jean-Jacques Bompard, que um dos filhos deste seguisse num futuro próximo para o Rio de Janeiro, a fim de auxiliá-lo em sua livraria. Enquanto esperava pela resposta, que não tardaria, Martin mantinha-se esperançoso de que a proposta pudesse obter acolhida favorável.

** À época, o título pertencia a dom Pedro de Alcântara, posteriormente imperador do Brasil. (N. da T.)

[82] *Gazeta do Rio de Janeiro*, 14 de outubro de 1809 e 20 de julho de 1811.

[83] *Gazeta do Rio de Janeiro*, 25 de junho de 1814.

[84] Marrocos, 2008, p. 243. Marrocos colocara à venda (cf. carta de 22 de fevereiro de 1814) na loja de Paulo Martin 20 exemplares de sua brochura *Manual de apelações e agravos*, trabalho em que muito se empenhara, mas nenhum exemplar chegou a ser vendido.

[85] *Idem*, p. 266.

6

EM BRIANÇON, DO FIM DO ANTIGO REGIME À PARTIDA DE JEAN-BAPTISTE BOMPARD

Distantes de sua aldeia de origem, os livreiros Martin, estabelecidos em Portugal, mantiveram laços com os parentes "residentes na terra" que o tempo não desfizera.

Paul Martin, que tinha se casado com Marie-Madeleine Bompard em 1775, em La Salle, passou, até a época da Revolução Francesa, várias temporadas na região de Briançon, onde reencontrava seus cunhados Bompard – Jean-Jacques, nascido em 1743, Jean-Baptiste, em 1749, e Marcellin, em 1762, todos comerciantes. E também seus primos Borel (essa geração das famílias Borel e Bompard teve por mães duas irmãs da família Gravier), entre os quais Hyacinthe Marcellin Borel, na época capitão castelão real do Briançonnais e futuro convencional [no período revolucionário], que escolhera Paul Martin como padrinho de sua filha Marie-Clotilde.

Também as irmãs Borel, Maria e Mariana, filhas do primeiro casamento de Marie-Madeleine Bompard com o livreiro Joseph-Augustin Borel, embora tendo nascido em Lisboa, residiram em Briançon como internas do convento das ursulinas, época em que Mariana, em 2 de abril de 1785, foi madrinha de Marie-Anne Julie, filha de seu tio Jean-Jacques Bompard. A menina faleceu em La Salle com apenas quatro meses, em 17 de agosto.

Comerciante originário de Bez, filho de Jean, antigo cônsul da comunidade de La Salle, Jean-Jacques Bompard (ver Anexo 5) desde o início da década de 1780 estabelecera seu comércio em Briançon, onde havia mais oportunidades para seu negócio. Assim, seus filhos nasceram em Briançon, o mais velho, Jean-Antoine, em 1782, e o mais novo, Jean-Baptiste, em 1797. Este último se tornaria livreiro no Rio de Janeiro.

Seu primo, Hyacinthe Marcellin Borel, nascido em 1756 (ver Anexo 8), filho de Marcellin, comerciante em Turim, e de Marie-Thérèse Gravier, inicialmente estudante em Embrun, realizou desde o terceiro ano colegial os estudos em Turim, onde aprendeu italiano e alemão.[1] Foi, a seguir, fazer estágio com um negociante da capital do Piemonte, por intermédio de Jean-Pierre Gravier, primo de sua mãe, casado com Catherine Reycend, pertencente à família dos livreiros de Turim, originários de Guibertes, e se casou com uma filha daquela família, Marie-Charlotte, em 1778.[2]

Um ano antes, em 1777, tornara-se parceiro de um negócio comercial em Turim, mas se desfez de sua parte em 1788, reinvestindo o montante em uma fábrica de chapéus (Imagem 28), fundada em La Salle em sociedade com os irmãos Bompard,[3] sob a razão social "Bompard Frères et Cie.", da qual detinha dois quintos da propriedade. Para abrir caminho nesse negócio, Hyacinthe Borel lançou mão de seus relacionamentos no Piemonte, bem como dos que dispunham os Bompard na Saboia.

---

[1] Louis Borel du Bez (comandante), 1926.

[2] Em uma carta enviada de Turim a sua mãe em 12 de maio de 1778 (Fundo Borel du Bez, AD 05, I.J. 301, n. 373), Hyacinthe Marcellin Borel escreveu que "o arcebispo de Embrun poderia isentá[-lo] do parentesco (com sua futura esposa Marie-Charlotte Gravier), tendo esta nascido em outra diocese (Turim, em 1760)"; um problema de forma que levou à anulação do casamento, novamente celebrado, respeitando as regras em vigor, em 29 de março de 1788 (AD 05, le Bez, 1771/1790).

[3] No passado, as duas famílias mantiveram certa animosidade, mas, em 10 de janeiro de 1776, Hyacinthe Marcellin Borel escreveu a sua mãe (Fundo Borel du Bez, AD 05 I.J. 301, n. 344): "Os Bompard, após terem sido grandes inimigos, tornaram-se grandes amigos segundo o que demonstraram; eu os convidei a virem algumas vezes tomar sopa em casa". Em 1781 a solidariedade se tornou manifesta quando Jean-Jacques e Jean-Baptiste Bompard confiaram seu jovem irmão, Marcellin, então com 19 anos, a Hyacinthe Marcellin Borel, para que fosse hospedado, durante sua formação, em uma residência particular de Turim (Fundo Borel du Bez, carta de 6 de fevereiro de 1781, AD 05, I.J. 301, n. 400).

Imagem 28. Fábrica de chapéus de La Salle. Coleção André Chalandon.

Enquanto os *briançonnais* viveram sem agitações o princípio do período revolucionário, dando continuidade a suas antigas prerrogativas, as circunstâncias levaram os dois primos a se engajar na ação política.

EM UM PERÍODO AGITADO, AS VICISSITUDES DE UM MANDATO PÚBLICO

Imagem 29. Hyacinthe Marcellin Borel (1756--1796), em fotografia de Fabre em Marselha.

Desde agosto de 1790, Hyacinthe Marcellin Borel (Imagem 29), ao se tornar síndico no diretório do distrito de Briançon, dedicou-se às questões públicas. Elas o levaram a se ausentar de sua família,[4] assim como de seus negócios, para o andamento dos quais solicitava intervenções da esposa.[5] Eleito deputado à Convenção Nacional pelo departamento dos Altos Alpes em 3 de setembro de 1792, nela integrou o grupo La Plaine [A

---

[4] Sua esposa lhe escreveu, em 1790: "Espero que você venha neste inverno e que dará notícias; gostaria de ser um passarinho para lhe fazer uma visita todos os dias, mas não por muito tempo, porque tenho muitos afazeres". Dava, a seguir, notícias dos filhos (Fundo Borel du Bez, AD 05, 1.J. 301, n. 479).

[5] Hyacinthe M. Borel escreveu várias vezes a sua esposa pedindo-lhe informações sobre as atividades da fábrica de chapéus: fornecimentos, amostras, entregas, faturas (Fundo Borel du Bez, AD 05, 1.J. 301, carta de 18 nivoso [quarto mês do calendário republicano francês], ano III).

Planície].* Sem renegar os ideais inspirados pela mudança de regime, que devia "situar os homens em função de seu mérito e estabelecer a igualdade entre os cidadãos", Borel manifestou moderação, assim como seus quatro colegas dos Altos Alpes, ao não votar pela morte de Luís XVI, mas por sua detenção durante a guerra e pelo exílio na paz. Essa posição lhe valeu vivos ataques de parte dos "representantes do povo", Barras e Fréron, que estiveram em missão em Briançon, em 19 de abril de 1793. Ali se empenharam em "reaquecer o republicanismo da população, considerado demasiadamente morno".

Hyacinthe Marcellin Borel participou ativamente dos trabalhos da Convenção Nacional, a qual o enviou em missão aos departamentos de Ain, Isère, Loire, Rhône e Saône-et-Loire, em 16 de fevereiro de 1795, para "ali restabelecer a ordem e fazer cessar o terror". Depois, como membro do Conselho dos Quinhentos, ele se empenhou, de maneira exaustiva, em corresponder às "esperanças que sua presença despertava". Um de seus companheiros lhe escreveu uma longa carta, datada de 26 de maio de 1795,[6] a fim de compartilhar sua reprovação e sua inquietude quanto ao futuro próximo da Revolução. Adoentado,[7] Borel morreu em Paris em julho de 1796, assistido em seus últimos instantes pelo *briançonnais* Jacques Bernardin Colaud de la Salcette, secretário da Constituinte, deputado por Drôme à Convenção dos Altos Alpes no Conselho dos Quinhentos, que atestou o inventário de seus bens em 18 de agosto de 1796, em Paris.[8]

---

* Nome que designava o grupo mais moderado e numeroso da Convenção Nacional durante a Revolução Francesa; o grupo era também conhecido como "Le Marais" [O Pântano]. (N. da T.)

[6] Carta de Richeret (7 prairial [nono mês do calendário republicano na Revolução Francesa], ano III): "o assassinato e a carnificina, obra de celerados [...] que mancha a Revolução [...] é preciso um governo que puna o crime e recompense a virtude [...]. Que o gênio da França faça encontrar a garantia de gozo de todas as liberdades" (Fundo Borel du Bez, AD 05, I.J. 301, n. 143).

[7] Durante sua doença, H. M. Borel recebeu, em Paris, os cuidados do agente de saúde Sedillot que, cobrando por seus serviços, recebeu 225 libras, pagas por Caire-Morand, um parente de Borel, em 21 messidor, ano IV (2 de julho de 1796) (Fundo Borel du Bez, AD 05, I.J. 301, n. 172).

[8] O inventário dos bens de H. M. Borel relacionou principalmente objetos pessoais, algumas moedas Luís de ouro e cédulas, encontradas em uma escrivaninha, e o conjunto foi atestado por J. B. Colaud de la Salcette em 1º frutidor [12º mês do calendário republicano], ano IV (Fundo Borel de Bez, AD 05, I.J. 301).

Honrado por ter resistido a todas as tentações de enriquecimento, ao morrer, Borel deixou sua viúva com poucos recursos e seis filhos.[9] Durante quatro anos, a viúva recebeu ajuda financeira de seu irmão, Pierre Gravier, comerciante em Gênova, que acabou sendo vítima de combatentes genoveses por ocasião dos acontecimentos de 1800.[10] Duas de suas filhas se casaram com irmãos Bompard, e uma terceira, com Balthazard Borel (ver Anexo 6), que fundou por volta de 1800 uma importante livraria em Nápoles.

Foi nesse mesmo período, iniciado com a Proclamação da República, que as circunstâncias levaram Jean-Jacques Bompard a se engajar na vida pública, em Briançon.

No segundo semestre de 1792, os temores de uma invasão do território,[11] a violência do motim de 10 de agosto, seguida pelos massacres de setembro, e os preparativos de um movimento contrarrevolucionário no Delfinado tinham tornado a atmosfera carregada. Quando da sessão de 2 de setembro do Conselho municipal, o cirurgião Jean-Louis Chancel, procurador e prefeito do município de Briançon, anunciou que renunciava a essas funções, aceitas, por sinal, com alguma reticência pouco tempo antes. O Conselho recusou,[12] "não podendo aceitar a demissão de um cidadão tão útil", e o manteve como prefeito. No dia seguinte, 3 de setembro de 1792, ocorreu a eleição de um novo procurador da República; entre 59 votantes, todos notáveis, 51 escolheram Jean-Jacques Bompard, cidadão negociante da cidade.[13]

---

[9] A tutela dos filhos de Borel, firmada em instrumento particular, foi confiada a Jean-Baptiste Bompard e a Jean-Baptiste Joubert, chapeleiro em Briançon (Fundo Borel du Bez, AD 05, 1.J 301, n. 158).

[10] Pierre Gravier enviava uma soma anual de dinheiro à irmã, que endereçou uma súplica ao general comandante supremo do exército da Itália para obter uma indenização, uma vez que a morte de seu irmão estivera ligada a operações militares. A sucessão de Pierre Gravier foi regulamentada por Joseph Fréderic Chiarle, notário em Turim; Jean-Baptiste Bompard, comerciante de tecidos em Briançon e neto da viúva de H. M. Borel, adquiriu em 1802 os terrenos que ele possuía em Bez (Fundo Borel du Bez, AD 05, 1.J. 301, n. 42, e atestado de 1º termidor [11º mês do calendário republicano], ano X).

[11] Como os habitantes de todas as regiões de fronteira, os *briançonnais* estavam muito empenhados na defesa do território; de fato, o recrutamento do exército no ano II [do período revolucionário] foi saudado com real entusiasmo patriótico (os Bompard compraram um objeto de bronze representando um voluntário).

[12] Arquivos municipais de Briançon, deliberações de 2 e 3 de setembro de 1792.

[13] *Idem.*

124 | LIVREIROS DO NOVO MUNDO

Em sua missão, o novo procurador – que assumiu o título de agente nacional entre 16 germinal, ano II (5 de abril de 1794), e 17 de abril de 1795 – teve de arbitrar, em meio ao rigor dos tempos, entre as injunções da Convenção e dos comitês e o desejo da maioria de que o território fosse poupado pela tormenta revolucionária. Um conflito revelador do apego dos *briançonnais* a seus costumes e atributos cristalizou-se em relação aos arquivos municipais, quando, após a transferência, em setembro de 1792, dos registros paroquiais a oficiais públicos, a lei de 17 de julho de 1793 determinou a requisição dos títulos "senhoriais" e sua destruição[14] – fatos que foram analisados na *Gazette des Archives* [Gazeta dos Arquivos] de 1990.[15] Implicado nesse episódio, o prefeito Jean-Louis Chancel foi destituído, mas depois restabelecido em suas funções.[16]

Somando-se às turbulências da época, as fracas colheitas impuseram à municipalidade a adoção de várias medidas, a fim de atenuar a penúria e assegurar os serviços prioritários: o abastecimento de cereais, pão, palha e feno, centeio e grãos, a distribuição de legumes secos,[17] assim como o fornecimento de calçados por sapateiros e, em outra vertente, a conservação das estradas ("nada é mais urgente", 27 germinal, ano II) e a retirada do gelo das ruas.

Além disso, embora poupada das "cenas mais dolorosas da Revolução",[18] a região de Briançon foi, até o termidor e o Diretório, submetida às ordens cominatórias dos representantes do povo e do agente nacional do distrito, formuladas e dirigidas ao procurador do município a fim de obter sua execução com maior urgência e zelo; previam, entre outras providências, a retirada dos signos da realeza, a requisição dos bens dos emigrados, o recenseamento dos cidadãos mais ricos, a retirada de cruzes, a proibição de reuniões em frente às

[14] Arquivos de Briançon, deliberação de 20 brumário [segundo mês do calendário republicano], ano II.

[15] Monique Margaritella. "Briançon ou la Révolution en douceur (1789-1795)". *Gazette des Archives*, fasc. 146-147, 1989, pp. 324-329.

[16] Em 20 brumário do ano II da República, o prefeito Jean-Louis Chancel foi destituído pelo representante do povo, Beauchamp, em razão de sua conduta (retirada de documentos); em 25 frimário [terceiro mês do calendário republicano] do ano II, uma nova deliberação do Conselho do município foi encaminhada a Beauchamp, a fim de obter a suspensão da sanção, o que foi decidido, salvo a retenção dos papéis. Arquivos municipais de Briançon.

[17] Arquivos municipais de Briançon.

[18] Excerto da carta de 29 prairial, ano IV, de Richeret (do Conselho dos Quinhentos) a Hyacinthe M. Borel du Bez, AD 05, 1.J. 301, n. 145.

igrejas e, com mais frequência, incluíam medidas repressivas, tendo os conventos sido atingidos por expulsões desde o mês de julho de 1792.

Antes mesmo que se encerrassem suas funções de agente nacional, Jean-Jacques Bompard nunca abandonou a atividade de comerciante.[19] Em 1797, ele recebeu com um sentimento de orgulho recuperado, assim como seus concidadãos, as notícias sobre a campanha francesa na Itália, durante a qual ganharam forma a glória e a lenda de Napoleão Bonaparte.

Foi precisamente em 16 de fevereiro de 1797, um mês depois da batalha de Rivoli, que sua esposa, Marie-Catherine Hermil, deu à luz em Briançon seu terceiro filho, que recebeu o nome de Jean-Baptiste.

JEAN-BAPTISTE BOMPARD, DE BRIANÇON A LISBOA: 1797-1816

Em fins do século XVIII, por trás de suas imponentes fortificações, a cidade de Briançon, cujo acesso era regulado pela abertura e pelo fechamento dos dois portões principais segundo um aviso ao público, tinha a vivacidade de uma comunidade constituída por representantes das autoridades militares, judiciárias, civis e religiosas e pela maioria dos corpos de ofícios, sem esquecer, conforme se mencionou no recenseamento de 1777, a presença "intramuros" de várias dezenas de cavalos, mulas e bovinos.

Em meio a essa população que, tradicionalmente, compartilhava certa solidariedade, o jovem Jean-Baptiste Bompard viveu junto à família os anos que precederam sua entrada no colégio. Seus dois irmãos – respectivamente, quinze e onze anos mais velhos – tinham concluído sua formação bem antes que ele. O mais moço fora levado, em 1798, ao cura Tane para aprender matemática, em Plampinet.[20]

---

[19] O comércio de Jean-Jacques Bompard tinha como clientes principalmente mascates, e incluía, no semiatacado ou no varejo, artigos de papelaria, livraria, aviamentos, tecidos, ferraria. Depois de 1800, ele criou com seus dois filhos mais velhos uma empresa de obras públicas.

[20] Conforme expôs Henri Rostolland na obra *Névache et la vallée de la Haute-Clarée* (1930, pp. 292-293), o padre Tane, nascido em 8 de novembro de 1745, foi inicialmente vigário em Guibertes (fevereiro de 1791), e depois, tendo prestado o juramento cívico, foi eleito cura de Plampinet (aldeia na entrada do vale de Névache), onde se dedicou à educação de crianças entre 1793 e 1802 e depois entre 1804 e 1826, ano de sua morte. Seu renome chegou até Briançon, onde as melhores famílias confiaram-lhe os filhos. Conhecido pelo ensino de matemática, ele também ministrava cursos de francês, latim, geometria e geografia.

O pai dos rapazes, então totalmente ocupado com seus negócios no comércio, trazia dos encontros com seus fornecedores cartões de visita (Imagem 30) que apresentavam no verso figuras de cartas de baralho, um costume que se desenvolveu depois da supressão, em 1791, da taxação que incidia sobre elas, e que seria retomada em 1798.

Imagem 30. Cartões de visita (frente) e baralho (verso)
(1786-1808). Coleção família Bompard.

Deve-se ainda sublinhar que, em 1792, 68 habitantes de Névache obtiveram autorização para "ir dirigir escolas" durante a estação de inverno (*idem*, p. 95).

Imagem 31. Obelisco de Montgenèvre (altitude: 1.854 metros). Fotografia Francou (detalhe).

Imagem 32. Medalhão com a efígie de Jean-Baptiste Bompard (*c*. 1808). Coleção família Bompard.

Ao mesmo tempo, contando com o conhecimento técnico alcançado pelo segundo filho, Jean-Jacques Bompard criou, em sociedade com este e o mais velho, uma empresa de obras públicas, responsável pela edificação do obelisco de Montgenèvre (Imagem 31), erguido para glorificar o imperador, com material extraído de uma pedreira de La Vachette.[21]

Sua empresa foi também concessionária de vários lotes da estrada imperial de ligação com a Itália, especialmente o trecho chamado de "barricadas", situado na linha vertical de Chamberton. Concluído em 1815, o último trecho das obras foi, após a queda de Napoleão, objeto de um pedido de regulamentação no governo de Luís XVIII, que propôs pagar-lhe a metade, o que foi recusado por Jean-Jacques Bompard. E, segundo se disse, ele preferiu perder tudo.

Foi nessa época que o comerciante decidiu que seu filho Jean-Baptiste Bompard (Imagem 32) deveria prosseguir os estudos em Turim. Desde a anexação do Piemonte por Bonaparte, a autoridade imperial havia criado ali, além de uma escola militar,[22] instituições transformadas em colégios por decreto, também qualificados de militares,[23] onde professores nomeados pelo ministro do

---

[21] "Travaux de l'obélisque du Montgenèvre", AD 05, Gap, S 2.248 e S 2.245.
[22] "Lycée de Turin". Paris, BNF, F/17/1611.
[23] "Collèges de Turin". Paris, BNF, F/17/1612.

Interior proporcionavam um ensino completo, de retórica a matemática. Colocado no pensionato de um desses estabelecimentos, Jean-Baptiste Bompard iniciava cada dia com uma homenagem ao imperador. O que significa que a exaltação despertada pelas vitórias mais memoráveis e pela imagem gloriosa de Napoleão, sustentada pelo colégio, podia suscitar a vocação de soldado entre os adolescentes.

Já no final de 1813, a degeneração da situação fazia-se acompanhar pelo recrutamento dos muito jovens. Em outubro desse ano, em Leipzig, onde pela primeira vez a Europa havia se unido contra Napoleão, a batalha, que prenunciava outros revezes, teve por saldo pesadas perdas. Jean-Jacques Bompard decidiu então tirar o filho daquele colégio, uma vez que, na sua idade – ele ainda não havia completado 17 anos –, caso fosse tentado a se alistar, "sua constituição não lhe permitiria suportar exercícios militares".

Nos meses seguintes, durante os quais Jean-Baptiste "tornou-se útil" junto ao pai, os acontecimentos se precipitaram: a abdicação de Napoleão em Fontainebleau, os Cem Dias, a derrota de Waterloo em 18 de junho de 1815, e o segundo retorno de Luís XVIII.

Pressentindo a ameaça dos aliados, o comandante da praça de Briançon dera ordens ao prefeito, ainda em maio, para abrigar o terceiro batalhão das guardas nacionais de Isère.[24] Em 18 de maio de 1815, dois oficiais sapadores foram alojados na casa de Jean-Jacques Bompard, e o doméstico do general, em casa de seu irmão Marcellin. Ambos também se incluíam entre a quinzena de habitantes que, em 15 de junho, tiveram de fornecer cavalos e jumentos sob ordens do comissário de guerra,[25] que havia requerido, em outras localidades, fornecimento de palha e de grãos, bem como quinze hectolitros de vinho para encaminhamento a partir de Manosque.

Em 24 de junho de 1815, quando a derrota de Waterloo tornou-se conhecida em Briançon, um comitê logo se reuniu sob a presidência do general Eberlé, um barão do Império, a quem o Conselho municipal confiou a defesa da cidade. Jovens formaram o "Batalhão da Esperança" e se enfileiraram atrás dele, entre eles Jean-Baptiste e Candide Marcellin Bompard.

No início de julho de 1815, as tropas austro-sardas apresentaram-se em Montgenèvre, acarretando o recuo dos soldados a Briançon, que resistiu a um bloqueio de três meses, de 15 de agosto a 15 de novembro de 1815.

---

[24] Arquivos municipais de Briançon, "affaires militaires", 14-15 maio 1815-2H85.
[25] Arquivos municipais de Briançon, "affaires militaires", requisições, 1814-1815.

Foi então, quando esses acontecimentos tiveram seu desfecho, que chegou a Briançon a proposta dos primos Martin, de Lisboa, para que um dos filhos de seu tio Bompard fosse se reunir a eles, com a perspectiva de seguir depois para o Rio de Janeiro. Superada a apreensão suscitada por tal projeto, a família considerou que chegara a hora de o jovem Jean-Baptiste pensar no futuro. Foi o tempo de acertar as formas da viagem e obter o passaporte, e ele partiu de Briançon em maio de 1816.

Depois de uma parada em Turim, embarcou em Gênova e pisou o solo de Lisboa quatro dias depois, no cais de Belém, onde o esperava seu primo Inácio Augusto Martin, o único da família presente naquela ocasião na capital portuguesa.

Registrado como negociante, Jean-Baptiste Bompard instalou-se em casa dos primos no centro histórico do Chiado, à rua Direita das Portas de Santa Catarina (atual rua Garrett), e deu início a seu aprendizado como balconista de livraria na loja da rua do Loreto.

Alguns meses depois, em fins de 1816, ocorreu em Briançon o recenseamento para o ano de 1817; Jean-Antoine Bompard compareceu então diante das autoridades, representando seu irmão caçula, Jean-Baptiste, cujo nome foi riscado[26] com a menção "está em Portugal, onde exerce o ofício de empregado de comércio".

A consulta a esse registro revela também que, nos anos seguintes, quatro outros rapazes pertencentes ao mesmo grupo familiar tinham se envolvido com comércio, especialmente na condição de funcionários de livraria, na Itália e em Paris.[27]

---

[26] Arquivos municipais de Briançon, registro HI-1816-1822.

[27] Registro do Conselho de revisão: *Classe 1820*: Jean Bompard, nascido em 26 germinal, ano III (10 de abril de 1800) em Bez, filho de Jean-Baptiste e Anne-Catherine Joubert, estabelecido como comerciante em Gênova. *Classe 1821*: Charles Bompard, nascido em 21 frutidor, ano IX (5 de setembro de 1801) em Briançon, filho de Marcellin e Charlotte Gravier (a viúva do convencional Borel), estabelecido como balconista de livraria em Nápoles. *Classe 1823*: Pierre-Joseph Bompard, nascido em 1º prairial, ano XI (20 de maio de 1803) em Briançon, filho de Jean-Baptiste e de Marie-Catherine Marcelline Borel, estabelecido como negociante no Piemonte. *Classe 1825*: Marcellin Bompard, nascido em 25 termidor, ano XIII (12 de agosto de 1805) em Briançon, filho de Marcellin e de Marie-Anne Gravier, estabelecido como atendente de livraria em Paris, junto a Jean-Pierre Gravier, sócio de Joseph Rey, que fora livreiro em Lisboa.

7

1816-1818: NO BRASIL, ENTRE EVOLUÇÃO E INCERTEZAS

Após a morte de seu pai, os três filhos do *briançonnais* Paul Martin residentes em Lisboa deram continuidade a seu trabalho na "loja em frente ao chafariz do Loreto", atual praça Camões, agora sob a insígnia "Martin Irmãos". Segundo os arquivos lisboetas, ali exerceram o ofício de livreiros até meados da década de 1830; e, no que concerne a Luís Justino, nascido em 1781, até 1850.

Imagem 33. Cascata da Tijuca. Desenho de H. Taunay. *In*: H. Taunay & F. Denis, 1822. Coleção família Bompard.

Eles faziam suas compras em vários países europeus e, como o pai, mandavam editar livros em seu nome – como, por exemplo, o pequeno volume *Explicação da sintaxe*, de Dantas, impresso nas tipografias da Impressão Régia de Lisboa, em 1816. Essa edição viria a figurar, em 1825, no catálogo da livraria do Rio de Janeiro de seu primo Jean-Baptiste Bompard, que, quando se transferiu para Lisboa, fez ao lado deles sua formação como funcionário nos ofícios do livro, tanto no comércio em Portugal como no que se referia às remessas para ultramar.

No Brasil, dois acontecimentos marcaram data nesse período: a chegada da Missão Artística Francesa, em 1816, e a Revolução Pernambucana, em 1817, contra a qual os notáveis e os comerciantes do Rio de Janeiro se mobilizaram, entre eles o livreiro-editor Paulo Martin – que então se tornara acionista de um banco e sócio em novas atividades, como seguros.

A MISSÃO ARTÍSTICA FRANCESA

Proveniente do porto de Grâce[1] e ao fim de uma viagem de 63 dias, o navio de bandeira norte-americana *Calpe*, tendo a bordo os membros da Missão Artística Francesa, fez sua entrada no porto do Rio de Janeiro em 26 de março de 1816, conforme mencionou a *Gazeta do Rio de Janeiro* de 30 do mesmo mês, antes de publicar a lista de seus integrantes na edição de 6 de abril de 1816.

Na origem da decisão de acolher no Brasil esse grupo de artistas, mestres ou especialistas em diversas disciplinas, estava o conde da Barca, diplomata nascido em 1754, um dos negociadores no Congresso de Viena em 1815, colecionador de livros e francófilo. Próximo de dom João VI, ele tinha acompanhado o monarca quando da partida de Portugal. Conseguira então que fosse solicitada ao marquês de Marialva, representante de Portugal na França, a reunião de um grupo de artistas capazes de levar ao Brasil, no seio de uma nova instituição, o que pudesse bem representar a civilização francesa no campo das artes. Esse objetivo inicial foi, com efei-

---

[1] Denominação usual do porto do Havre na época – Grâce era o nome da localidade onde Francisco I criou o porto do Havre, em 1517.

to, estendido aos ofícios, a fim de melhor levar em conta as necessidades do país; pouco depois, um decreto, datado de 12 de agosto de 1816, criou a Escola Real de Ciências, Artes e Ofícios.

Aconselhado pelo botânico Humboldt, o marquês de Marialva aproximara-se de Joachim Lebreton, que, afastado do posto de secretário perpétuo da Académie des Beaux-Arts de l'Institut de France [Academia de Belas Artes do Instituto de França] após a restauração de Luís XVIII, se mostrou disposto a seguir para esse país hospitaleiro – antes que para a Rússia – com outros fieis a Napoleão, como ele atingidos pela desgraça depois da queda do Império.

A implementação de um tal projeto de missão, em uma Corte abertamente antinapoleônica, não deixava de surpreender, mas, afora o prestígio esperado com a contribuição cultural desses artistas, dom João VI, ao que parece, havia encontrado a oportunidade de, assim, limitar a influência da Inglaterra e a "anglomania" predominante.

Em torno de Joachim Lebreton, a missão reunia: o pintor Nicolas Antoine Taunay, com a mulher e cinco filhos; seu irmão, o escultor Auguste Taunay; o pintor Jean-Baptiste Debret; o arquiteto Grandjean de Montigny, com a mulher e quatro filhas; o gravurista Charles-Simon Pradier; François Ovide, mecânico, acompanhado de um serralheiro e de um carpinteiro de carruagens; Jean-Baptiste Level, ferreiro artístico; Nicolas Magloire Enout, serralheiro; Louis-Joseph Roy e seu filho, fabricantes de carroças e carruagens; Pilite e Fabre, curtidores de peles. Previa-se em contrato a atribuição por seis anos de uma pensão de 12 mil francos a Lebreton, na condição de diretor, e de cinco mil francos a cada um dos demais membros do grupo.

Esses homens tiveram sorte diversa, mas todos eles, após a morte de seu protetor, o conde da Barca, em 1817, tiveram de enfrentar a hostilidade de Malher, o cônsul da França.

De fato, o governo francês não viu com grande prazer a emigração desses talentos artísticos.[2] O cônsul Malher chegou a pensar que se tratava de um exílio disfarçado da

---

[2] Lima-Barbosa, 1923, p. 223. Referência ao despacho do Ministério dos Negócios Estrangeiros de 25 de abril de 1816, citado em M. de Oliveira Lima. *Dom João VI no Brasil*, cap. 1, vol. 1, p. 245.

parte de indivíduos ligados ao Império, mas o Ministério dos Negócios Estrangeiros afirmou que "sua expatriação era voluntária", acrescentando "que alguns imaginaram que encontrariam mais tranquilidade no ultramar, enquanto outros para lá seguiram na esperança de se estabelecer e de fazer fortuna".

Depois, com a morte prematura de Joachim Lebreton, em 1819, os membros da Missão Artística Francesa tiveram ainda de lidar com a oposição de seu substituto, o pintor português Henrique José da Silva, nomeado em 1820 para chefiar a Real Academia de Desenho e Pintura.[3]

Apesar dos conflitos e das rivalidades que sua presença suscitava, a maioria desses artistas, com poucas notáveis exceções, decidiu se instalar definitivamente no Rio de Janeiro, empenhando toda a sua energia a serviço da nova pátria, para cuja evolução e cuja projeção seus trabalhos deram uma contribuição memorável. Ferdinand Denis, no relato da temporada que passou no Brasil entre 1816 e 1817, escreveu a respeito: "Quando os anos consagrados aos estudos tiverem passado, quando as produções originais atestarem a combinação de trabalho e inspiração, se for feita plena justiça aos que podem reivindicá-la, será sobretudo a essa colônia de artistas franceses que se atribuirá glória".[4]

Entre eles, o arquiteto Auguste Henri Victor Grandjean de Montigny, nascido em 1776, anteriormente a serviço de Jérôme Bonaparte, irmão de Napoleão e rei da Westfália, foi responsável por um impulso notável na arquitetura. Devem-se a ele, especialmente, realizações como o prédio da Praça do Comércio (antiga alfândega – hoje Casa França-Brasil), os edifícios da Academia de Belas Artes (cujo pórtico principal foi mais tarde reinstalado no Jardim Botânico) ou ainda o chafariz do Alto da Boa Vista. Ele morreu no Rio de Janeiro em 1850.

O pintor Jean-Baptiste Debret (1768-1848) era uma das figuras marcantes desse grupo. Pintor, desenhista e professor de artes, Debret permaneceu por 15 anos no Brasil (1816-1831), onde executou diferentes trabalhos para dom João VI e dom Pedro I. Entre eles, retratos e um imponente quadro que representa a cerimônia de coroamento do imperador. Realizou um grande número

---

[3] O pintor Henrique José da Silva, tendo chegado ao Brasil em 1819, sob a proteção do barão de São Lourenço, especializara-se em retratos da Corte e dos notáveis. Foi designado pintor da Imperial Câmara por dom Pedro I. Veremos adiante (capítulo 9) que o livreiro Jean-Baptiste Bompard o procurou para que ele pintasse seu retrato em 1824.

[4] Ferdinand Denis, *Brésil*. Paris, Firmin Didot, 1837, p. 102.

de desenhos durante sua permanência aqui, os quais formam um excepcional mosaico dos povos e costumes do país. Na volta à França, eles foram reunidos na obra *Voyage pittoresque et historique au Brésil, ou Séjour d'un artiste français depuis 1816 jusqu'en 1831...* (Viagem pitoresca e histórica ao Brasil, ou Estada de um artista francês de 1816 a 1831...) – editada entre 1834 e 1839 e composta de três volumes ilustrados com 150 desenhos, aquarelas e gravuras[5] –, constantemente reeditada (Imagem 34). Debret formou diversos discípulos e trabalhou com o ilustrador e gravurista alemão Johann Moritz Rugendas, que retornou à Europa em 1825.[6]

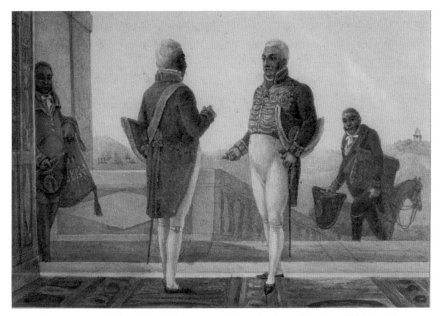

Imagem 34. O Conselho de Ministros. Desenho de J.-B. Debret (1834-1839). Litografia Thierry, tomo 3, estampa 18. Coleção e fotografia de J.-J. Bompard.

[5] Paris, Firmin Didot, 1834-1839. Os originais desses trabalhos podiam ser vistos no museu Chácara do Céu, no morro de Santa Teresa, no Rio de Janeiro.

[6] Nascido em Augsburgo, Estado da Baviera, o artista Johann Moritz Rugendas, ao voltar para a Europa, desembarcou no Havre em 3 de agosto de 1825, procedente do Rio de Janeiro, munido de um passaporte português; viajara com um comerciante de Carcassonne, um proprietário da Bahia e três estudantes brasileiros, um deles com seu empregado "de cor". Archives de l'Inscription Maritime du port du Havre, Archives départementales de Seine Maritime, CP/6/47/n. 414. Rugendas foi autor de *Viagem pitoresca através do Brasil*, obra publicada originalmente em 1835, ilustrada com cerca de cem gravuras.

Outro personagem histórico do grupo foi Nicolas Antoine Taunay (1755-1830) – autor de várias pinturas que glorificavam Napoleão, hoje catalogadas na França pela Réunion des Musées Nationaux [Reunião dos Museus Nacionais]. Ele foi um dos membros fundadores da Academia Imperial de Belas Artes do Rio de Janeiro, onde ensinou pintura de paisagens. Deixou obras inspiradas pela natureza exótica do país e contribuiu para fazer evoluir a concepção das artes no Brasil, até então influenciada pelo barroco religioso ou pelo gosto de representações iconográficas impregnadas de romantismo.

Como alguns de seus compatriotas que, antes deles, fugiram da Revolução ou do Império, os Taunay se instalaram no maciço da Tijuca, graças ao conde de Gestas, que lhes cedera uma moradia bem próxima à Cascatinha (Imagem 33), queda d'água que, hoje, leva o nome da família [Cascatinha Taunay]. Uma das ocupações da colônia anteriormente instalada ali era a cultura de café, cujos danos ao meio ambiente suscitaram mais tarde um importante programa de reflorestamento.

No entanto, cansado do comportamento protelatório e do antagonismo manifestados pelo novo diretor da Academia – o pintor português Henrique José da Silva –, Nicolas Antoine Taunay regressou à França em 1821, com a mulher e o filho Hippolyte. Este participaria da elaboração dos seis volumes que Ferdinand Denis dedicou ao Brasil,[7] cujos exemplares estiveram à venda na livraria de Jean-Baptiste Bompard no Rio de Janeiro (Imagem 35). Seus outros quatro filhos permaneceram no Brasil: o mais velho, Charles-Auguste, antigo combatente da batalha de Leipzig, participou de campanhas pela independência do país; Félix-Émile, pintor, como o pai, foi também professor de letras e artes na Corte – tornado nobre, fez descendência no Brasil; Théodore-Marie exerceu a função de cônsul da França no Rio de Janeiro; quanto ao mais novo, Aimé-Adrien, foi membro da missão científica Freycinet (ver adiante), com a qual sofreu naufrágio. Conseguindo se salvar, voltou ao Rio de Janeiro e se engajou em outra expedição científica, dirigida pelo russo Langsdorff, que foi financiada pelo czar Alexandre I, durante a qual se afogou no rio Guaporé, no oeste do Brasil (Mato Grosso).

---

[7] H. Taunay & F. Denis, 1822.

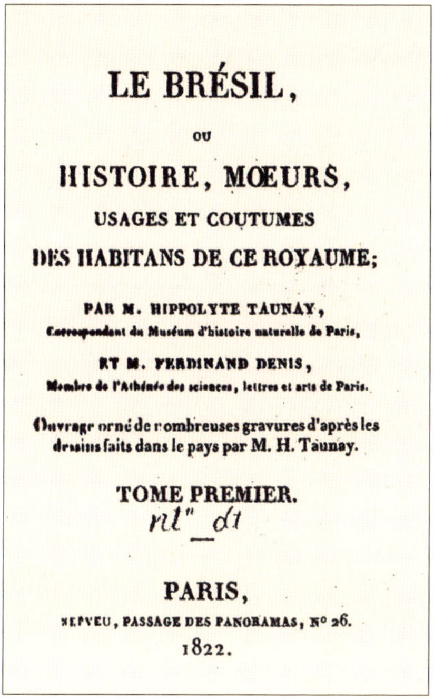

LE BRÉSIL,

ou

HISTOIRE, MŒURS,

USAGES ET COUTUMES

DES HABITANS DE CE ROYAUME;

PAR M. HIPPOLYTE TAUNAY,
Correspondant du Muséum d'histoire naturelle de Paris,

ET M. FERDINAND DENIS,
Membre de l'Athénée des sciences, lettres et arts de Paris.

Ouvrage orné de nombreuses gravures d'après les
dessins faits dans le pays par M. H. Taunay.

TOME PREMIER.

PARIS,
NEPVEU, PASSAGE DES PANORAMAS, Nº 26.
1822.

Imagem 35. *Le Brésil ou Histoire, moeurs...* H. Taunay & F. Denis, 1822. Esse volume traz, sob a inscrição "tome premier" [primeiro tomo], uma indicação manuscrita correspondente ao modo de classificação dos livros na livraria de J.-B. Bompard. Coleção família Bompard.

Por fim, integrava o núcleo da Missão Francesa Charles-Simon Pradier (1783-1847) que, representando a arte da gravura, tinha o encargo de ensiná-la.[8] Especialista na gravura a buril, produziu principalmente retratos, sobretudo de dom João VI, a partir de representações e desenhos atribuídos a Jean-Baptiste Debret.

Segundo alguns testemunhos,[9] os pintores e gravuristas enfrentavam sérias dificuldades no Brasil para obter materiais ou fazer imprimir, observação que, todavia, requer esclarecimento. Sabemos, com efeito, que Paulo Martin, o primeiro livreiro a comercializar gravuras, em 1809, depois das tiragens produzidas com "excelentes placas" (*Gazeta do Rio de Janeiro* de 15 de julho de 1812), o que lhe valeu o qualificativo de "estampeiro", vendia também papéis para diferentes finalidades, como os destinados à escrita, para embrulhos, fumo, parede, além daqueles empregados em desenho e impressão.

---

[8] Ferreira, 1994, pp. 255-256.
[9] F. Denis, 1837, p. 103.

Na verdade, desde o início da década de 1810,[10] mesmo no caso de provas impressas no Rio de Janeiro, era usual mandar retratos e ilustrações para gravação na Europa, às vezes por intermédio de um livreiro. Quando necessário, lançavam subscrições, como o fez Hippolyte Taunay no caso de três de seus desenhos, por meio de um anúncio na *Gazeta do Rio de Janeiro*, em 1818.[11]

Esse método de trabalho prevaleceu por anos ainda, apesar do progresso local de certas técnicas de gravura. Embora consideradas de qualidade medíocre por alguns viajantes, essas técnicas permitiram ao francês Arnaud Jullien Pallière,[12] que chegara ao Brasil em 5 de novembro de 1817, achar-se em condições de gravar a talho doce um retrato de Maria I, em março de 1818.[13]

Foi, entretanto, alegando como pretexto a falta de recursos que Charles-Simon Pradier decidiu regressar à Europa em julho de 1826, onde, ainda como pensionista do governo brasileiro – e fornecendo, nessa condição, algumas contrapartidas –, colaborou na ilustração da *Viagem pitoresca e histórica ao Brasil*, de Jean-Baptiste Debret.

Hoje se vê que a história preservou a memória da Missão Francesa, à qual se deve o interesse pelo Brasil de parte de outros artistas, cujos testemunhos, beneficiando o país, contribuíram para mudar a representação de povos longínquos, no sentido da autenticidade. Entre eles, incluem-se: o pintor inglês Henry Chamberlain, que esteve no Rio de Janeiro em 1819 e 1820; o austríaco Thomas Ender, autor de desenhos sobre o Brasil em 1817 e 1818; o alemão Johann Moritz Rugendas, autor de uma obra ilustrada com múltiplos desenhos reproduzidos em gravuras a partir do que observara no Brasil entre 1822 e 1825; o suíço Johann Jacob Steinmann, que chegou ao Rio de Janeiro em 1825 como litógrafo do imperador e, ao voltar à Europa, em 1833, publicou um *Album de souvenirs*; e por fim o francês Jacques Arago, desenhista da expedição Freycinet (1817-1820).

---

[10] Orlando da Costa Ferreira, 1994, p. 239.

[11] *Gazeta do Rio de Janeiro*, n. 91, 14 de novembro de 1818.

[12] Ferreira, 1994, p. 259. Arnaud Jullien Pallière foi identificado como gravurista em metal a partir de 1817 – um dos primeiros nessa especialidade no Rio de Janeiro. *Idem*, p. 280.

[13] *Idem*, p. 259.

Ao fazer uma avaliação de como via as transferências culturais e de *savoir-faire* suscitadas pela Missão Francesa, Ferdinand Denis publicou, em 1837,[14] o seguinte comentário: "O Rio de Janeiro já é a pátria de adoção de grande número de franceses, e nenhuma região longínqua parece se submeter mais do que esta à adoção de nosso movimento intelectual, assim como se prestar ao desenvolvimento de nosso engenho".

BANCO DO BRASIL: A SUBSCRIÇÃO DOS COMERCIANTES DA CIDADE

Renovando a iniciativa que empreendera em 1808, por ocasião da chegada do príncipe regente ao Brasil, a corporação do comércio da cidade do Rio de Janeiro fez publicar, na edição da *Gazeta do Rio de Janeiro* de 3 de abril de 1816, um aviso pelo qual, prestando homenagem ao soberano por ter elevado "o Estado do Brasil à preeminência de Reino", anunciava o lançamento pelos comerciantes da cidade de uma subscrição voluntária. O objetivo era o de constituir um capital, à disposição do Banco do Brasil, a fim de promover "a instrução nacional", compreendendo "não só o ensino das ciências, mas ao mesmo tempo o das Belas Artes, e o da sua aplicação à indústria", contribuindo assim para a "prosperidade das nações". Os doadores tinham particular interesse na divulgação de uma nota que mencionasse seus nomes, o montante das contribuições e a sequência das ações resultantes da aplicação do capital. Assim, em 8 de junho de 1816, a *Gazeta do Rio de Janeiro* publicou uma lista de 69 comerciantes, entre os quais estava Paulo Martin, precedida de uma mensagem de fidelidade a dom João VI, que, como prova de seu reconhecimento, não tardou em receber o grupo de doadores no tradicional ritual do beija-mão (Imagem 36).

---

[14] F. Denis, 1837, vol. 1, p. 89.

Imagem 36. O imperador, um camareiro e o rito do beija-mão. Desenho de J.-B. Debret, 1834-1839. Litografia Thierry, tomo 3, gravura 19. Coleção J.-J. Bompard.

O LIVREIRO PAULO MARTIN, ACIONISTA DO BANCO DO BRASIL

O Banco do Brasil fora criado pouco depois da instalação da Corte portuguesa na então colônia pelo alvará de 12 de outubro de 1808, com o objetivo de estimular o comércio e promover os interesses reais e públicos.[15] Suas operações tiveram início em dezembro de 1809, sob o comando dos diretores nomeados pelo regente.

A decisão de dotar o país de um estabelecimento financeiro resultava da abertura dos portos ao comércio internacional, assim como da suspensão da

---

[15] Camargo & Moraes, 1993, vol. 2, p. 17.

proibição de funcionamento de fábricas e manufaturas no Brasil. Enfim, da necessidade de dotar o poder, sobretudo o Erário Régio (Tesouro Público), dos meios financeiros adaptados a suas atividades.[16]

Além disso, como indicava um anúncio publicado na edição de 26 de outubro de 1808 da *Gazeta do Rio de Janeiro*, a criação do Banco do Brasil permitiria diminuir o custo de capitais e introduzir uma "moeda artificial" (*sic*) destinada ao uso no comércio de metais preciosos; e o banco podia se beneficiar, ainda, do privilégio da comercialização de diamantes, madeira (do Brasil) e marfim (de Angola).

O capital, quando de sua constituição, de 1.200:000$000 réis,[17] era composto de 1.200 ações de 1:000$000 réis cada uma; mas foi preciso esperar até o fim de 1817 para que fosse totalmente subscrito. De fato, verificou-se ser difícil convencer investidores (40 acionistas estatutários), cujos capitais já estavam aplicados na agricultura ou em fábricas, de sorte que as chamadas lançadas a subscritores se dirigiram aos comerciantes prósperos, motivados também pela expectativa de obter distinções ou favores em troca.

Foi provavelmente em 1816 que o livreiro-editor Paulo Martin se tornou um dos acionistas do Banco do Brasil, participação que manteve até sua morte, no início de 1824. Isso lhe permitiu aproximar-se de negociantes bem-sucedidos, com os quais se associou em outros negócios.

As ações adquiridas davam direito a um dividendo que representava em média 12,45% por ano sobre o valor nominal.[18] Os documentos indicam que Paulo Martin figurava na lista de acionistas quando se realizou a assembleia geral de 1821,[19] e que ainda estava incluído entre os 97 acionistas convocados à importante assembleia geral de 20 de dezembro de 1823, reunida no Rio de Janeiro, com a finalidade de estabelecer medidas indispensáveis de reforma do banco.[20]

---

[16] *Idem, ibidem.*

[17] O antigo real brasileiro era contado geralmente em milhares. A unidade contável era de *mil réis*, que se grafava 1$000; um milhar de mil réis (1 milhão de réis) formava um conto de réis, que se grafava 1:000$000.

[18] *Revista Brasileira de História*, vol. 30, n. 59, p. 185 (cf. Franco, 1848; e Cavalcanti, 1893).

[19] "Lista geral dos acionistas do Banco do Brasil", 1821. Biblioteca Nacional, Rio de Janeiro, cota V.C.769/155/1950.

[20] *Exposição histórica e crítica da sessão da Assembleia Geral dos Acionistas do Banco do Brasil feita em 2 de dezembro de 1823*. Rio de Janeiro, Imprensa Nacional, 1824 (coleção Carter Brown Library).

142 | LIVREIROS DO NOVO MUNDO

Desde os primeiros anos de atividade, efetivamente, o banco tinha emitido moeda – em quantidade crescente e sem controle – para satisfazer às necessidades de financiamento da Corte e para realizar seus projetos. Ela ademais dispunha de privilégios para a cobrança de dívidas de devedores insolventes, de modo que os comerciantes da cidade, entre os quais o livreiro Paulo Martin, resolveram enviar uma petição a dom João VI, em 1821, solicitando a supressão dos textos[21] que davam origem a essas disposições, a fim de obter igualdade de tratamento.

Assim, em março de 1821 os problemas de gestão e as emissões imprudentes de moeda levaram o banco a uma quase falência, sancionada em 31 de março por um decreto[22] que declarava as dívidas nacionais, com o banco oferecendo em garantia os diamantes do Tesouro Público.

A situação ainda se deteriorou após o retorno de dom João VI a Portugal, em 26 de abril de 1821, uma vez que, ao deixar o Brasil, ele ordenou a retirada de metais preciosos e diamantes dos cofres do banco. Na forma como fora organizado quando de sua criação, o Banco do Brasil deixou de existir, em 1829, em um fracasso anunciado ao longo de vários anos de dificuldades.

Em 1816, quando os meses se sucediam sem grandes mudanças no Rio de Janeiro, época em que o livreiro Paulo Martin ampliava sua oferta de livros – com um atlas universal, efemérides náuticas, uma coleção de obras militares, novelas e romances –, uma súbita epidemia mortífera de diarreia assolou a cidade;[23] e o próprio funcionário real Luís Joaquim dos Santos Marrocos caiu gravemente doente.

Enquanto isso, no nordeste do país eram identificados os germes de uma revolta[24] que ganhava corpo e iria inflamar a capitania de Pernambuco.

---

[21] Alvará de 24 de setembro de 1814; lei de 16 de fevereiro de 1816; decreto de 29 de outubro de 1818. Biblioteca Nacional, Rio de Janeiro, II; 30.28.052.

[22] Publicado na *Gazeta do Rio de Janeiro* de 31 de março de 1821.

[23] Marrocos, 2008, carta n. 103, 21 de setembro de 1816, p. 344.

[24] "O capitão do navio *A Pérola*, ancorado em fevereiro de 1816 no porto de Pernambuco, observara uma grande fermentação nos espíritos, que anunciava um movimento revolucionário." Cf.: Lima-Barbosa, 1923, p. 240.

A REVOLUÇÃO DE PERNAMBUCO E OS
APOIADORES DE DOM JOÃO VI

Em 1816, a capitania de Pernambuco sofrera uma grave crise econômica, provocada pela queda da cotação e das exportações de algodão e do açúcar, em benefício, dizia-se, dos comerciantes que detinham o monopólio das vendas. Além disso, na sequência do estabelecimento da Corte no Brasil, a capitania fora submetida a um aumento dos adiantamentos financeiros, motivado pela instalação da nova administração governamental.

A impopularidade da Corte portuguesa daí resultante constituía um terreno fértil para a expressão da oposição, cujas manifestações se baseavam nas ideias da Revolução Francesa, no exemplo da guerra americana pela independência e na ação das sociedades secretas sob o domínio das lojas maçônicas, no interior das quais havia simpatias napoleônicas.

Por trás das reivindicações econômicas e da aspiração por mais liberdade, desenvolveu-se uma corrente autonomista e anticolonial que alimentou um movimento revolucionário encarnado por várias figuras de proa.[25]

A revolta eclodiu em 6 de março de 1817. Já no dia seguinte, 7 de março, constituiu-se um governo provisório, composto por personalidades pertencentes à elite da capitania, que publicou uma lei orgânica instaurando medidas libertárias, tais como a emancipação dos escravos, a liberdade de consciência e a de imprensa, a tolerância religiosa, além da desoneração dos produtos de primeira necessidade e uma nova bandeira.

A reação do governo não se fez esperar. Contando com o apoio e as contribuições de grande número de doadores (conforme se verá adiante), dom João VI e seu governo puseram em marcha a repressão ao movimento revolucionário por terra e mar, a partir da Bahia. A resistência da rebelião foi derrotada em 19 de maio de 1817, pondo fim a 75 dias daquela república.

As punições que se seguiram foram duríssimas: pena de morte para os principais responsáveis, trabalhos forçados para outros. As penas foram suspensas em 1818 e a liberdade restituída aos prisioneiros em 1821.

---

[25] Eram frequentemente citados: os três irmãos Francisco de Paula, Luís Francisco de Paula e José Francisco de Paula Cavalcanti e Albuquerque; e também os padres João Ribeiro e Miguelinho, além de Antônio Carlos Ribeiro de Andrada e Domingos José Martins.

144 | LIVREIROS DO NOVO MUNDO

Com o anúncio dos distúrbios revolucionários de Pernambuco, a nobreza portuguesa instalada no Rio de Janeiro e outros entre os notáveis mobilizaram-se para assegurar seu apoio ao monarca na forma de donativos em dinheiro ou em gêneros e lhe permitir agir com energia contra a revolta.

Logo depois, esse movimento espontâneo se organizou, e a 2 de abril de 1817 a *Gazeta do Rio de Janeiro* publicava um comunicado sobre certas "Casas da Subscrição", assinado por quatro comerciantes, e assim redigido:

> Havendo se lembrado muitos capitalistas, proprietários, negociantes, e pessoas de todas as classes, de subscreverem espontaneamente para as despesas do Estado na urgência atual, faz-se público que estão abertas as subscrições nas casas de comércio abaixo referidas, onde podem assinar todos os que desejarem oferecer quaisquer prestações para aquele fim, declarando a importância do seu oferecimento, que se há de publicar com os seus nomes em listas impressas.

Uma das listas, revelando importantes doações, foi publicada na *Gazeta do Rio de Janeiro* de 18 de maio de 1817. Pouco depois, a edição de 4 de junho mencionaria, entre os doadores, o nome do livreiro Paulo Martin, com um montante de 64$000 réis.

Em 29 de julho do mesmo ano, um relatório comunicou "o retorno [das tropas] de Pernambuco, em obediência ao soberano, ao som de sinos, com o regozijo dos corações, estando o povo ansioso por mostrar seu entusiasmo. As tropas desfilaram nas ruas entoando o hino nacional, as pessoas fazendo respeitosas saudações diante do retrato de dom João VI".

Após esses acontecimentos, o soberano não deixou de manifestar seu reconhecimento em relação aos que haviam lhe testemunhado sua lealdade. Foi por essa época – sem que tal distinção tivesse, de forma declarada, um vínculo direto com os fatos de Pernambuco – que o livreiro Paulo Martin foi distinguido como cavaleiro da Ordem de Cristo (Imagem 37), em consideração por seus serviços na qualidade de livreiro-editor e por sua fidelidade, conforme o decreto 515, de 20 de março de 1817,[26] assim formulado: "[Cumprido] o que representa o requerente, concedo-lhe a graça do Hábito

---

[26] Manuscritos, Decretos das Mercês (1816-1819). Rio de Janeiro, Biblioteca Nacional, decretos 515 e 576, ref. 14.3.12.

de Cristo, com doze mil réis de gratificação. Paço do Rio de Janeiro, com a assinatura de Sua Majestade". Outro decreto (576) dispunha que, em 29 de maio de 1817, Paulo Martin seria recebido na Capela Real "para fazer profissão na Ordem de Cristo".

Imagem 37. Cavaleiros da Ordem de Cristo com o traje solene da ordem. J.-B. Debret, 1834-1839. Acervo da Biblioteca Nacional, Rio de Janeiro.

PERNAMBUCO E UM PROJETO ABORTADO DE FUGA DE NAPOLEÃO

Bem vigiado durante meses na ilha de Santa Helena, Napoleão continuava, entretanto, a inspirar temores de uma tentativa de fuga. Assim, a *Gazeta do Rio de Janeiro* de 17 de julho de 1816 publicou um *bill* – projeto de um decreto a ser submetido à Câmara dos Comuns –, datado de 26 de março e procedente de Londres, expondo, em vários pontos, as precauções necessárias para afastar tal ameaça e "assegurar a tranquilidade na Europa".

146 | LIVREIROS DO NOVO MUNDO

Ora, a Revolução Pernambucana parecia ter fornecido os elementos para o início da execução de um projeto de evasão do antigo imperador. Com efeito, desde que teve conhecimento da revolta ali ocorrida, no interior da qual havia partidários de Napoleão, o irmão deste, José Bonaparte, que residia então nos Estados Unidos, convocou oficiais bonapartistas, exilados como ele, a seguirem para o Brasil, a fim de estudarem os meios apropriados para a organização da fuga do ex-imperador a partir de Santa Helena. O plano – cujo objetivo era permitir que Napoleão seguisse para os Estados Unidos a bordo de um veleiro veloz – incluía utilizar o refúgio que poderia representar a ilha de Fernando de Noronha.[27] Todavia, os acontecimentos tomaram outro rumo, uma vez que a Revolução Pernambucana tinha sido derrotada quando os franceses desembarcaram no Brasil. Em março de 1818, a Justiça decidiu que os bonapartistas implicados nos eventos de 1817, feitos prisioneiros, deveriam ser reconduzidos à Europa, fora das fronteiras de Portugal.

O ano de 1817 prosseguiu sem outros fatos notáveis. Em 25 de junho, o livreiro Paulo Martin publicou um anúncio detalhado acerca da renovação das assinaturas semestrais da *Gazeta do Rio de Janeiro*, dando conta das condições que se aplicavam às pessoas que não residiam na cidade (porte pago) e das modalidades de publicação dos anúncios, com as respectivas tarifas (12 réis por linha).

Meses depois, a atenção se voltou para a entrada no porto do Rio de Janeiro, em 6 de dezembro de 1817, da corveta *Uranie*, comandada por Louis de Freycinet, à frente da missão científica empreendida sob ordens de Luís XVIII, que partira de Toulon em 17 de setembro.[28] Na edição de 24 de dezembro de 1817, a *Gazeta do Rio de Janeiro* destacou que o rei a ordenara, "em consequência da vontade expressada pela Academia Real das Ciências"; assim, em razão de sua importância, a corveta *Uranie* deveria receber toda a assistência de que precisasse "nos seus estabelecimentos".[29]

---

[27] Lima-Barbosa, 1923, p. 240 e ss. Mencionado por François-René de Chateaubriand, em *Mémoires d'outre tombe*, livro 24, cap. 11.

[28] Louis de Freycinet. *Voyage autour du monde entrepris par ordre du roi*. Paris, Chez Pillet Aîné, 1825.

[29] Anúncio publicado sob a rubrica "Ministério da Marinha e Colônias". *Gazeta do Rio de Janeiro*, 24 de dezembro de 1817.

A MISSÃO CIENTÍFICA DE FREYCINET

O principal objetivo da missão – uma circum-navegação de cunho científico –, realizada entre 1817 e 1820 sob o comando do capitão de navios Louis de Freycinet, era, inicialmente, o de resolver uma questão ainda em estudo: a determinação precisa da posição de um navio em latitude e longitude. As pesquisas eram feitas por meio de pêndulos e cronômetros, alguns dos quais foram concebidos pelo relojoeiro Bréguet. A escala para descanso no Rio de Janeiro permitiu, em janeiro de 1818, a regulação dos instrumentos, mas sem possibilitar uma conclusão precisa quanto à determinação das longitudes.

Os estudiosos deviam também realizar pesquisas nas áreas de geografia, geologia, etnografia, fauna e botânica. Apresentados ao soberano logo ao chegar ao Brasil pelo cônsul Malher, eles foram em seguida orientados pelo conde de Gestas – futuro encarregado dos negócios da Corte da França no Brasil –, que lhes cedeu uma casa no outeiro da Glória e os acompanhou ao pico do Corcovado, onde colheram informações barométricas.

Durante sua permanência no Rio de Janeiro, os membros da missão também manifestaram interesse por questões relacionadas a transportes, comércio, indústria, artes e bibliotecas – nas quais o número de obras de grandes autores franceses os surpreendeu –, bem como relativas aos livreiros e à tipografia. Sobre esta, Louis de Freycinet mencionou o alto custo de impressão de uma folha de papel em mil exemplares.

Essa missão ficou na memória graças ao desenhista e escritor Jacques Arago e ao relato que foi publicado quando de seu retorno, à venda pelo livreiro Jean-Baptiste Bompard. A viagem prosseguiu pelos mares do Sul (ilha Maurício, Timor, ilhas Marianas, ilhas Sandwich do Sul, Austrália). Em 1820, a corveta *Uranie*, arrastada à costa das ilhas Malvinas, naufragou. Os passageiros do navio conseguiram chegar a terra firme; resgatados em seguida, desembarcaram em Montevidéu, onde Freycinet fretou o navio *Physicienne*, a bordo do qual a missão voltou ao Havre em 13 de novembro de 1820.

O LIVREIRO PAULO MARTIN INVESTE EM SEGUROS

Desde a instalação da Corte portuguesa no Brasil, as medidas que foram tomadas, em particular a abertura dos portos e as permissões concedidas para o funcionamento de manufaturas, deram aos homens de negócios oportunidades em atividades recém-autorizadas, como as de bancos e seguros.

Assim, as companhias de seguros tornaram-se um instrumento a serviço do comércio, com sua vocação para cobrir os riscos implicados na navegação de cabotagem, no transporte de café e algodão, além do tráfico de escravos.[30]

Criou-se uma "Casa dos Seguros" para abrigar, mediante aluguel, as companhias de seguros. Suas operações, submetidas ao controle e à arbitragem da Real Junta de Comércio, Agricultura, Fábricas e Navegação, tiveram início em 28 de abril de 1810.

Os comerciantes do Rio de Janeiro apresentaram previamente, em 23 de janeiro de 1810, um requerimento ao príncipe regente a fim de que Elias Antônio Lopes – rico proprietário que doara a quinta da Boa Vista onde foi instalada a Corte, no casarão que se tornou o Palácio Real – fosse nomeado oficial corretor, diretor e provedor dos seguros da Corte, o que foi alcançado.[31]

As condições de criação da primeira companhia de seguros, a Indemnidade, foram confirmadas pelo regente mediante a resolução estabelecida em 5 de fevereiro de 1810 pelos comerciantes signatários, que era acompanhada da lista de acionistas.[32] A *Gazeta do Rio de Janeiro* de 21 de julho de 1810 informou, em sua seção de anúncios, que esse texto, impresso, encontrava-se à venda por 160 réis nas lojas especializadas, com destaque para a do livreiro Paulo Martin.

A resolução incluía disposições que regeriam as demais companhias de seguros: para assinar apólices na condição de seguradores, os comerciantes deviam apresentar prova de bons antecedentes e de solvabilidade. Acionistas, eles eram responsáveis *in solidum*; os diretores eram nomeados e as modalidades de sua remuneração, predeterminadas; os riscos de cada apólice não

---

[30] Leandro Megliorini. "Seguros de grossa aventura: A Companhia de Seguros Indemnidade à época joanina". XII Encontro Regional de História. Rio de Janeiro, Anpuh, 2006, pp. 1-2.

[31] Leandro Megliorini. *A Companhia de Seguros Indemnidade: História de empresas no Brasil joanino (1808-1822)*. Niterói, UFF, 2008, pp. 72-73 (Dissertação de mestrado).

[32] Camargo & Moraes, 1993, n. 118, t. 1, p. 42.

podiam ultrapassar 5% do capital da companhia. No caso da Indemnidade, a verificação ocorrida em 1816 indicou que 400 contratos anuais foram assinados, em média, ao longo dos cinco anos seguintes à sua criação.[33]

Outra companhia de seguros foi criada em 30 de junho de 1814, a Providente, com um capital de 400:000$000 réis; contava com 36 acionistas, entre eles o livreiro Paulo Martin.[34] Sua direção fora confiada a três importantes homens de negócios: José Pereira de Souza (tesoureiro), José Antônio Lisboa e Domingo Gomes Duarte (diretores). A *Gazeta do Rio de Janeiro* de 16 de julho de 1814 publicou um anúncio para informar onde e quando seria possível procurá-los para contratar seguros.

Três anos depois, em meados de 1817, quando o livreiro-editor Paulo Martin se tornara um dos diretores, o órgão administrativo da companhia foi abalado, pois "os sócios e diretores da Providente estavam envolvidos em polêmicas discussões sobre distribuição indevida dos lucros da empresa".[35] Seguiu-se que os sócios, reunidos em assembleia no início de 1818 para examinar a situação, registraram a saída dos também sócios José Nogueira Soares, Paulo Martin, José Antônio Lisboa, que, juntos, tinham revelado aqueles expedientes na companhia. Eles pediram a restituição de suas participações e a parte dos lucros que lhes cabia.

Esses fatos foram revelados por um anúncio publicado, a pedido da Providente, na *Gazeta do Rio de Janeiro* de 14 de janeiro de 1818, que, depois de informar que o capital da companhia havia sido aumentado em 200:000$000 réis, assinalava de maneira lacônica que a razão social Faro, Lisboa, Martin e Cia. fora substituída pela Barroso, Vianna, Duarte e Cia.

Na mesma seção do jornal, outro trecho mencionava que Joaquim José Pereira de Faro, José Antônio Lisboa e Paulo Martin tinham criado, "solidariamente", uma nova companhia de seguros, a Tranquilidade, com um capital de 600:000$000 réis e a participação de diversos comerciantes da cidade. A Casa dos Seguros do Rio de Janeiro passava então a agrupar cinco companhias: Indemnidade, Particular, Providente, Permanente e Tranquilidade.

---

[33] Megliorini, 2006, p. 8.

[34] Saulo Santiago Bohrer. *"Interesses seguros": As companhias de seguro e a Provedoria dos Seguros do Rio de Janeiro (1810-1831)*. Niterói, UFF, 2008 (Dissertação de mestrado).

[35] Saulo Santiago Bohrer. "O seguro morreu de velho: A Associação de Seguros Mútuos Brasileiros na manutenção dos interesses dos negociantes do Rio de Janeiro". Niterói, Pólis/UFF, 2004, p. 14.

Os diretores da Tranquilidade tinham perfis diferentes e, na verdade, complementares. Os três eram acionistas do Banco do Brasil. Paulo Martin contava com a clientela do comércio de livros; José Antônio Lisboa, nascido em 1777 no Rio de Janeiro, membro do Conselho do monarca, deputado na Real Junta do Comércio e economista respeitado, tinha coordenado a redação do Código de Comércio e desenvolvido uma reflexão sobre o Banco do Brasil e sobre o sistema monetário. Enfim, Joaquim José Pereira de Faro, nascido em 1768 em Braga, Portugal, era um importante negociante, estabelecido na rua dos Pescadores – onde vendia diversos artigos provenientes tanto da França como da China –, e proprietário de uma lavoura de café, mas também mercador de escravos; anteriormente, havia ocupado o posto de coronel do exército.

Os valores segurados por viagem, em média entre 10:000$000 e 30:000$000 réis, davam direito ao pagamento de um prêmio da ordem de 5% a 8% dos referidos valores. Em caso de sinistro, eram fortemente aumentados, até o dobro do montante inicial.

Entre 1811 e 1830, segundo algumas avaliações referentes ao conjunto da clientela dos seguradores,[36] 281 estabelecimentos participaram do tráfico de escravos, realizando um total de 1.181 viagens entre a costa da África e o Brasil. Quando as pressões para acabar com o tráfico aumentaram, muitas dessas viagens deixaram de ser seguradas.

Desde que foi criada, a companhia Tranquilidade tinha conseguido ocupar uma boa posição no mercado de seguros. Mais tarde, após 1850, ganhou novo impulso, tornando-se a primeira a oferecer seguros de vida no Rio de Janeiro.

Enfim, vale lembrar que, entre os acontecimentos marcantes desse período, o Rio de Janeiro e o Império celebraram, em 6 de fevereiro de 1818, a coroação de dom João VI, aclamado rei do Reino Unido de Portugal, Brasil e Algarves, e que em 6 de junho do mesmo ano o Museu Real, atual Museu Nacional, foi criado por decreto.

Quanto a Paulo Martin, dividindo-se doravante entre suas diversas atividades, ele recebera notícias de Lisboa confirmando que seu primo Jean-Baptiste Bompard tomara as providências para seguir a seu encontro antes do final do ano, a fim de assisti-lo como funcionário da livraria.

---

[36] No período 1820-1829, perto de 300 mil escravos foram "importados" pelo Rio de Janeiro. Cf. Tabela dos Escravos Importados (n. 10, 1820-1829, 31 mar. 1829). N.B.: O preço "médio" dos escravos variava entre 70 mil e 90 mil réis. Rio de Janeiro, Biblioteca Nacional.

8

JEAN-BAPTISTE BOMPARD: DE LISBOA AO RIO DE JANEIRO

Estabelecido em Lisboa dois anos antes, Jean-Baptiste Bompard concluía, em 1818, sua formação de funcionário de livraria trabalhando com seus primos da família Martin. Ele devia, agora, preparar sua partida para o Rio de Janeiro, onde o esperava o irmão deles, Paulo Martin.

Imagem 38. Vista da cidade de São Sebastião do Rio de Janeiro tirada da ilha das Cobras. Desenho de Planitz, casa impressora Speckter. Rio de Janeiro, Acervo Fundação Biblioteca Nacional.

Em maio de 1818, ele tomara as providências com vistas à obtenção do passaporte, indispensável "para deixar Lisboa rumo a outras terras do reino". Obteve tal autorização, devidamente assinada pelo ministro do Bairro Alto e pelo cônsul geral da França, em 19 de junho.[1] Aí se declarava: "Negociante com 21 anos de idade, residente em casa dos irmãos Martin no Bairro Alto, rua Portas de Santa Catarina, titular de um passaporte concedido pela prefeitura dos Altos Alpes".

Durante sua estada em Lisboa, Jean-Baptiste Bompard adquirira uma boa fluência em português. Na paróquia de Nossa Senhora dos Mártires, a de seus primos Martin, ele tinha participado das cerimônias das famílias dos livreiros do Chiado originárias do Briançonnais e ouvido os sermões do pregador de Sua Majestade por ocasião das grandes festas litúrgicas.[2] Ainda em 17 de junho de 1818, ele assistira à celebração do casamento de seu primo Luís Justino Martin com Carolina Vitória Rey, descendente de uma das famílias mais antigas de livreiros originários da região de Briançon (ver Anexo 1), cujas testemunhas foram João José e Inácio Augusto Martin.[3]

Jean-Baptiste Bompard tratou, então, de procurar um armador que previsse para logo uma viagem até o Rio de Janeiro, e soube que o galeão *Visconde de Montalegre* lhe permitiria realizar seu projeto em breve.

Em 24 de setembro de 1818, a secretaria de Estado da Marinha liberou a autorização para que o capitão do barco efetuasse a viagem de Lisboa ao Rio de Janeiro[4] e, em 5 de outubro, o proprietário obteve os demais documentos[5] do Arsenal Real da Marinha para realizar esse trajeto, marcando a partida para o dia seguinte, 6 de outubro. Cumpridas as formalidades, constatou-se que um outro navio seguiria a mesma rota com o *Visconde de Montalegre*. Com efeito, em 28 de setembro de 1818, o galeão *São José Félix*, pertencente a Manuel

---

[1] Arquivo Histórico Ultramarino, Lisboa, Requerimentos do negociante João Baptista Bompard ao rei (dom João VI) solicitando passaporte para a Corte do Rio de Janeiro. Rio de Janeiro, AHU, cx. 317, doc. 67, AHU, ACL, CU, 017, cx. 280, D, 19.570, 30 de julho de 1818.

[2] Sermão sobre a Verdade da Religião Católica, prédica da quaresma de 1817 por José Agostinho de Macedo, pregador de Sua Majestade, Lisboa, Impressão Régia, 1818.

[3] Curto *et al.*, 2007, p. 389.

[4] Arquivo Histórico Ultramarino, Lisboa, AHU-CU-017, cx. 280 D-19598.

[5] Arquivo Histórico Ultramarino, Lisboa, AHU-CU-017, cx. 710-3.18.

Teixeira Bastos, havia sido fretado[6] pela Casa Real para transportar ao Brasil oito cavalos e seus palafreneiros, assim como tonéis de pólvora destinados, supõe-se, a uma fábrica no Rio de Janeiro.[7]

Tendo pago várias dezenas de milhares de réis pela passagem, Jean-Baptiste Bompard embarcou na terça-feira, 6 de outubro de 1818. Seu primo João José Martin, que fizera a mesma viagem cinco anos antes, sem dúvida o acompanhou ao porto de Belém. É provável ainda que tenha lhe transmitido as últimas recomendações de costume, sugerindo especialmente que ele não dispensasse uma prudente reserva em relação aos companheiros de viagem com os quais compartilharia a existência durante cerca de dois meses; isso porque, uma vez em terra, alguns lamentavam certas confidências e o excesso de confiança.

Quando o pesado navio partiu, levado a alto-mar pelas últimas águas do Tejo, os passageiros puderam, ao passar pela torre de Belém, lançar um último olhar ao forte São Julião da Barra. Começou então a longa travessia do oceano, tendo-se como única perspectiva o espetáculo do horizonte no interminável e enigmático encontro de céu e mar.

Tal viagem implicava, na época, certa aventura e riscos, em razão dos perigos do alto-mar, da variação nos ventos e da pirataria. O tempo de navegação também contava. Partindo-se em outubro, já na proximidade do inverno no hemisfério norte, o trajeto, quanto a esse aspecto, conforme indicavam os mapas (Imagem 39), apresentava condições menos adversas para a travessia da zona muito instável dos alísios, onde a falta de ventos podia causar atrasos, por vezes de mais de um mês. Isso acarretava graves consequências, como falta de água ou de víveres para os passageiros e a impossibilidade de alimentar e dar água aos cavalos, então condenados a morrer e a serem atirados no mar.

---

[6] Arquivo Histórico Ultramarino, Lisboa, AHU-CU-017, cx. 280D-19601.

[7] Não existem informações documentadas sobre a viagem realizada por Jean-Baptiste Bompard entre Lisboa e o Rio de Janeiro; porém, ela pôde ser reconstituída a partir de várias fontes: o registro de seu passaporte, no início de dezembro de 1818, quando de sua chegada ao Rio de Janeiro, no Registro de Estrangeiros da Intendência de Polícia que, além da data, afirma que ele se destinava a ser funcionário na casa de Paulo Martin (filho); a publicação, pela *Gazeta do Rio de Janeiro*, dos nomes dos barcos que tinham chegado nesse período; a confirmação dos nomes dos barcos correspondentes a essas datas na carta, datada de 8 de fevereiro de 1819, de Luís Joaquim dos Santos Marrocos, cf. *Cartas do Rio de Janeiro, op. cit.*, p. 416; os documentos conservados pelo Arquivo Histórico Ultramarino (AHU) de Lisboa.

Imagem 39. Mapa marítimo da costa do Brasil (detalhe). Gravura original da *Encyclopédie de l'abbé Raynal*, 1780. Coleção J.-J. Bompard.

Afortunadamente, os veleiros *Visconde de Montalegre* e *São José Félix*, navegando em paralelo, foram poupados pelos caprichos atmosféricos, assim como pelos piratas. Em sua chegada ao Rio de Janeiro, soube-se que outros navios, em sua travessia no mesmo período, tiveram menos sorte. Foi o que também Luís Joaquim dos Santos contou em carta a seu pai,[8] referindo-se à perda de quatro veleiros no final de 1818, um deles em consequência de sua captura por piratas.

A duração da viagem – 56 dias no caso do *Visconde de Montalegre* – não deixou de ser fastidiosa para os passageiros. Logo que o navio entrou em alto-mar, o ritual da vida a bordo se impôs: a observação das manobras empreendidas pela tripulação, as caminhadas de um lado ao outro do navio e as conversas no convés, a comida sempre igual, o tempo para leitura e também o medo, suscitado pelos fenômenos da natureza.

O que pensaria então o jovem livreiro *briançonnais* que, pouco antes de embarcar, fora ainda informado da morte de seu pai? Pode-se imaginar que vislumbrava o enigma do futuro a se revelar no Novo Mundo e que se interrogava se permaneceria ali apesar de todas as mudanças que teria pela frente. Pode-se ainda especular que a contemplação da imensidão do cosmos desvelada em sua plenitude, à noite, talvez o tenha levado a invocar sua "boa estrela". Pura suposição, por certo, pois nada indica que o jovem livreiro tenha se interessado por astrologia – de resto, condenada pela teologia, conforme lhe ensinara especialmente o *Compêndio do Dicionário dos casos de consciência de Pontas*, o condensado do dicionário francês, traduzido e editado em Lisboa,[9] incluído mais tarde no catálogo de sua livraria, em 1825.

---

[8] Marrocos, 2008, p. 416.
[9] *Compêndio do dicionário dos casos de consciência de Pontas*. Lisboa, Viúva Bertrand, 1794, t. 1, pp. 220-221.

De toda forma, tal exercício não teria abalado sua confiança: nascido sob o signo de Aquário com ascendente em Touro, seu "céu" pessoal sugeria um espírito disposto a olhar o futuro com otimismo, e uma natureza inclinada à superação dos obstáculos com método e a certo êxito social e material. Enfim, esta é apenas uma maneira de evocar, hoje, alguns dos principais traços de seu caráter.

Quando da viagem, os livros não deveriam faltar em sua bagagem; talvez ela incluísse um exemplar de *Os Lusíadas*, a obra épica e emblemática de Luís de Camões que ele viria a comercializar no Rio de Janeiro, na edição de Morgado de Mateus, de 1817 – a mais célebre dentre as que foram editadas na França por Firmin Didot. Livro cujo conteúdo de exaltação das conquistas marítimas dos portugueses era oportuno:

> Já no largo Oceano navegavam
> As inquietas ondas apartando;
> Os ventos brandamente respiravam,
> Das naus as velas côncavas inchando;
> Da branca escuma os mares se mostravam
> Cobertos, onde as proas vão cortando
> As marítimas águas consagradas,
> Que do gado de Proteu são cortadas.[10]

Após oito semanas de navegação, como, na época, só era possível determinar a posição em longitude do navio de maneira aproximada, a perspectiva de se avizinhar da costa do Brasil devia ser assinalada. Os signos do aviso eram os indícios de vida observados pela tripulação na superfície do oceano e no céu. Percebida a costa, os dois veleiros devem tê-la margeado por certo tempo até Cabo Frio, antes de entrar na baía de Guanabara (Imagem 40) e atingir o Rio de Janeiro, onde lançaram âncoras próximo ao cais em 2 de dezembro de 1818, conforme registrou a *Gazeta do Rio de Janeiro* na edição do dia 5 desse mês (Imagem 38).

---

[10] Luís de Camões. *Os Lusíadas* (Canto I, estrofe XIX). Edição de Morgado de Mateus. Paris, Firmin Didot, 1817.

Imagem 40. Baía de Guanabara e o Pão de Açúcar vistos do jardim público. Desenho de H. Taunay. *In*: H. Taunay & F. Denis, 1822. Coleção família Bompard.

Imagem 41. Antigo imóvel da região da rua da Quitanda (na rua do Carmo). Fotografia de J.-J. Bompard.

O tempo então dispensado ao controle dos passageiros e às primeiras intervenções alfandegárias, ainda a bordo, permitiu ao livreiro Paulo Martin, avisado da chegada do navio, obter informações e se preparar para receber seu jovem primo, 18 anos mais novo que ele. Foi fácil, assim, identificá-lo em meio ao pequeno número de passageiros, malgrado o efeito surpresa que costuma engendrar um primeiro encontro.

Com a bagagem do jovem já colocada em uma carroça, os dois primos tiveram uma pequena distância a percorrer do cais até os números 33-34 da rua da Quitanda, onde Paulo Martin tinha sua livraria e sua residência. Hoje, nesse local se encontra um imóvel moderno, embora algumas construções próximas dali ainda possam testemunhar como eram as antigas habitações (Imagem 41).

Jean-Baptiste Bompard preparou-se então para conhecer a cidade e confrontar a realidade com a representação que os relatos e testemunhos haviam sugerido à sua imaginação.

Na véspera de iniciar uma vida nova, a umidade do verão austral e a agitação de seu espírito sem dúvida lutaram por algum tempo contra a necessidade que ele sentia de aplacar a fadiga da viagem. Amanhã seria outro dia.

9

A EDIÇÃO, O LIVRO E O BRASIL A CAMINHO DA INDEPENDÊNCIA (1819-1822)

Quando, em dezembro de 1818, o funcionário de livraria Jean-Baptiste Bompard iniciou-se ao lado de Paulo Martin, é provável que o pouco que sabia sobre a condição de seu primo no Rio de Janeiro lhe inspirasse certa impaciência. Afinal, tinha pressa em descobrir o que ocupara seu espírito durante as semanas que passou no mar: a livraria, os jornais e outros itens, a clientela, as tarefas a cumprir e, principalmente, o que viria a lhe revelar seu novo contexto de vida.

Dez anos após a chegada da Corte portuguesa ao Brasil, a população da cidade do Rio de Janeiro havia mais que dobrado, já ultrapassando 100 mil habitantes, dos quais, cerca de metade eram escravos. Segundo a listagem formulada pela intendência de polícia em 1817, nesse total incluíam-se 899 estrangeiros, entre os quais 352 ingleses, 220 espanhóis e 180 franceses,[1] cuja inegável influência não advinha de superioridade numérica.

Mediante o contato diário com os clientes da livraria, o recém-chegado foi se familiarizando com as convenções, o ritual e os hábitos de uma sociedade que se construía com base em uma economia tributária da escravidão.

---

[1] "Mapa dos Estrangeiros cujos nomes são descritos nos livros da matrícula feita pela Intendência Geral da Polícia até o dia 30 de novembro de 1817". Rio de Janeiro, Biblioteca Nacional, m. 11, 22.059 (1763-1822).

Diferentemente da frugalidade típica no Briançonnais, ele descobriu também a generosidade de uma natureza que proporcionava uma profusão de recursos: diversos tipos de frutas – como bananas, abacaxis, limões, figos, goiabas, mangas, laranjas, e também ameixas, maçãs e morangos (estes, aclimatados com dificuldade pelo conde de Gestas) –, além de legumes, especiarias, peixes, com frequência carne de caça, e até mel de abelhas silvestres.

Imagem 42. Rio de Janeiro visto do terraço de São Bento.
F. Denis, 1837. Coleção J.-J. Bompard.

A cidade do Rio de Janeiro, espremida à beira-mar, no coração de um cenário luxuriante que combina de modo pitoresco montanhas, colinas e picos, oferecia um espetáculo espantoso (Imagem 42) aos viajantes e novos residentes, suscitando-lhes o mesmo encantamento e a curiosidade de conhecer suas paisagens mais admiráveis. A começar pelo Pão de Açúcar, que domina soberbamente a baía com seus quase 400 metros de altura (Imagem 43). Já o Corcovado, com mais de 700 metros, era acessível, àquela época, por um caminho seguido de uma trilha, com frequência escorregadia, traçada entre moitas e árvores. Pode-se imaginar que o jovem de Briançon não tardou a fazer sua escalada, sentindo-se feliz em retomar um exercício que lhe fora familiar nos

Alpes. Talvez tenha tido, assim como relataram os membros da expedição Freycinet, em 1817, a sorte de se deparar com um dos últimos espécimes do aí[2] que viviam nos flancos da montanha.

Imagem 43. A baía e a igreja da Glória. Desenho de J. Arago. Coleção J.-J. Bompard.

Quanto aos livreiros da praça do Rio de Janeiro, sua atividade desenvolvera-se consideravelmente desde a chegada da Corte portuguesa. Contavam então mais de uma dezena, e os anúncios que publicavam na *Gazeta do Rio de Janeiro* nos permitem recuperar seus nomes. Os mais antigos eram: Paulo Martin (rua da Quitanda), Francisco Luís Saturnino da Veiga (rua da Alfândega), Manuel Joaquim da Silva Porto (rua da Quitanda), Manuel Jorge da Silva (rua do Rosário), Manuel Mandillo (na frente da Capela dos Terceiros), Domingos da Cunha Pinheiro (rua do Ouvidor) e José Antônio da Silva (rua Direita). Depois, outros se deram a conhecer: Jerônimo Gonçalves Guimarães (rua do Sabão), João Batista dos Santos (rua da Cadeia) e José Lopes Coelho Coutinho (rua do Ouvidor). Sem contar alguns negociantes não especializados que, em função das oportunidades, juntavam a seus inventários de livros, novos ou usados, a venda de estampas ou papel.

---

[2] Em língua tupi-guarani, o aí é um pequeno mamífero da espécie das preguiças que vivem nas florestas do Brasil, as quais mantêm pouca atividade e se alimentam de folhas pobres em vitaminas e ricas em acidez.

No final de janeiro de 1819, a decisão real de exonerar os livros importados de todas as taxas alfandegárias foi uma medida que favoreceu não só a atividade dos livreiros, como também a ampliação da oferta, a fim, sem dúvida, de estimular o acesso aos livros e à instrução.

Desde o início de 1819, o balconista Jean-Baptiste Bompard teve a possibilidade de se tornar conhecido por grande parte da clientela da livraria de Paulo Martin, depois que este seu primo fez publicar um anúncio, em 30 de dezembro de 1818, convidando os assinantes da *Gazeta do Rio de Janeiro* a comparecer em sua loja a fim de renovar suas assinaturas para o semestre seguinte. Uma consulta a esses anúncios nos fornece, de outro lado, indicações sobre algumas das obras que então se encontravam à venda naquela livraria. Entre elas, foram anunciadas em 1819: uma *Bíblia em latim e português* em seis volumes (16 de janeiro); a obra *Elementos de anatomia* em dois volumes, impressa em Coimbra (6 de fevereiro); um *Almanaque náutico* (17 de abril); um anúncio sobre o jornal *O Patriota*, vendido desde 1813 pela livraria e uma seleção de 19 obras militares (manuais, regulamentos, instruções – 12 de maio); um repertório de leis extraordinárias de Portugal (2 de outubro) e os três volumes da obra *Conhecimento prático dos medicamentos* (27 de novembro). Em 1820, há anúncios de obras religiosas (29 de março), libretos ou programas das peças de teatro e de música apresentadas no teatro São João (26 de agosto), além de uma *História do Brasil* em oito volumes, ilustrada com gravuras – cujo oitavo volume, que compreende o período de 1807 a 1820, foi "oferecido a [...] D. Pedro de Alcântara, Príncipe Real" –, vendida por 11$200 réis (18 de outubro).

Outros livreiros também se dirigiam aos leitores da *Gazeta do Rio de Janeiro*, propondo-lhes edições pouco comuns: em 26 de agosto de 1820, Francisco Mandillo anunciou que estavam à venda em sua loja uma obra sobre o teatro britânico, de Inchbald, em 25 volumes, e *Obras de Pope*, em nove volumes, ambas em inglês, além de *A história das viagens*, de La Harpe, em 24 volumes, em francês. Por sua vez, Jerônimo G. Guimarães anunciava a venda de alguns livros de medicina, um deles sobre doenças venéreas, de Benjamin Bell (26 de fevereiro de 1820), e de um *Compêndio histórico e universal de todas as ciências e artes*, ilustrado (2 de setembro de 1820).

Enfim, observa-se que Paulo Martin solicitou ao Desembargo do Paço a autorização para imprimir a *Notícia histórica da vida e das obras de José*

A EDIÇÃO, O LIVRO E O BRASIL A CAMINHO DA INDEPENDÊNCIA (1819-1822) | 163

Haydn,[3] tradução para o português do discurso de Le Breton; publicada em 1820, essa obra foi referida como "o primeiro livro sobre música editado no Brasil",[4] vendida a algumas dezenas de assinantes pertencentes, a um ou a outro título, à elite da clientela.

Pode-se relacionar essa edição com a presença no Brasil, entre 1816 e 1821, do organista e compositor austríaco Sigismund von Neukomm, que organizou durante sua estada um festival em memória de seu mestre Joseph Haydn. O crescente interesse pela música, manifestado por uma parte da população, possibilitou, em 1821, a abertura de uma loja de artigos e de instrumentos musicais, por iniciativa do cidadão francês Fontaine.[5] Mesmo com a criação dessa loja e, mais tarde, outra, a Ferguson & Crockatt, Paulo Martin e Jean-Baptiste Bompard vendiam regularmente partituras musicais à sua clientela.

Em 1819, dando sequência ao desejo de dom João VI de aumentar a colonização europeia, 849 imigrantes suíços, vindos de Roterdã, desembarcaram no Rio de Janeiro nos meses de novembro e dezembro (*Gazeta do Rio de Janeiro* de 4 e 18 de dezembro de 1819). Eles chegariam a um total da ordem de dois milhares e povoariam a vila de Nova Friburgo, situada a cerca de 170 quilômetros do litoral. Posteriormente, famílias alemãs e italianas também vieram para o Brasil em condições parecidas.

Naquele mesmo ano, o porto do Rio de Janeiro, que constituía o melhor indicador do aumento do intercâmbio comercial e do desenvolvimento da cidade, registrou a chegada de 563 navios. Entre eles, 32 embarcações de comércio francesas (um terço do total do tráfego do Brasil – *Gazeta do Rio de Janeiro*, 24 de maio de 1820). No entanto, o acompanhamento sanitário da população permanecia uma preocupação constante do governo, que publicava regularmente as estatísticas de vacinação – em 1820, na *Gazeta*, as dos anos de 1811 a 1819; e na edição de 21 de abril de 1821, a estatística de 1820).

Foi então que uma sucessão de acontecimentos, com consequências ainda insuspeitadas, iria provocar, em menos de dois anos, uma profunda trans-

---

[3] Analisado por Lucia Maria Bastos P. das Neves em *Corcundas e constitucionais: A cultura política da Independência (1820-1822)*. Rio de Janeiro, Revan/Faperj, 2003, pp. 107-108.

[4] Cf. Camargo & Moraes, 1993, n. 715, vol. 1, p. 238.

[5] Ferreira, 1994, p. 285.

formação nas relações entre Portugal e o Brasil, e colocar seus respectivos destinos em uma nova perspectiva.

Os livreiros-editores, na condição de divulgadores da imprensa e das correntes de ideias, estiveram em primeiro plano entre os observadores das mudanças que se prenunciavam, nas quais alguns deles se envolveriam, como foi o caso de Paulo Martin.

A REVOLUÇÃO LIBERAL DO PORTO DE 1820 E OS ACONTECIMENTOS POSTERIORES

Com Portugal livre da ocupação francesa e a volta da paz na Europa, verificou-se uma conspiração em 1817, em Lisboa, cujo objetivo era libertar o país da tutela britânica à qual se sujeitara.

O complô – urdido por militares e alguns notáveis, parte dos quais ligados à franco-maçonaria – foi duramente reprimido, o que aliviou a situação de lorde Beresford, o verdadeiro detentor do poder, que se dirigiu então ao Brasil para uma missão de mediação.

Aproveitando sua ausência, enquanto esse general já empreendia a viagem de volta a Portugal, um movimento denominado Revolução Liberal eclodiu na cidade do Porto em 24 de agosto de 1820. Estimulado, sem dúvida, pelo exemplo da sublevação ocorrida na Espanha no início daquele ano, tal movimento era motivado pela rejeição à tutela britânica e pela ausência de dom João VI, que permanecia no Brasil, bem como pela situação de morosidade de Portugal se comparada à que prevalecia na antiga colônia desde a abertura dos portos ao comércio mundial, em 1808.

Dirigida por representantes de diferentes segmentos das camadas sociais superiores – a nobreza, o exército, o clero, o comércio –, a rebelião se estendeu até Lisboa, onde constituiu, em setembro de 1820, uma "Junta Provisional do Governo Supremo do Reino", cujas reivindicações concentravam-se na elaboração de uma Constituição e na restauração do Pacto Colonial, que defendia a "recolonização do Brasil".

Quando as notícias dessa revolução chegaram ao Rio de Janeiro, em 17 de outubro de 1820, uma edição extraordinária da *Gazeta do Rio de Janeiro* foi posteriormente dedicada ao evento (em 9 de novembro), contendo o texto de

A EDIÇÃO, O LIVRO E O BRASIL A CAMINHO DA INDEPENDÊNCIA (1819-1822) | 165

uma proclamação, datada de 29 de agosto de 1820, assinada por cinco parti-dários do rei que denunciavam o "horrível crime da rebelião contra o poder e a autoridade legítima do soberano". Seguiam-se declarações de fidelidade de diferentes órgãos constituídos e de personalidades.

Tratava-se, porém, de uma vã tomada de posição. Outras forças agora se manifestavam, tornando inelutável a propagação da onda de insubor-dinações que se levantava: em 1º de janeiro de 1821, a província do Pará aderiu à sedição constitucionalista de Portugal e, em 21 de fevereiro, o movimento chegou à Bahia.

A fim de ganhar tempo, dom João VI cogitou enviar seu filho, dom Pedro, como emissário a Lisboa, o que chegou a formalizar por decreto datado de 18 de fevereiro (cuja publicação, divulgada em 23 de fevereiro, foi posta à venda no dia seguinte na livraria de Paulo Martin).[6] Mas as tensões aumentaram ainda mais quando, na madrugada de 26 de fevereiro,[7] os militares – o 11º batalhão de infantaria, os artilheiros e a cavalaria – seguiram para a antiga praça do Rocio a fim de exigir, em razão das circunstâncias, o reforço de seus recursos. A assembleia, convocada com urgência ao auditório do teatro de São João, viu surgir o príncipe regente dom Pedro, que leu em voz alta uma mensagem com a qual dom João VI esperava tranquilizar seus "vassalos" no Brasil acerca de sua intenção de ratificar a Constituição que estava sendo elaborada em Portugal.[8]

Essa declaração foi recebida com aclamações e uma salva de artilharia, que partiu da ilha das Cobras. Depois, o soberano, acompanhado pelo príncipe regente, desceu da Quinta da Boa Vista até o Paço da cidade, onde, após de-monstrações de júbilo público, recebeu grande número de pessoas para o ritual do beija-mão. Transcorrido algum tempo, publicou-se uma lista de doadores constituída em prol da "valorosíssima tropa" da guarnição do Rio de Janeiro por sua corajosa atitude de 23 de fevereiro.[9] A lista reunia mais de 500 nomes,

[6] *Gazeta do Rio de Janeiro*, 24 de fevereiro de 1821.
[7] *Gazeta do Rio de Janeiro*, 28 de fevereiro de 1821.
[8] A *Gazeta do Rio de Janeiro* relatou esses fatos e publicou, no mesmo dia, o decreto de dom João VI, datado de 24 de fevereiro, pelo qual declarava tomar as medidas para aprovar a Constituição que era preparada em Lisboa.
[9] "Para uma gratificação a toda a honrada e valorosíssima tropa da Primeira Linha da Guarnição do Rio de Janeiro", 26 de fevereiro de 1821. Rio de Janeiro, Biblioteca Nacio-nal, v. c. 792, Rg. 6.850.

cujos donativos variavam de quatro mil a um milhão de réis. Nela constava o livreiro Paulo Martin, com uma doação de 100 mil réis.

Os signatários cujos nomes figuravam nessa lista, em sua maioria comerciantes, entendiam assim manifestar sua determinação em defender seus bens e a presença da Corte no Brasil, garante de sua condição.

Foi nesse contexto que dom João VI assinou, em 2 de março de 1821, um decreto suspendendo a censura e instaurando o princípio de uma liberdade de imprensa, apresentada como "uma etapa notável da história portuguesa". Essa disposição deu lugar à votação de uma lei pelas Cortes de Lisboa, em 14 de julho de 1821, publicada no Rio de Janeiro em 20 de outubro do mesmo ano. Ela teria, conforme veremos adiante, efeito imediato sobre a difusão das ideias, o desenvolvimento da imprensa e o surgimento de grande número de impressos.

Assim implementado, o processo determinou ainda que se elegessem deputados com assento nas Cortes para examinar e adotar a primeira Constituição do reino. Eleições foram realizadas em 8 de abril de 1821 nas diferentes paróquias do Rio de Janeiro. Segundo as disposições em vigor, tratava-se de eleger "compromissários" (como se fossem árbitros) incumbidos de designar eleitores, eles próprios eleitores da Câmara – enfim, deputados das Cortes.

O livreiro Paulo Martin apresentou sua candidatura nessa eleição pela paróquia de Santa Rita, e, ao fim da votação, ocorrida nas instalações do vizinho mosteiro de São Bento, foi eleito um dos compromissários (15º entre 31).[10] A jornada prosseguiu com a nomeação de sete eleitores, entre os quais Joaquim José Pereira de Faro, sócio de Martin na companhia de seguros Tranquilidade, e terminou no fim da tarde com um te-déum na igreja de Santa Rita.

Depois, em 21 de abril, convocou-se uma reunião à Praça do Comércio (atual Casa França-Brasil) para designar os brasileiros que teriam assento na Assembleia Constituinte. Iniciado de maneira confusa, o encontro resvalou para a violência depois que alguns participantes reivindicaram, ao mesmo tempo, a instauração de uma Constituição liberal, a manutenção do poder real no Brasil e a salvaguarda do conteúdo dos cofres públicos. Chamados para controlar as tensões, os militares intervieram com brutalidade, suscitando viva reprovação – fato que perduraria na memória coletiva.

---

[10] *Gazeta do Rio de Janeiro*, 14 de abril de 1821.

Considerando a situação, em 22 de abril de 1821[11] dom João VI decretou a nomeação de seu filho dom Pedro como príncipe regente do Brasil, e no dia 26 do mesmo mês embarcou para Portugal, onde chegou em 3 de julho, seguido por alguns navios e com uma quantia proveniente dos cofres públicos. Assim terminou a permanência de 13 anos de dom João VI no Rio de Janeiro. Nos últimos instantes antes da partida, ele lamentou ter de deixar o Brasil, terra pela qual sentia verdadeira afeição.[12]

Ao longo dos meses seguintes, as Cortes de Lisboa intimaram várias vezes o príncipe regente dom Pedro a retornar a Portugal, mas em vão. No Brasil, com efeito, na expectativa de promulgação da Constituição portuguesa – que seria aprovada em 23 de setembro de 1822 –, a perspectiva de um rebaixamento do país a seu antigo estatuto de colônia de Portugal transformara os espíritos. Tal sentimento se exprimiu no chamado "dia do Fico": por ocasião de uma audiência, em 9 de janeiro de 1822, um requerimento redigido em 29 de dezembro de 1821 foi apresentado a dom Pedro, incitando-o a não atender aos decretos que determinavam sua volta a Portugal, e a permanecer no Brasil, a fim de que o Estado preservasse de modo inalienável suas atribuições, embora mantendo laços fraternos com Portugal.

Imagem 44. Retrato de dom Pedro I por Henrique José da Silva, *c.* 1823. Coleção e fotografia: Museu Imperial de Petrópolis.

Esse documento reunia a assinatura de oito mil pessoas; número considerável que recebeu comentários por revelar, segundo se dizia, um nível elevado de alfabetização: 56% da população adulta e livre.[13]

---

[11] *Gazeta do Rio de Janeiro*, 26 de abril de 1821.
[12] Cf. Neves, 2009a.
[13] Neves, 2003, p. 88.

168 | LIVREIROS DO NOVO MUNDO

Ao fim da audiência, dom Pedro acolheu esse requerimento com uma resposta que se tornou histórica: "Como é para bem de todos, e felicidade geral da nação, estou pronto: diga ao povo que fico".[14]

Assim se confirmou esse fato nacional brasileiro, embora nesse mesmo dia já se constatasse a ideia de independência. O processo se desenvolveu durante o ano de 1822, com algumas peripécias e, sobretudo, com o manifesto de 1º de agosto de 1822, pelo qual o príncipe regente, em nome da união do Brasil, declarou como inimigas as tropas portuguesas estacionadas nas províncias do Sul.

Por fim, em 7 de setembro, a partir do Ipiranga, dom Pedro declarou-se a favor da independência, com o grito "Independência ou morte". O qual não foi verdadeiramente ouvido[15] até ser exaltado, em 20 de setembro de 1822, pelo jornal *O Espelho*. Depois, ao oficializar a separação do Brasil da metrópole, já no Rio de Janeiro, ele se autoproclamou "imperador constitucional e defensor perpétuo do Brasil", em 12 de outubro de 1822. Sua coroação como dom Pedro I ocorreu em 1º de dezembro (Imagem 44).

A EDIÇÃO, A IMPRENSA E A ATIVIDADE DO LIVREIRO PAULO MARTIN EM 1821 E 1822

Marcantes na história do Brasil, os anos de 1821 e 1822 abriram um novo espaço para o desenvolvimento e a expressão das atividades da edição e da imprensa, alimentado pelas manifestações de opinião, por vezes virulentas, suscitadas pelas mudanças políticas e constitucionais do período.

O fim da censura e a adoção de disposições sem precedentes em favor da liberdade de imprensa, primeiro no Brasil, com o decreto de 2 de março de 1821, e depois pelas Cortes de Lisboa no mês de julho, resultaram, com efeito, na criação de uma profusão de jornais, folhetos e panfletos dedicados aos temas, aos debates e às controvérsias suscitados pelas mudanças que se anunciavam.

---

[14] O texto da Câmara foi publicado na *Gazeta do Rio de Janeiro* (2º suplemento de 15 de janeiro de 1822) e na edição de 22 de janeiro de 1822 de *O Espelho*.

[15] Lucia M. Bastos P. das Neves. "O grito que não foi ouvido". *Revista de História da Biblioteca Nacional*, n. 48, set. 2009b, pp. 18-21.

Nessas circunstâncias, as publicações que surgiram, entre elas algumas de caráter efêmero e produzidas com recursos rudimentares, tinham em comum alardear, segundo a sensibilidade de seus redatores, certa militância, enquanto faziam o aprendizado do confronto de opiniões.

Em sua grande maioria, elas veiculavam, num primeiro momento, mensagens favoráveis à ideia de um império luso-brasileiro, e participavam da divulgação de alguns princípios constitucionais no contexto do que se denominaria "a regeneração política", sempre fornecendo a seus leitores os elementos necessários à apreciação da situação delineada, em fins de abril de 1821, com o retorno de dom João VI a Lisboa.

Mas depois o tom se elevou, à medida que se tornava distante o sonho de unidade que associara em uma base "fraterna" Portugal e Brasil. Assim, no início de 1822, as manifestações de opinião se exacerbaram ao se cogitar que a separação dos dois países deveria ser considerada. Para muitos periódicos e folhetos, tornou-se então primordial explicar como o Brasil conceberia sua independência.

Foi nesse período, crucial para o futuro do Brasil, que o livreiro Paulo Martin e seu colega Manuel Joaquim da Silva Porto foram particularmente ativos, ocupando, graças às suas iniciativas, posições de destaque na profissão.

Sem dúvida desejoso de evidenciar sua posição pessoal, Paulo Martin publicou, na *Gazeta do Rio de Janeiro* (3 de março de 1821), um anúncio em que, liberando-se da referência tutelar a seu pai, falecido oito anos antes – e sob a qual ele sempre comerciara –, informava que, a partir de 17 de março, passaria a exercer suas atividades de comerciante sob a denominação social e a assinatura de "Paulo Martin", em vez de "Paulo Martin, filho".

Ainda em março, quando se organizava a eleição dos deputados chamados a ocupar as Cortes a fim de se pronunciar sobre o texto da primeira Constituição portuguesa, Martin anunciou[16] o lançamento de um folheto intitulado *A Constituição Explicada*, cujo conteúdo facilitava a compreensão dos princípios constitucionais com base nos textos em preparo, enquanto, por seu lado, o clero incluía em seus sermões a "transmissão de valores de um certo ideal político".[17] Poucos dias depois, em 27 de março, Paulo Martin publicava na

---

[16] *Gazeta do Rio de Janeiro*, 14 de março de 1821.
[17] Cf. Neves, 2003, p. 98.

Gazeta do Rio de Janeiro um anúncio sobre a venda de um novo periódico, *O Bem da Ordem*, descrito como órgão voltado a "instruir os cidadãos sobre seus direitos e deveres na nova ordem constitucional"; e, de outra parte, sobre o lançamento do terceiro número do *Conciliador do Reino Unido*, periódico redigido por um inspetor de instituições literárias, originário da Bahia, que, embora bastante conservador e pouco favorável à liberdade de imprensa, inaugurava com seu jornal uma abordagem polêmica do debate de ideias,[18] sempre em defesa da ponto de vista da conciliação entre Portugal e Brasil.

Semanas depois, em maio de 1821, Paulo Martin inovou ao divulgar, pela primeira vez sob a forma de um documento de informação independente, uma "notícia" (Imagem 45), impressa pela Impressão Régia,[19] sobre uma lista de 40 documentos – "folhetos constitucionais" – que sua loja acabara de receber de Lisboa, transportados pelo navio *Vasco da Gama*, entre os quais destacamos: *O Constitucional Justificado*, *Constituição Espanhola em Portugal* ou *Diálogo sobre o Futuro Destino de Portugal*.

Imagem 45. "Notícia". Paulo Martin, 1821. Rio de Janeiro, Acervo da Fundação Biblioteca Nacional.

Um texto de apresentação precedia a nomenclatura desses folhetos, e nele Paulo Martin expunha que se podia encontrar igualmente em sua loja números

---

[18] Ana Paula Goulart Ribeiro. "A imprensa da Independência e do Primeiro Reinado", 2007, p. 4.

[19] Referido em Camargo & Moraes, 1993, vol. 1 (n. 906); esse impresso é considerado o primeiro a ter sido editado de modo independente – até ali, a prática era torná-lo anexo a um documento. Observa-se, porém, que houve precedentes: em 1811, por iniciativa de Manuel Antônio da Silva Serra (*op. cit.*, vol. 1, p. 245), e, antes dele, em 1810, Paulo Martin fizera inserir uma lista de livros anexa ao *Plutarco Revolucionário* (*op. cit.*, n. 172 e n. 245), o que era inovador.

das três "Gazetas" publicadas na Bahia: *A Idade de Oiro, Minerva Bahiense* e *Semanário Cívico*, assim como algumas coleções do *Diário das Cortes* – das origens à edição de 12 de abril de 1821. Informava ainda aceitar assinaturas para o *Diário da Regência* (transformado em *Diário do Governo* em julho, após o regresso de dom João VI a Lisboa), e vender exemplares do *Correio Marítimo* de Lisboa, a fim de que "o público conheça imediatamente o que se passa nas Cortes sem precisar ser informado aos bocados".

Meses mais tarde, impressa já pela Imprensa Nacional (que, em agosto de 1822, substituíra a Impressão Régia), Paulo Martin divulgou, também sob a forma de documento independente, uma lista de mais de 80 títulos:[20] "Notícia de algumas obras modernas e constitucionais chegadas modernamente à loja de Paulo Martin". Ela incluía principalmente livros e impressos que tratavam de assuntos políticos e constitucionais relacionados aos acontecimentos recentes, mas também reflexões filosóficas sobre liberdade e igualdade.

Em 1º de junho de 1821, um novo periódico foi lançado, o *Diário do Rio de Janeiro*. À margem do debate político, esse jornal se dedicava a anúncios de caráter particular (vendas de livros e de outros tipos de bens, vendas por leilão, locações, objetos perdidos, oferta de amas de leite, venda ou fuga de escravos etc.), além de outras seções (informações meteorológicas, preços de mercadorias, programações de teatro). Explicou-se no primeiro número que os anúncios privados seriam publicados gratuitamente e que o correspondente e distribuidor do jornal era Manuel Joaquim da Silva Porto – que se destacaria ao publicar, na edição de 12 de julho de 1821, um soneto dirigido a Sua Majestade. Em 28 de julho, o *Diário do Rio de Janeiro* informava ter reunido mais de mil assinantes.

A *Gazeta do Rio de Janeiro* reagiu a essa concorrência ao anunciar condições de assinatura mais atraentes a seus leitores – no essencial, um aumento da periodicidade sem alteração do preço. Quanto a Paulo Martin, empenhado em defender sua posição, ele fez publicar em 1º de agosto de 1821 um anúncio em nome de sua livraria nas colunas do *Diário*.

Foi então que disputas por influência no entorno do príncipe regente dom Pedro, talvez por questões de ordem política ou filosófica cujo teor se desconhece, puseram fim ao direito de distribuição da *Gazeta do Rio de Janeiro* por Paulo

---

[20] Camargo & Moraes, 1993, vol. 1, n. 908 [1822].

Martin, após 13 anos de exclusividade. A própria *Gazeta* publicou essa informação, em 2 e 4 de agosto de 1821, alegando como motivo "para maior comodidade do público, por ser posição mais central". E prosseguia: os proprietários da *Gazeta do Rio de Janeiro* transferem as vendas "da loja do livreiro Paulo Martin para a do livreiro Manuel Joaquim da Silva Porto", onde darão prosseguimento às assinaturas em curso. Explicação pouco convincente tendo em vista a proximidade entre as duas livrarias, ambas situadas na rua da Quitanda.

Seja como for, novas publicações continuaram a se multiplicar: em 1º de outubro de 1821, surgiu o periódico *O Espelho*,[21] emblemático do período 1821-1823, lançado por iniciativa de Manuel Ferreira de Araújo Guimarães – já conhecido como redator da *Gazeta do Rio de Janeiro* (entre 1812 e 1821) e de *O Patriota* (criado em 1813).

O Espelho posicionava-se abertamente como partidário do imperador, que teria até mesmo publicado ali alguns artigos, de forma anônima. Desde o lançamento, sua distribuição fora confiada a Paulo Martin. E, nos meses que se seguiram, esse jornal se tornou, de modo discreto e hábil, o mensageiro das ideias que levariam à independência do Brasil.

Outro periódico característico do período, o *Revérbero Constitucional Fluminense*, surgiu em 15 de setembro de 1821, mas interrompeu sua publicação em 8 de outubro de 1822, após exaltar as ideias de independência em reação às pretensões portuguesas.

A abundância de novas publicações não teve, todavia, efeitos no posicionamento da *Gazeta do Rio de Janeiro*. Em 17 de maio de 1821, o jornal eliminou o cabeçalho com a citação de Horácio, porém conservou seu caráter de órgão oficial. Publicava as declarações do príncipe regente, como em 28 de abril de 1821, bem como os textos do projeto de Constituição portuguesa (em setembro e outubro de 1821). E da mesma forma, os balanços mensais das "receitas e despesas" do Tesouro Público (como em 20 de junho e 2 de outubro de 1821), os quais – uma característica da época – passaram a incluir um importante parágrafo sobre as receitas provenientes da pesca da baleia, cujo óleo era empregado havia cerca de 40 anos na iluminação pública, e ainda na construção, para dar liga às misturas com areia, e isto mesmo depois do surgimento do cimento, que custava caro.

---

[21] *Idem*, vol. 1, n. 842, pp. 276-277.

Desde então sem vínculos com a *Gazeta do Rio de Janeiro*, Paulo Martin continuou, entretanto, a ela recorrer para seus negócios. Por exemplo, em 20 de outubro de 1821, ali publicou a oferta de venda de uma edição em português do livro *Sistema das leis sobre seguros marítimos*, e depois, em 10 de novembro de 1821, conjuntamente com seu confrade João da Silva dos Santos, um anúncio sobre o recém-lançado periódico *Alfaiate Constitucional*, qualificado de "obra crítica e jocosa". No entanto, ele não negligenciou a oportunidade de publicar anúncios no *Diário do Rio de Janeiro*; como, em 1º e 23 de agosto de 1821, respectivamente, sobre o lançamento do *Balanço da receita e despesa do Real Erário* de junho e das *Cartas econômico-políticas sobre a agricultura e o comércio da Bahia*, de autoria de um deputado das Cortes. Continuou, enfim, a utilizar frequentemente esse veículo para anúncios comerciais até fins de 1823, e nisso foi seguido por seu primo Jean-Baptiste Bompard, que manteve essa prática até o final de 1827.

Ainda em 8 de janeiro de 1822, Martin recorreu à *Gazeta do Rio de Janeiro* para informar sobre o surgimento de dois novos periódicos, o *Compilador Constitucional* e o *Literário Braziliense*, também vendidos por assinatura.

Enquanto o número de jornais crescia de modo espetacular, o mundo dos livros, já liberado do cerceamento da censura, se abria à venda de obras que, até então, tinham sido colocadas no índex. Em 10 de novembro de 1821, Paulo Martin publicou na *Gazeta do Rio de Janeiro* que dispunha de uma edição em francês do *Contrato social*, de Rousseau, explicando que se tratava de obra "outrora proibida", mas que nas novas circunstâncias poderia ser de grande interesse; "com rica encadernação", estava à venda por 4$000 réis. Alguns historiadores não deixaram de observar que o intervalo entre essa oferta e o fim da censura seria insuficiente para que uma encomenda pudesse ser encaminhada a Portugal e resultar na entrega do livro no Rio de Janeiro – a não ser que Paulo Martin já dispusesse da obra para venda às escondidas, apesar da proibição.[22]

Já Manuel Joaquim da Silva Porto foi responsável por uma iniciativa extraordinária ao criar, em julho de 1821, a primeira oficina tipográfica privada do Rio de Janeiro, a fim de complementar a capacidade de produção, já insuficiente, da Imprensa Nacional. Em março de 1822, ele obtéve a licença para explorá-la, sob a

---

[22] Neves, 2011, p. 17.

insígnia de Oficina Silva Porto e Companhia.[23] Ao mesmo tempo, ele anunciou, na *Gazeta do Rio de Janeiro* de 9 de abril, a distribuição de um novo periódico, o *Correio do Rio de Janeiro*, que se perfilava na linha das publicações favoráveis à emancipação do Brasil; e na *Gazeta* de 18 de julho de 1822 informou que já era possível se tornar assinante de um outro periódico, o *Macaco Brasileiro*.

Nos meses seguintes, a *Gazeta do Rio de Janeiro*, sempre atuando como órgão oficial de informação, publicou uma sucessão de textos e declarações que pontuavam o caminho percorrido até a independência no plano político e institucional – sobretudo a Proclamação da Independência pelo príncipe regente, em 12 de outubro de 1822, a proclamação de dom Pedro como imperador e "defensor perpétuo do Brasil" e sua coroação em 1º de dezembro desse ano. Deixaria de circular em 22 de dezembro de 1822, sendo substituída nessa data pelo *Diário do Governo*.

Já Paulo Martin e Jean-Baptiste (ou João Baptista) Bompard por certo ignoravam até então que seu primo Balthazard Borel (Anexo 6), livreiro em Nápoles havia cerca de 20 anos – a quem se juntara havia pouco outro primo deles, Charles Bompard (Anexo 7) –, mandara imprimir, em 1820, um importante catálogo de livros (em francês, italiano e latim), com um total de 406 páginas que listavam mais de 8.900 títulos – um exemplar desse catálogo consta dos arquivos da Biblioteca Nacional da França, em Paris.[24]

O catálogo revela como esses livreiros originários da região de Briançon contribuíram, em seus países de adoção – milhares de quilômetros distantes um do outro –, para a difusão muitas vezes das mesmas obras, participando, assim, da circulação das ideias e do compartilhamento de uma cultura comum destinada a certa elite intelectual. Entre os autores ou obras elencados, de um lado e outro do oceano, podem ser sucintamente citados: bíblias e livros religiosos; obras científicas; *Histoire de Napoléon depuis sa naissance* [História de Napoleão desde seu nascimento]; *Histoire du Brésil* e *Histoire de la guerre d'Espagne et du Portugal* [História do Brasil e História da Guerra de Espanha e Portugal], ambas de Beauchamp; o *Dictionnaire historique et critique* [Dicionário histórico e crítico], de Bayle; inúmeras obras de autores clássicos franceses (Fénélon, Bossuet, Voltaire, Corneille, La Fontaine, Racine, Rousseau, além dos moralistas e prosadores franceses, que perfaziam 150

---

[23] *Idem*, p. 10.
[24] Balthazard Borel. *Catalogo dei Libri francesi ed italiani*, 1820.

volumes, entre outros). Incluíam-se ainda: *Os Lusíadas*, de Luís de Camões; obras do abade Raynal e de Lesage; um dicionário francês-português; *Voyage de La Pérouse autor du monde* [Viagem de La Pérouse ao redor do mundo]; o *Journal de voyage* [Diário de Viagem], de Maria Graham; *Oeuvres* [Obras], de La Harpe; *Moeurs, histoire et coutumes du Japon* [Hábitos, história e costumes do Japão], de Breton; as obras de Volney e volumes de autores gregos e latinos.

No Brasil, a *Gazeta do Rio de Janeiro* informara, em 20 de janeiro de 1821, que Ignacio Ratton,[25] neto do *briançonnais* Jacome (Jacques) Ratton (ver capítulo 2), promovido a cavaleiro da Ordem de Cristo em 19 de agosto de 1820, havia se tornado sócio de seu sogro, Francisco Xavier Pires,[26] na empresa formalmente criada por este em 1º de janeiro de 1821 sob o nome Francisco Xavier Pires & Cia. Conhecido por ter sido um dos ricos negociantes da cidade, Pires figurava em 1823, ao lado de Paulo Martin, como acionista do Banco do Brasil.[27] Depois da morte do sogro, em 1826, Ignacio Ratton seguiu uma brilhante carreira no mundo do comércio e da economia, como banqueiro e membro da Sociedade dos Assinantes da Praça do Comércio do Rio de Janeiro (detentor da assinatura). Foi também um dos cinco redatores do Código Comercial, em 1832.

Enfim, no segundo semestre de 1822 – depois que os acontecimentos de 1821 e 1822 deram, sem dúvida, um novo impulso a seus negócios –, Paulo Martin decidiu transferir sua livraria para novo endereço. Foi também por essa época que ele propôs a seu primo Jean-Baptiste Bompard, há quatro anos trabalhando a seu lado e já então plenamente a par das atividades da livraria, que se tornasse seu sócio.[28]

---

[25] Seu pai era Henri Joseph (nascido em Lisboa em 1769, filho de Jacome Ratton, originário do Monêtier), que trabalhou como sócio ao lado dele, antes de se retirar a Mâcon [na Borgonha] com suas irmãs, ao ser obrigado a deixar Portugal.

[26] Ignacio Ratton casara-se em Lisboa com Madalena Pires, em 15 de agosto de 1820, e, após a morte da esposa em 1826, desposou a irmã dela, Teresa, em 1827.

[27] Cf. "Convocação dos acionistas do Banco do Brasil à assembleia geral de 20 de dezembro de 1823" (lista com 97 nomes).

[28] Não há documento que comprove que, no final de 1822, Jean-Baptiste Bompard havia se tornado sócio de seu primo Paulo Martin. No entanto, a família dispõe do testemunho do doutor Léo Bompard, neto de Jean-Baptiste Bompard, que indica em sua "Mémoire" (memórias), escrita entre 1912 e 1917, com base na transmissão oral dessa disposição, que seu "avô se tornou sócio do primo", muito provavelmente por ocasião da mudança de endereço da livraria, em 1822, antes de vir a sucedê-lo em 1824, após a morte de Martin.

10

DE PAULO MARTIN A JEAN-
-BAPTISTE BOMPARD, 1822-1824

Imagem 46. Igreja de Santa Rita. Fotografia de J.-J. Bompard.

Quando, em 1822, Paulo Martin decidiu deixar a rua da Quitanda e transferir sua livraria para outro ponto da cidade, sua escolha recaiu sobre a paróquia de Santa Rita, cuja igreja, fundada em 1721 e elevada à condição de paróquia em 1751, é uma das mais bem preservadas do Rio de Janeiro. Ela reúne diversos elementos de decoração (nave, azulejos, retábulos, lavabo em mármore, sala do consistório – Imagem 46) que justificaram seu tombamento, em 1938, como patrimônio nacional.

Contando na época com uma população de mais de 12 mil habitantes, a metade da qual era de escravos, essa paróquia conheceu, desde o início dos anos de 1800, um desenvolvimento considerável, graças em parte a sua localização, em uma das áreas mais movimentadas da cidade e próxima ao porto, assim como às ruas Direita (atual Primeiro de Março) e da Quitanda, ao Arsenal da Marinha e ao trajeto mais utilizado em direção à Prainha e ao Valongo.

Em 1814, uma sucessão de discórdias opusera a paróquia de Santa Rita à igreja de Santa Ana, ali próxima, que, lamentando o crescimento acelerado de sua vizinha, pediu ao governo que se criasse uma nova paróquia.[1] Os sacerdotes de Santa Rita protestaram com firmeza, alegando a possibilidade de perderem boa parte de seus recursos. Por fim, com a ordem de modificar os limites da jurisdição, um decreto decorrente da arbitragem de dom João VI concedeu a Santa Rita um terreno desmembrado da paróquia da Sé, a título de indenização.

Em outubro de 1822, Paulo Martin e seu primo Jean-Baptiste Bompard instalaram seu negócio no número 14 da rua dos Pescadores, em Santa Rita, onde também passaram a residir, bem próximo ao cais e à alfândega.

A área dessa jurisdição paroquial incluía muitos comerciantes e representantes de várias profissões. Era também local de residência de diversos notáveis. Foi, por exemplo, no número 79 da rua dos Pescadores que se hospedou, entre 16 de setembro e 19 de outubro de 1823, a escritora e viajante inglesa Maria Graham, em sua segunda visita ao Rio de Janeiro, iniciada em 13 de março. Nesse período, ela mostrava interesse pelas bibliotecas e livrarias da cidade,[2] e em 3 de maio visitou um livreiro brasileiro, do qual não citou o nome, mas que comercializava principalmente livros de literatura francesa – era, provavelmente, Paulo Martin. Depois, em 16 de outubro, esteve na então Real Biblioteca, onde conheceu a coleção do conde da Barca, adquirida em 1822 pela soma, precisou ela, de 15:530$900 réis.

Paulo Martin, sempre citado como o livreiro mais conhecido da cidade, à frente de Manuel Joaquim da Silva Porto e dos outros 11 livreiros registrados, publicou os primeiros anúncios de livros e afins, já com o novo endereço, no *Diário do Rio de Janeiro* de 14 de janeiro de 1823 – referente à obra *L'Art d'aimer ou Préceptes et règles à suivre pour plaire aux dames et au beau sexe* [A arte de amar ou Preceitos e regras a seguir para agradar às damas e ao belo sexo] –, e o segundo uma semana depois, em 21 de janeiro, acerca do decreto de criação do "Batalhão do Imperador", além do projeto de reforma da Magistratura e do decreto que dispunha sobre as viúvas e órfãos dos oficiais da Marinha.

Em outra frente, foi no número 9 de *O Espelho* (18 janeiro de 1823) que Martin anunciou o lançamento do "Regulamento Interno da Câmara dos Comuns (de Londres) para esclarecer os deputados da Assembleia Geral

---

[1] Augusto Maurício de Queiroz Ferreira. *Templos históricos do Rio de Janeiro*, 2. ed. Rio de Janeiro, Gráfica Laemmert, 1946, p. 177.

[2] Maria Graham, 1824.

Constituinte e Legislativa do Império do Brasil, contendo o modo de funcionamento da Câmara, as regras do debate, as discussões sobre os projetos de lei", que se encontrava à venda em sua livraria, assim como na de Jerônimo Gonçalves Guimarães e na "loja da *Gazeta*". Ele comunicava ainda que o periódico *O Espelho* continuava disponível em sua livraria, bem como nas de outros quatro confrades.

Ocorre que, dois anos depois de ter sido criado, o *Diário do Rio de Janeiro* se tornara o veículo privilegiado para a publicação de anúncios gerais, os quais começavam com os referentes a livros que se encontravam à venda ou recentemente publicados.[3] E, seguindo uma prática iniciada em 1808, esse jornal publicava também apelos a donativos em favor do Tesouro Público ou de qualquer outra campanha oficial.

Desse modo, no início de 1823 abriu-se uma subscrição "a todo cidadão" que desejasse ser útil (decreto de 24 de janeiro), em paralelo com a publicação das listas de doadores;[4] o objetivo era permitir ao Brasil formar uma Marinha de guerra à altura de suas necessidades, já que a partida de dom João VI deixara o país sem recursos suficientes. Até onde pesquisamos, nenhuma dessas publicações possibilita afirmar que o livreiro Paulo Martin constou do grupo desses signatários, o que, entretanto, parece bastante provável, uma vez que alguns meses depois (*Diário do Rio de Janeiro* de 20 de outubro de 1823) seu nome foi citado com referência a um donativo de 10 mil réis na sequência de uma subscrição lançada em 25 de junho de 1823 em prol "das pessoas que voluntariamente subscreverem e pagarem pela edificação de cinco arcos [de triunfo] que serão instalados pelo glorioso e memorável dia 12 de outubro de 1822, data da aclamação do primeiro e imortal imperador constitucional do Brasil, senhor Pedro I, e também do aniversário desse mesmo augusto senhor".

---

[3] Entre os numerosos anúncios, vale destacar: (a) entre os relativos ao comércio de escravos, a prática, hoje conhecida como "locação de mão de obra" (*aluguéis*: 4 de fevereiro de 1823; 28 de fevereiro de 1824) e a revenda de escravos "ganhadores" pelo proprietário de uma fazenda, pelo motivo de que não se adaptavam ao trabalho agrícola (27 de fevereiro de 1824); e (b) entre os assuntos gerais, a venda de uma fábrica de velas [para barcos] (25 de fevereiro de 1823), de uma fábrica de algodão (27 de fevereiro de 1823) ou de ações do Banco do Brasil (4 de março de 1824).

[4] Entre outros anúncios, consultar o *Diário do Rio de Janeiro* dos dias 18 e 23 de fevereiro de 1823.

Por ocasião da coroação de dom Pedro I, celebrada em 1º de dezembro de 1822, foi emitida uma moeda de ouro com sua efígie, na qual constava o ano de 1822, e com valor de face de 6.400 réis.[5] Qualificada de "moeda da coroação", teve apenas 64 exemplares, um dos quais está exposto no Museu Nacional, no Rio de Janeiro. Pouco tempo depois, a emissão, em número maior, de uma moeda similar, datada de 1823, levou Jean-Baptiste Bompard a adquirir um exemplar, com o qual ele montou um broche (Imagem 47).

Imagem 47. Reverso da moeda de ouro com a efígie de dom Pedro I (1823). Coleção família Bompard, fotografia de J.-J. Bompard.

De março de 1823 ao fim do ano, os anúncios publicados no *Diário do Rio de Janeiro* pela livraria de Paulo Martin mantiveram um dinamismo constante. Entre os muitos livros colocados à venda ou recém-lançados, é possível destacar: volumes e manuais para os *Ofícios da Semana Santa* (26 de março), "novelas modernas e de bom gosto", como *Os dois amigos ou Perigos da riqueza* (29 de abril), obras sobre o *Funcionamento das Assembleias Legislativas* (26 de junho), uma série de livros sobre "jogos de azar e de sociedade" ou ainda *Pelotiqueiro desmascarado ou completa exposição de todas as surpreendentes habilidades de mãos* (25 de novembro).

Para concluir essa breve listagem, quando um pequeno grupo de redatores, entre os quais se incluía Luís Joaquim dos Santos Marrocos, foi encarregado por dom Pedro I de elaborar um novo projeto de Constituição, Paulo Martin anunciou também a venda de edições de circunstância, tais como: um *Compêndio do Governo Constitucional*, contendo, entre outros temas: Constituintes

---

[5] Moeda de ouro com a efígie de dom Pedro I, emitida por decreto de 1822 pela Casa da Moeda do Rio de Janeiro. Ela deve sua raridade à tiragem de apenas 64 exemplares; outras surgiriam, como em 1823, com o mesmo valor de face (6.400 réis), e depois com valores menores até 1830. A que foi adquirida por Jean-Baptiste Bompard é semelhante à de 1822 e tinha o mesmo valor de face. Pesando 14,34 gramas de ouro, foi emitida em 1823 e teve 931 exemplares. Somadas todas as emissões, o total de peças chegou a 3.266 unidades. A moeda reproduzida consta da referência 0.598 em: C. Amato, I. S. Neves & A. Russo. *Livro das moedas do Brasil: 1643 até o presente*, 12. ed. São Paulo, Edição dos Autores, 2008.

em Cortes; Origem e necessidade dos poderes; Liberdade de pensar e limites da liberdade da imprensa; Origem dos impostos. Esse anúncio apareceu em 13 de dezembro de 1823, e deve ter sido o último publicado pelo livreiro, cujo estado de saúde parece ter se agravado a partir de então. Seu nome ainda constou da lista de acionistas do Banco do Brasil convocados para a Assembleia Geral de 20 de dezembro de 1823.[6] De outro lado, não se via mais seu nome na lista dos candidatos que se apresentaram ao sufrágio dos eleitores da paróquia de Santa Rita em 22 de dezembro de 1823, ao lado dos 17 que haviam sido eleitos "compromissários" em 14 de abril de 1821.

Desde então, Paulo Martin não mais se manifestou, mas sua livraria prosseguiu as atividades sob sua égide até que Jean-Baptiste Bompard fizesse publicar, no *Diário do Rio de Janeiro* de 17 de abril de 1824, o seguinte aviso: "J.-B. Bompard, morador na rua dos Pescadores n. 14, testamenteiro do falecido sr. Paulo Martin, roga a todas as pessoas que tiverem dado obras, ou outros papéis, para vender na sua loja, hajam de as ir buscar, ou seus produtos, com toda a brevidade possível".

Vítima, sem dúvida, de uma das epidemias que episodicamente grassavam na cidade, Paulo Martin, então com 45 anos, morreu provavelmente em março de 1824. Sua certidão de óbito e o testamento, que formulara em favor de seu primo Jean-Baptiste Bompard, não puderam ser consultados devido a seu mau estado – os arquivos correspondentes foram danificados em razão da má preservação no ambiente saturado de umidade do litoral do Brasil.[7]

Uma lamentável coincidência fez com que, no início daquele mesmo mês de março, chegasse ao Rio de Janeiro a notícia da morte, ocorrida em 6 de dezembro de 1823,[8] em Lisboa, de João José Martin, um dos irmãos de Paulo,

---

[6] "Exposição Histórica e Crítica da Sessão da Assembleia Geral dos Acionistas do Banco do Brasil" feita em 20 de dezembro de 1823 na Imprensa Nacional, Rio de Janeiro, p. 7 (cf. coleção da John Carter Library).

[7] Arquivo da Cúria Metropolitana do Rio de Janeiro, freguesia de Santa Rita, óbitos mistos: E 503 (1820-1832), onde tais documentos foram presumivelmente arquivados e preservados.

[8] Falecimento de João José: IAN/TT, Registros Paroquiais, Lisboa, Registros de óbitos, 6 de dezembro de 1823, folha 72 (Igreja dos Mártires). Com a morte de João José Martin, seus irmãos Paulo (Agostinho) e Luís Justino foram designados seus herdeiros. Paulo Martin morreria pouco depois; assim os irmãos sobreviventes, Inácio e Luís Justino, figuraram em representação de Paulo na sucessão de João José, falecido anteriormente. Arquivos IAN/TT/Registro Geral de Testamentos, livro 275, folha 64, 64 v., cf. Curto *et al.*, 2007, p. 321.

Imagem 48. Retrato do livreiro Paulo Martin (filho), Rio de Janeiro. Pelo que se sabe, o desenho original teria sido executado em torno de 1820 e colorizado em 1845, na França, por iniciativa de Jean-Baptiste Bompard. Coleção família Bompard, fotografia de J.-J. Bompard. [p. 157]

que vivera com ele no Brasil, sem que se saiba se o livreiro do Rio de Janeiro chegou a ter conhecimento desse fato antes de falecer.

Sozinho desde então, designado como herdeiro universal de Paulo Martin,[9] Jean-Baptiste Bompard concentrou o patrimônio que recebeu do primo, bem como aquele que já conseguira formar, nos bens imóveis e no comércio da livraria. É provável que ele tenha sido obrigado a transferir as ações do Banco do Brasil e a participação de Paulo Martin na companhia de seguros Tranquilidade em obediência às regras em vigor, que reservavam essa posse aos nacionais luso-brasileiros.

Como única lembrança de seu falecido primo, Jean-Baptiste conservou o esboço a lápis de um retrato de Paulo Martin, feito em torno de 1820, que levou para a França. Posteriormente, em 1845, fez realçar suas cores (Imagem 48) e o inseriu na moldura de um espelho que adquirira no Brasil, com outros objetos de valor, cujos detalhes registrou no dorso em madeira desse quadro, onde se pode ler: "Este espelho foi comprado com sua moldura pela soma de 10$000 réis, bem como um par de esporas[10] ao custo de 11$950 réis, em prata 344, e um anel de ouro, que custou 10$800 réis".

Há seis anos no Brasil, aos 27 anos, Jean-Baptiste Bompard passou, desde então, a exercer a atividade de livreiro-editor em seu próprio nome.

[9] A designação de Jean-Baptiste Bompard como herdeiro universal de Paulo Martin foi corroborada por seu neto, o doutor Léo Bompard, em sua "Mémoire".
[10] Naquela época, o estado rudimentar das vias de transporte exigia o uso de cavalos para os deslocamentos para fora da cidade (cf. J. M. Rugendas. *Viagem pitoresca através do Brasil*, 5. ed., p. 26). Jean-Baptiste Bompard provavelmente comprou essas esporas para uso próprio.

11

A LIVRARIA DE JEAN-BAPTISTE BOMPARD (1824-1827)

Após a morte de seu primo Paulo Martin, a primeira preocupação de Jean-Baptiste Bompard foi, evidentemente, a de assegurar o prosseguimento das atividades da livraria, em uma sucessão para a qual ele, sem dúvida, tinha se preparado ao longo de algumas semanas. Doravante, ele precisava fazer-se registrar sem demora sob o título de livreiro, medida que exigia certas formalidades, sobretudo na Secretaria de Estado dos Negócios Estrangeiros.

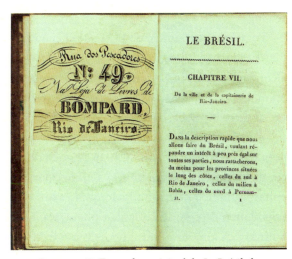

Imagem 49. Exemplar original de *Le Brésil*, de H. Taunay & F. Denis (1822), com a etiqueta da livraria de Jean-Baptiste Bompard. Coleção família Bompard, fotografia de J.-J. Bompard.

Entrementes, com os negócios seguindo seu curso, ele fez publicar anúncios no *Diário do Rio de Janeiro* apenas com o endereço da loja (rua dos Pescadores, 14), como é possível constatar na edição de 25 de maio de 1824 desse jornal, acerca da venda de livros sobre artes, letras e filosofia.

Um mês antes, em 25 de abril de 1824, quando as últimas unidades da Armada portuguesa foram obrigadas a se retirar das províncias do Sul que ainda se submetiam à sua ocupação, o Brasil se fizera dotar de uma Constituição. A redação da Carta, parcialmente inspirada em ideias de Benjamin Constant, instaurou uma forma de concentração de poderes nas mãos do imperador, que, ao colocar em prática esse texto fundamental, não foi capaz de evitar os riscos de uma inclinação ao absolutismo; ela seria sancionada sete anos mais tarde, com sua abdicação.

Mera coincidência, no mesmo dia da assinatura da Constituição, em decorrência de inépcia, o Real Teatro de São João foi destruído por um incêndio ao final de uma apresentação do "Oratório de São Hermenegildo". Um novo teatro, o São Pedro de Alcântara, seria inaugurado em 1826, em seu lugar.

Foi também no início de 1824 que chegou ao Rio de Janeiro o parisiense Pierre Plancher, livreiro e editor de obras de Voltaire e Benjamin Constant, além de livros sobre Napoleão. Tendo expressado abertamente, na França, opiniões bonapartistas e liberais, ele teve de interromper o andamento de várias de suas publicações, e encontrou asilo no Brasil.[1]

A venda de seus negócios na França lhe permitiu abrir sua própria tipografia no Rio de Janeiro. Em 26 de abril de 1824, ele publicou um aviso em português no *Diário do Rio de Janeiro* a fim de se apresentar ao "respeitável público da capital", do qual esperava merecer a confiança. Depois, contando com sua oficina tipográfica, fundou, em 28 de junho desse mesmo ano, um novo periódico, *O Spectador Brasileiro*, que publicava na condição de "editor-livreiro de Sua Majestade Imperial". Nas páginas do jornal, sob a assinatura de "Francês-Brasileiro", ele se manifestou como ardente defensor da Independência do Brasil, exprimindo, com seu apoio à "edificação" de sua pátria de adoção, reconhecimento ao imperador pela "acolhida tolerante" que lhe reservara.

Em 6 de agosto de 1824, Plancher publicou em seu jornal o anúncio de uma loteria, sediada em sua loja, cujos prêmios consistiam na maioria em

---

[1] Lima-Barbosa, 1923, pp. 286-299.

livros franceses (de autores como Buffon, Voltaire, Rousseau, e também livros de história). Depois de outras notas acerca da venda de livros franceses, inseridas em 14 e 20 de maio de 1824 no *Diário do Rio de Janeiro*, afirmou, já em *O Spectador Brasileiro* (11 de agosto de 1824), que pretendia dar uma dimensão maior a seu estabelecimento no Rio de Janeiro, propondo-se a formar alunos em sua tipografia.[2] Foi assim que teve a seu serviço, no final de 1824, o francês Hercule Florence, recém-chegado ao Brasil,[3] que permaneceu em seu estabelecimento por quatro meses, até partir com a expedição Langsdorff rumo a longínquas regiões do país. Florence viajou com ela durante três anos, voltando com uma série de desenhos, hoje conservados pela Biblioteca Nacional da França. Em seu retorno ao Rio de Janeiro, dedicou-se a diferentes experiências como inventor, algumas das quais – com emprego de nitrato de prata – prefiguraram a técnica da fotografia, da qual poderia ter sido considerado um pioneiro, se não tivesse sido precedido por Niepce e Daguerre. Seja como for, segundo algumas fontes, suas pesquisas não deixaram de suscitar o interesse de diversos livreiros influentes do Rio de Janeiro.[4]

Nesse contexto, Jean-Baptiste Bompard não tardou a se relacionar com Pierre Plancher, conforme revela o *Diário do Rio de Janeiro* de 2 de setembro de 1824, mediante um anúncio de abertura de subscrições para a obra *L'Empire du Brésil*, de La Beaumelle, traduzida para o português, cuja saída do prelo da tipografia de Plancher tinha sido programada para 12 de outubro, data do aniversário de Sua Majestade imperial. As subscrições deveriam ser feitas, durante o mês de setembro, na livraria de Bompard e nas de dois de seus confrades, Luís F. Braga e José P. do Prado. O mesmo aviso apareceu depois, em 10 de setembro de 1824, em *O Spectador Brasileiro*. Ambas as

---

[2] Mais tarde, em anúncio publicado na edição de 3 de agosto de 1825 n'*O Spectador Brasileiro*, Pierre Plancher ofereceu dois postos de trabalho na própria tipografia (de impressor e de tipógrafo) para assistir seus empregados contratados.

[3] Florence chegou ao Brasil a bordo do *Marie-Thérèse*, navio da Marinha real francesa que partira para uma viagem de circum-navegação. Cf. Lima-Barbosa, 1823, pp. 300-307.

[4] Cf. Boris Kossoy. *Hercule Florence: A descoberta isolada da fotografia no Brasil*. 3. ed. São Paulo, Edusp, 2006. Entre os que teriam se interessado pelos trabalhos de Florence, Kossoy refere-se em seu livro a um bloco contendo cópias de cartas – ou rascunhos – que teriam sido enviadas para Jean-Baptiste Bompard, João Pedro da Veiga, Evaristo da Veiga, Favel & Zeise, Charles Taunay e o doutor Engler, todas datadas de 1832.

publicações mencionavam o novo endereço da loja de livros de Bompard – agora, no número 49 da rua dos Pescadores –, já informado, dias antes, em anúncio de livros publicado em 26 de agosto no *Diário do Rio de Janeiro*.

A transferência da livraria de Jean-Baptiste Bompard para um novo endereço, próximo ao anterior, foi sem dúvida motivada pela busca de uma localização mais atraente. Situado na confluência das ruas da Quitanda, da Candelária e Direita, o novo local era passagem rumo ao coração da cidade; também dava acesso ao mosteiro de São Bento e ao Arsenal da Marinha (Imagem 50).

Essa escolha de fato contribuiu para reforçar a posição de destaque de sua livraria, que, ao longo daqueles três anos (1824-1827), foi um dos principais anunciantes no *Diário do Rio de Janeiro* e n'*O Spectador Brasileiro* em seu ramo de atividade, com várias inserções a cada mês.

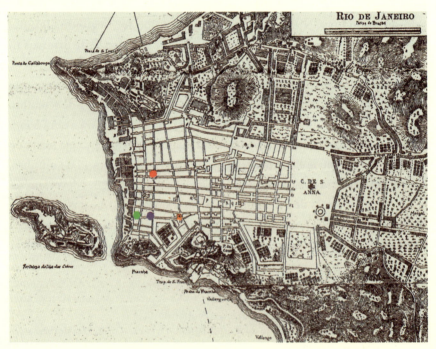

Imagem 50. Detalhe da planta do Rio de Janeiro (traçada em 1808), incluindo as localizações sucessivas da livraria de Paulo Martin (pontos vermelho e verde), da livraria de Jean-Baptiste Bompard (ponto azul) e da igreja de Santa Rita (ponto laranja). Coleção e fotografia de J.-J. Bompard.

O RETRATO DE JEAN-BAPTISTE BOMPARD
POR HENRIQUE JOSÉ DA SILVA

Em abril de 1824, então com apenas 27 anos, Jean-Baptiste Bompard decidiu encomendar a pintura de seu retrato – o que, na época, era uma maneira de demonstrar a posição ocupada, ainda mais para aqueles que tinham acesso a um artista oficial.

Cabe cogitar se, por solidariedade a seus honrosos compatriotas então presentes no Brasil, Jean-Baptiste Bompard não teria procurado um dos artistas entre os antigos membros da Missão Artística Francesa, ou ainda um especialista em retratos, como o francês B. Goulu,[5] que, ao se instalar na rua da Ajuda, anunciara seus serviços na *Gazeta do Rio de Janeiro* (23 de dezembro de 1818), informando ter tido "a honra de tirar o retrato de S. A. R. o Príncipe Real e os das Sereníssimas Senhoras Infantas, dos quais deu infinidade de cópias".

Mas, de fato, ele procurou o pintor Henrique José da Silva,[6] que, nascido em Portugal em 1772, onde se tornara conhecido como retratista, chegara ao Rio de Janeiro em 1819 com a recomendação de um ministro da Coroa, o barão de São Lourenço. Logo Silva manifestaria abertamente sua oposição aos artistas da Missão Francesa, o que provocou a partida de Nicolas Taunay ao fim de uma disputa por poder, cujo motivo era o cargo de diretor da Real Academia de Desenho, Pintura, Escultura e Arquitetura Civil, recém-criada. O pintor português obteve tal cargo por um decreto de 25 de novembro de 1820, conquistando ainda o posto de primeiro professor de desenho.

Além de esboços e de desenhos preparatórios para as matrizes de gravuras, Henrique José da Silva realizou suas primeiras pinturas sob dom João VI, a quem solicitou[7] que se pusesse à sua disposição um ateliê maior, pois o tamanho das obras que tinha sob encomenda se mostrava incompatível com o local onde trabalhava. Sua notoriedade se firmou sob dom Pedro I, para quem executou vários quadros, dos quais o mais importante se encontra exposto no Museu Histórico Nacional, no Rio de Janeiro.

---

[5] A biografia desse artista encontra-se em: E. Benezit. *Dictionnaire [critique et documentaire] des peintres, sculpteurs, dessinateurs et graveurs*. Paris, Gründ, [1976].

[6] *Idem.*

[7] Rio de Janeiro, Biblioteca Nacional, C.822-26.

O retrato de Jean-Baptiste Bompard, assinado e datado de outubro de 1824, é uma pintura a óleo sobre tela de 91 por 72 centímetros (Imagens 51 e 52). A posição do retratado assemelha-se à que se vê no quadro similar que ele realizou para o senador João Antônio Rodrigues de Carvalho,[8] que posou em seu ateliê, sentado na mesma cadeira em mogno do Brasil.

Imagem 51. Retrato de Jean-Baptiste Bompard. Óleo sobre tela por Henrique José da Silva (outubro de 1824). Coleção e fotografia de J.-J. Bompard.

Imagem 52. Detalhe da assinatura de Henrique José da Silva, com a data do quadro (abaixo, à direita). Coleção e fotografia de J.-J. Bompard.

É evidente que a realização de uma pintura assim exigia não apenas o pagamento de uma soma significativa,[9] mas também que o interessado fosse admitido entre os que tinham direito a solicitar os serviços de um artista que atuava como pintor da Casa imperial. Esse requisito e essa exigência têm um exemplo na encomenda de uma estampa com a efígie de dom Pedro I, para a qual se abrira uma subscrição em 1825, a qual foi apresentada pelos periódicos *O Spectador Brasileiro* e *Diário Fluminense*[10] da seguinte maneira, quando publicaram a lista dos 72 primeiros signatários:

---

[8] Esse retrato figura na coleção do Museu Nacional, no Rio de Janeiro. Falecido em 1840, Rodrigues de Carvalho foi enterrado no mosteiro de São Bento.
[9] O custo estimado era de mais de 200 mil réis.
[10] Esse anúncio foi publicado por diversas vezes nos jornais. Apareceu, por exemplo, n'*O Spectador Brasileiro* de 5 de outubro de 1825, com uma lista de 72 signatários e, mais tarde, no *Diário Fluminense* de 15 e 18 de abril de 1828, então com um rol de outros 40 signatários.

Rio de Janeiro: Lista dos assinantes que têm até agora concorrido para a subscrição da estampa do Retrato de S. M. o Imperador, a qual manda abrir em França o pintor da Imperial Câmara, Henrique José da Silva, tendo obtido para isso licença do Mesmo Augusto Senhor, que se dignou também honrar esta empresa com a Sua Proteção.[11]

Jean-Baptiste Bompard levou consigo esse seu retrato para a França em 1828. Desde então, o quadro permanece com a família, assim como as joias usadas pelo livreiro por ocasião da pintura do retrato: um anel, abotoaduras e uma pequena corrente com pedras preciosas brasileiras.

AS ATIVIDADES DO LIVREIRO JEAN-
-BAPTISTE BOMPARD (1824-1827)

Dando continuidade ao trabalho que realizara por seis anos ao lado de seu primo, Jean-Baptiste Bompard empenhou-se em consolidar as ofertas e a posição que tinham feito o renome da livraria. Em um ambiente em transformação, reforçou suas relações comerciais, no Rio de Janeiro, com a Imprensa Nacional e as tipografias privadas, como a de Pierre Plancher, e com outras de Lisboa, em parceria com os primos Martin.

No conjunto das ofertas de livros que apresentou no final de 1824 (abordadas adiante, acerca do catálogo), as obras em francês eram majoritárias. Todavia, talvez a fim de adaptar-se, seus anúncios nos jornais privilegiavam os títulos em português. Assim, no segundo semestre de 1824 podem ser destacados os seguintes livros e impressos, anunciados no *Diário do Rio de Janeiro*:

– Sobre medicina: *Elementos gerais de cirurgia médica, clínica e legal*, de J. da Costa (13 julho de 1824).

---

[11] Orlando da Costa Ferreira explicou que essa gravura do retrato de dom Pedro I fora encomendada ao gravador francês Urbain Massard – a partir de desenho de Henrique José da Silva –, que prometera executar o trabalho (a buril) num prazo de dois anos, mediante o preço de 6:400$000 réis, apenas quanto à gravura. O trabalho só foi entregue em 1831, e nele se utilizou a técnica do buril, e não a da litografia, o que contribuiu para sustentar o valor dessa tiragem, cujo preço unitário foi mantido em 20$000 réis (Ferreira, 1994, p. 42).

190 | LIVREIROS DO NOVO MUNDO

- Sobre religião: Sermões e cartas proféticas, mas também alguns panfletos satíricos: *Questão da moda, ou primeiro diálogo entre um médico e um frade; Impostura fradesca desmascarada; Que é o clero em uma Monarquia constitucional; Suspiros do claustro ou a queda do fanatismo* (26 de agosto de 1824).

- Sobre a franco-maçonaria: *Maçonismo desmascarado ou Manifesto contra os pedreiros livres; Catecismo dos pedreiros livres* (15 de setembro de 1824).

- Sobre questões da vida social: *Remédio para a pobreza, contra a fortuna, e contra a preguiça* e, também, *Reflexões sobre o pacto social*, acerca da Constituição de Portugal (24 de setembro de 1824).

- Sobre outros temas: *Reflexões sobre o atual regulamento do Exército de Portugal* (2 de outubro de 1824); *O diabo com botas ou o Borboleta arrenegado, Adelaide, novela africana; Dicionário francês-português* (11 de novembro de 1824), *Exorcismo contra epidemias e outros malefícios* (17 de novembro de 1824); e, por fim, em 13 de dezembro de 1824, o anúncio de um livro usado, *O jovem siciliano* – um novo tipo de oferta no estabelecimento do livreiro, mas já conhecida no de Pierre Plancher, que, desde 31 de março de 1824, no mesmo jornal, informara que vendia todo tipo de livro de segunda mão, uma prática que se tornaria desde então corrente na maior parte das lojas de livros da capital.

A LISTA DE LIVROS DOS IRMÃOS MARTIN EM 1825

No início de 1825, os irmãos Martin, Inácio Augusto e Luís Justino, fizeram editar pela Impressão Régia de Lisboa uma lista de livros que estavam à venda em sua loja, sob o título "Livros que se acham à venda na loja de Martin Irmãos, defronte do Chafariz do Loreto, número 6, em Lisboa"; ela constava como anexo do livro *Ortografia, ou Arte de escrever...*, de João de Moraes Madureira Feijó. Essa listagem expressa os vínculos estreitos mantidos pelos irmãos Martin com seu primo Jean-Baptiste no Rio de Janeiro e, mais precisamente, as trocas comerciais que se operavam por intermédio deles no mercado de livros entre Brasil e Portugal.

O anexo traz uma lista de 71 títulos de obras, 58 delas impressas em Lisboa, seis no Rio de Janeiro, três em Coimbra, duas no Porto, uma na

Bahia e uma em Londres. Quanto aos temas, incluem religião (15 títulos), moral e civilização (11), romances e poesia, gramática, ortografia, cartas (oito), medicina (seis), economia e comércio (seis), dicionários (quatro), além de volumes sobre aritmética, exército, direito, química e ciências naturais. Cabe observar ainda que 46 desses títulos (ou seja, dois terços deles) constaram do catálogo de 1825 da livraria de Jean-Baptiste no Rio de Janeiro, como é o caso de *Ortografia, ou Arte de escrever...*, de Madureira Feijó, impresso em Lisboa por iniciativa dos irmãos Martin em 1824 (Imagem 53). Um exemplar dessa obra apareceu ainda, como livro usado, em anúncio do *Diário do Rio de Janeiro* (21 de abril de 1825), à venda no estabelecimento de um comerciante da rua do Piolho.

Por tudo isso, tais observações nos levaram a examinar o conteúdo do catálogo da livraria de Jean-Baptiste Bompard, por constituir um documento de raro interesse histórico.

Imagem 53. *Ortographia, ou Arte de escrever...* Edição Martin Irmãos, 1824. Documento dos arquivos Bompard.

O CATÁLOGO DA LIVRARIA DE JEAN-
-BAPTISTE BOMPARD (1825)

Imagem 54. Capa do catálogo da livraria de Jean-Baptiste Bompard (1825). Rio de Janeiro, Acervo da Fundação Biblioteca Nacional.

O livreiro redigiu de próprio punho, datando-o de 1825, o catálogo completo de sua livraria da rua dos Pescadores, 49, intitulado "Catálogo de livros portugueses, franceses, italianos, alemães e espanhóis – 1825" (Imagem 54). O manuscrito está depositado na Biblioteca Nacional, no Rio de Janeiro.[12]

Esse documento apresenta-se a um só tempo como um inventário da livraria e uma lista completa das novas ofertas de livros, poucos meses após o estabelecimento ter passado à sua responsabilidade. Redigido ao longo do segundo semestre de 1824, o catálogo constou pela primeira vez de um anúncio em 7 de janeiro de 1825, publicado no *Diário do Rio de Janeiro*, onde, sob a rubrica "Obras Publicadas", o livreiro Bompard escreveu: "[...] na mesma casa encontram-se muitas novelas francesas, além das portuguesas, que se podem ver no catálogo, e também se acha alguma novela espanhola".

Esse catálogo nos fornece, hoje, uma informação excepcional sobre o que era, na época, o acervo de uma livraria do Rio de Janeiro, considerando-se essa que foi citada como tendo sido a mais importante da Corte.[13] O documento inclui, com efeito, 4.300 títulos, divididos em 340 páginas, constituindo um repertório cuja amplitude excede claramente o que se vê em outros lugares. A título de comparação, o catálogo do livreiro Pierre Plancher não reunia, em 1827, mais do que 317 obras, como lembrou Lucia M. Bastos P. das Neves, professora titular de história da Universidade do Estado do Rio de Janeiro, no texto que dedicou à análise do catálogo de

---

[12] Jean-Baptiste Bompard. "Catálogo de livros portugueses, franceses, italianos, alemães e espanhóis, 1825". Rio de Janeiro, Biblioteca Nacional, Divisão de Manuscritos, 14, 1, 15.
[13] Hallewell, 2005, p. 122.

Jean-Baptiste Bompard.[14] Um conteúdo cuja importância nos leva a elaborar uma apresentação sintética do documento.

Medindo 25 centímetros de altura por 20 de largura, encapado com pergaminho, o catálogo, subdividido em ordem cronológica, inclui oito rubricas distintas: "Mapas marítimos em inglês e outros", "Livros portugueses", "Livros franceses", "Livros franceses de medicina", "Livros espanhóis", "Livros italianos", "Livros alemães" e "Folhetos franceses".

–   Os *livros e impressos em francês* representam, incluídos os livros de medicina e os folhetos não encadernados, pouco mais de dois terços do catálogo. As obras dos grandes autores (clássicos e modernos da época) são numerosas; entre eles, Plutarco, Platão, Ovídio, Salústio, Cícero, Confúcio, Dante, Shakespeare, Maquiavel, La Fontaine, Molière, Racine, Corneille, Boileau, Buffon, Fénelon, Diderot, Rousseau, Saint-Simon, Montesquieu, Voltaire, Bossuet, Lesage, Bernardin de Saint-Pierre, Madame de Staël, Chateaubriand. Encontram-se aí, de outro lado, numerosas obras "práticas" (arte da alfaiataria, da cerâmica, da destilação e cerca de outras 40); atlas, condensados (de astronomia, história, dos cultos etc.), dicionários de natureza enciclopédica, tais como o *Dictionnaire des arts de peinture, sculpture et gravure* [Dicionário das artes da pintura, escultura e gravura], de Watelet, em cinco volumes, citado como "notável instrumento de informação" no livro *Imagem e letra*,[15] narrativas de amores célebres, biografias, cursos (de agricultura, literatura, comércio, retórica, matemática), códigos (penal, de comércio, napoleônico...), correspondências (de Rousseau, Luís XVI...), textos legislativos, relatos de campanhas militares (Bonaparte etc.), contos, bíblias, catecismos, outros dicionários (de línguas ou temáticos), dissertações (teológicas), ensaios (sobre costumes, princípios do direito, teoria dos números, Constituição e governo, *Essai sur les*

---

[14]   Os números acima são citados por Lucia M. Bastos P. das Neves, em "As Belas Letras na livraria de Jean-Baptiste Bompard (1824-1828)", *História*, vol. 32, n. 1, 2013, com base em análise realizada pelo historiador Marco Morel.

[15]   Ferreira, 1994, p. 269.

désavantages politiques de la traite des nègres [Ensaio sobre as desvantagens políticas da escravatura dos negros], de Clarkson, entre outros) sobre elementos (do comércio, da topografia, da pirotecnia), fábulas (La Fontaine...), guias (para juízes, pescadores, viajantes...), muitos livros de história (da filosofia, física e moral, da natureza, dos animais, da Rússia, da travessia dos Alpes por Aníbal, de Napoleão, do Brasil, das revoluções, da cavalaria, dos judeus – somando mais de 200 títulos); instruções (militares), lições (de navegação, mecânica...), memórias – como as de Duguay-Trouin (*in-12*), manuais (de artilharia, livraria, bancos, mineralogia...), novelas, poesia, obras épicas, coleções (Belas Artes...), sistemas (industrial, colonial, social...), sermões, tratados (botânica, mensuração, fortificações, navegação, mecânica...), teorias (logaritmos, estatísticas...), viagens (La Perouse [Austrália], o *Brésil* de Taunay...), peças de teatro, obras sobre promissórias, ornamentos de mulheres, pintura, decoração, relatos de vida (de santos...) – ou seja, no total, mais de 2.200 livros.

– Os *livros de medicina em francês*, com 473 títulos, também perfazem um número considerável sobre esse tema específico. Tem-se, desse modo, uma ideia bastante precisa do que, na época, se podia consultar e partilhar, de acordo com o nível de conhecimentos. Cursos, dicionários, estudos, ensaios (sobre as patologias, os fenômenos físicos, também os do mundo vegetal, a higiene), manuais (de farmácia, anatomia, cirurgia, doenças venéreas, epidemias...), tratados (sobre gota, convulsões, hemorragias, partos, doenças dos olhos...) e os tratamentos apropriados (varíola...).

– Ainda em francês, *Folhetos*, agrupados no fim do catálogo, eram constituídos de folhas de obras não encadernadas, segundo uma antiga prática de provisão dos livreiros, também encadernadores. Dessa listagem, com 182 títulos, cerca de 30 continham relatos da vida de Napoleão Bonaparte e de seu círculo (*Bonaparte démasqué*; *Les crimes de Napoléon*; *Discours sur le retour de Napoléon, le Grand*; *Considération impartiale sur la conduite du Maréchal Ney...* [Bonaparte desmascarado; Os crimes de Napoleão; Discursos sobre a volta de Napoleão, o Grande; Consideração imparcial sobre a conduta do Marechal Ney]).

- A maioria dos demais títulos em francês relacionava-se com instituições e a sociedade (*Droit des peuples et de la légitimité des souverains*; *Rétablissement des Bourbons*; *Réflexions sur la liberté de presse*; *Procès et mort de Louis XVI*; *De la meilleure Constitution à donner aux français...* [Direito dos povos e da legitimidade dos soberanos; Restauração dos Bourbons; Reflexões sobre a liberdade de imprensa; Processo e morte de Luís XVI; A melhor Constituição a ser dada aos franceses]). Por fim, vale destacar ainda, nessa lista, os curiosos *Adresse d'un patriote dauphinois à ses concitoyens* e *Le vote d'un dauphinois* [Mensagem de um patriota do Delfinado a seus concidadãos e O voto de um cidadão do Delfinado] – evidentes concessões do livreiro a sua província de origem.

- *Os livros em português* (em sua ortografia original) representavam, com 1.280 títulos, cerca de um terço do total do catálogo (Imagem 55). Embora vários dos grandes autores clássicos já estivessem presentes nas estantes da livraria reservadas às edições francesas, eles eram também oferecidos em traduções para o português (Horácio, Racine, Boileau, Corneille, Voltaire, Fénelon, Rousseau, La Fontaine, Ovídio, Buffon, Defoe, Homero...). Do mesmo modo, obras de outros autores estrangeiros, entre os quais alguns franceses, estavam disponíveis em edições em português, tais como: *Compêndio da obra da riqueza das nações*, de Adam Smith; *Extratos das obras políticas e econômicas do grande Burke*, de Silva Lisboa; *Resumo do sistema de medicina e tradução da matéria médica*, de Darwin; *Relação completa da campanha da Rússia em 1812*, de La Baume; *Tábuas sinóticas de química ou Compêndio de lições químicas para Escola de Paris*, de Fourcroy; *Elementos de história*, de Valmont; *Elementos de cirurgia*, de Sue; *Geometria*, de Bezout; *História universal*, de Millot; *Tratado completo de anatomia*, de Sabatier.

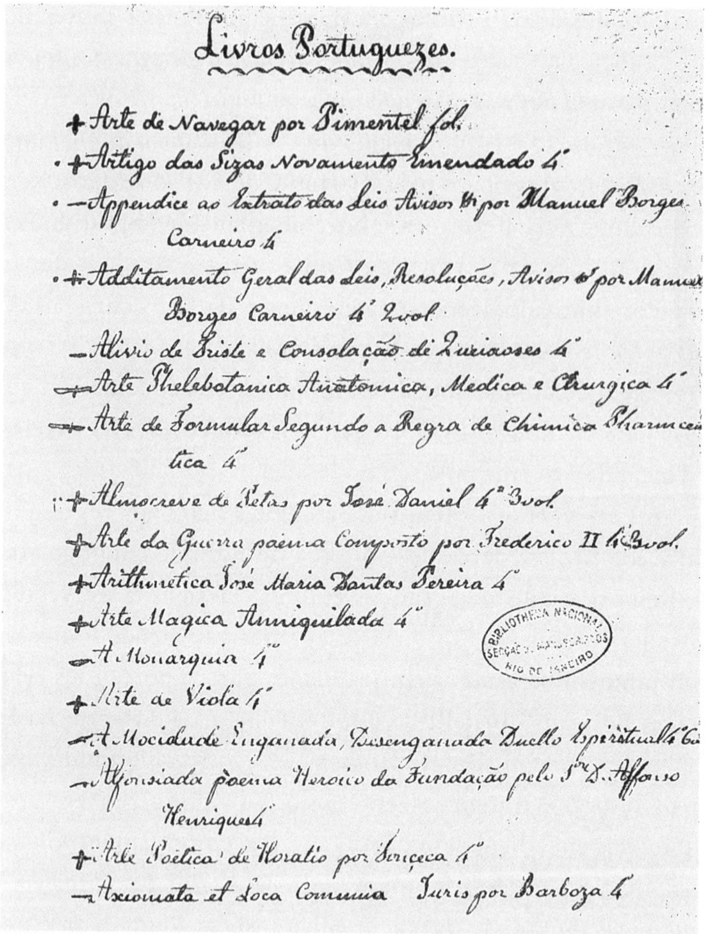

Imagem 55. Uma das páginas manuscritas do catálogo de J.-B. Bompard, 1825. Rio de Janeiro, Acervo da Fundação Biblioteca Nacional.

No entanto, a maioria dos livros e dos impressos que compõem essa parte do catálogo era composta por obras de autores lusófonos que tratavam de uma grande diversidade de gêneros ou especialidades. A título de ilustração, eis alguns exemplos selecionados por temas, em meio a centenas de títulos:

– Sobre a transmissão de alguns conhecimentos: *Tratado completo de navegação*, de Prego; *Memória sobre o método econômico de transportar para Portugal a aguardente do Brasil*; *Tratado sobre as partidas dobradas*; *Estudo de guitarra*, de Leite; *Extrato sobre os engenhos de açúcar do Brasil*; *Elementos da arte militar*, de Cardoso.

- No campo da medicina: *Elementos gerais de cirurgia médica, clínica e legal*, de Jacinto da Costa; *Compêndio de obstetrícia*, de Mazarem; *Discursos sobre a arte de curar*, de Almeida; *Memória sobre os prejuízos causados pelas sepulturas de cadáveres nos templos*.
- No campo jurídico: *Mapa cronológico das leis e mais disposições de direito português*, de Manuel Borges Carneiro; *Dissertações cronológicas e críticas sobre a história e a jurisprudência*, de João Pedro Ribeiro; *Definições e estatutos dos Cavaleiros de Cristo*.
- Sobre história: *História abreviada da descoberta e conquista das Índias pelos portugueses*.
- Sobre religião: *Sermões de São Bento e outros*; *Refutação dos princípios metafísicos e morais dos pedreiros livres iluminados*, de Macedo; *História crítica cronológica da Eucaristia*, de Ignacio Barbosa Machado.
- Sobre ciências e letras: *Memórias de matemática-física*, da Academia das Ciências de Lisboa; *Memórias de literatura portuguesa*, publicadas pela Academia Real das Ciências de Lisboa; *Arte nova da língua grega*, de Custódio de Faria; numerosos dicionários.
- Poesia, romances ou biografias: *Obras*, de Luís de Camões; *Obras poéticas*, de Tomás Pinto Brandão, de Gomes de Carvalho (edição de 1767), de Pedro Antônio Garção, de Pedro de Andrade Caminha; *Recordações*, de Jacome Ratton.

Por fim, o catálogo incluía uma dezena de "mapas marítimos" em inglês ou em português, os quais acompanhavam as obras oferecidas pela livraria no campo da navegação.

Uma seleção desses livros tinha aparecido nos sucessivos anúncios publicados por Jean-Baptiste Bompard nos principais periódicos, além de outros títulos, tais como, no *Diário do Rio de Janeiro* de 10 de agosto de 1826, um conjunto de obras de inspiração religiosa, chegadas recentemente do Porto por navio, entre as quais destacamos: *Modo de caminhar para o céu* ou *Compêndio da vida admirável do Taumaturgo Português Santo Antônio*.

Quanto a outros artigos que a livraria forneceu durante anos, Bompard tornou-se conhecido também por incluir itens sobre música, sobretudo partituras, cujas vendas aumentaram depois que o estabelecimento Ferguson & Crockatt anunciou o encerramento de suas atividades no *Diário Fluminense* de 4 de outubro de 1825. Bompard era também geralmente associado à venda de ingressos para teatro ou de bilhetes referentes a outras instituições, como a loteria. Finalmente, o que parece ainda mais notável, dedicou-se ainda à especialidade de propor certos medicamentos à clientela.

A MEDICINA CURATIVA
E PURGATIVA DE LE ROY

Em um país onde grassavam moléstias perniciosas que a medicina tinha dificuldade de erradicar, o surgimento de novos remédios suscitava um vivo interesse. A livre circulação de medicamentos era uma característica da época, antes que o governo viesse a determinar o controle sobre produtos e a reservar o direito de venda a laboratórios autorizados.

No início dos anos de 1800, o cirurgião francês Le Roy concebera um novo protocolo médico fundado no emprego de vomíficos, cujas propaladas virtudes eram as de tratar diversas afecções, especialmente como substituição às sangrias. Le Roy expôs seu método em um livro que teve a primeira edição publicada na França em 1812. Essa nova técnica de tratamento, que permitiria controlar "os fluidos biliosos do organismo", foi contestada mediante uma mistura [um *pot-pourri*] encaminhada em 1823 a um prefeito do departamento de Vosges. Em agosto desse mesmo ano, duas circulares se basearam nos riscos ou, mais precisamente, na "agressividade" desses remédios, para limitar sua oferta pelas farmácias.

Contudo, muitas pessoas se manifestaram em defesa de tais medicamentos. Assim, no Brasil, Pierre Plancher ajudou, até certo ponto, a promovê-los ao publicar artigos sobre a medicina de Le Roy nas edições de 10 e 14 de abril de 1825 de seu jornal, *O Spectador Brasileiro*. E, em um anúncio de 26 de outubro, informava ter recebido uma remessa da legítima medicina purgativa de Le Roy – de 1º, 2º, 3º e 4º graus –, bem como um vomí-

Imagem 56. *Medicina curativa ou o método purgante*, de Le Roy. Edição original de 1826. Coleção e fotografia de J.-J. Bompard.

fico e alguns exemplares de seu livro, em espanhol e em francês, os quais chegaram a bordo do navio *Cecília*.

Semanas depois, em 5 e 6 de dezembro de 1825, outro anúncio, dessa vez publicado sucessivamente no *Diário do Rio de Janeiro* e n'*O Spectador Brasileiro*, informava sobre o aparecimento ("saiu à luz") de um folheto que descrevia as proveitosas aplicações dos vomíficos e purgativos de Le Roy, impresso este que formulava "algumas reflexões interessantes" sobre seu uso e sobre as substâncias medicamentosas que entravam em sua composição. O anúncio concluía com uma menção sobre a venda desses produtos nas lojas de livros da rua da Cadeia, 65, e da rua da Quitanda, 49 (ou dos Pescadores – isto é, no estabelecimento de Jean-Baptiste Bompard).

Os escritos e os remédios de Le Roy eram provavelmente conhecidos por Bompard desde a temporada que passou em Lisboa. Desse modo, ele decidiu figurar como distribuidor autorizado dos produtos. Tornou isso evidente ao mandar imprimir uma etiqueta comercial, por meio da qual, apresentando-se como seu "correspondente", fazia-se recomendar pela amizade com Le Roy, além de divulgar a tradução para o português do livro do cirurgião, que saíra do prelo da Impressão Régia de Lisboa em 1826 (Imagem 56).

Nessa edição de seu livro, Le Roy concluía com a explicação: "As pessoas afetadas por doenças venéreas, ao lerem esta dissertação, devem, antes de iniciar ou continuar o tratamento, se impregnar dos princípios desenvol-

200 | LIVREIROS DO NOVO MUNDO

vidos no corpo desta obra". Depreende-se do enunciado dessa recomendação – e do diagnóstico que ela deixa subentender – que seu método, confrontado com a evolução dos novos conhecimentos, não resistiu sem objeção à prova do tempo.

AS ETIQUETAS DA LIVRARIA DE JEAN-BAPTISTE BOMPARD

Pessoas do círculo próximo a dom Pedro I procuravam alguém para ser contratado como diretor da oficina de litografia do Arquivo Militar, que recebera recentemente material proveniente da França. A escolha recaiu sobre o litógrafo Johann Jacob Steinmann. Nascido em 1804 na Basileia, Suíça, ele se formara com o renomado Godefroy Engelmann (1788-1839), que, por sua vez, tinha sido aluno em 1814, em Munique, de Senefelder, o inventor do processo da litografia.

Johann Jacob Steinmann foi contratado em 1º de agosto de 1825,[16] de acordo com os termos de um contrato redigido em francês, na condição de "Litographe de l'Empereur" [Litógrafo do imperador], por um período de cinco anos, a fim de executar, ou fazer executar, todos os trabalhos litográficos requeridos por sua Majestade imperial.

No mês de dezembro de 1825, Steinmann pediu a seu superior – e, depois, ao próprio imperador, em uma audiência pública realizada em 22 de janeiro de 1826 – permissão para trabalhar no período noturno, com auxílio de dois companheiros, a fim de realizar tarefas para comerciantes que tinham lhe solicitado a impressão sobretudo de faturas e circulares.[17]

A proposta foi aceita, e o livreiro Jean-Baptiste Bompard foi um dos primeiros a encomendar, no início de 1826, serviços ao litógrafo Steinmann, que, desse modo, imprimiu para ele dois tipos de etiqueta: um acerca de sua livraria e outro sobre suas atividades relacionadas aos produtos de Le Roy (Imagens 57 e 58). Em 1826 e 1827, as etiquetas foram afixadas tanto nos livros comercializados pela livraria como nos volumes que o livreiro mantinha em sua biblioteca pessoal (Imagem 49).

[16] Ferreira, 1994, p. 330.
[17] *Idem*, p. 335.

Imagem 57. Etiqueta da livraria de Bompard (Steinmann, 1826). Coleção e fotografia de J.-J. Bompard.

Imagem 58. Etiqueta da livraria de Bompard acerca dos produtos de Le Roy (Steinmann, 1826). Coleção e fotografia de J.-J. Bompard.

Ao voltar para a Suíça, Johann Jacob Steinmann publicou em 1835, na Basileia, um álbum de litografias intitulado *Souvenirs de Rio de Janeiro* [Lembranças do Rio de Janeiro], que reunia 12 paisagens da então capital do Brasil.

UMA IMPRENSA FEBRIL

Como seu primo Paulo Martin, o livreiro Jean-Baptiste Bompard esteve, depois dele – como já o sublinhamos –, estreitamente ligado à distribuição de jornais e ao lançamento de novos títulos.

Cinco anos após a liberação da tipografia e da imprensa, a frenética criação de gazetas e impressos experimentava, é verdade, certo esgotamento, mas, em um contexto em que continuavam a se manifestar formas de militância, novas iniciativas ainda surgiam com alguma veemência.

Em 15 de fevereiro de 1826, foi publicado no Rio de Janeiro o primeiro número de *Atalaia da Liberdade*, inicialmente impresso pela oficina tipográfica de Pierre Plancher, e depois, a partir de 22 de fevereiro, pela Imprensa Imperial e Nacional. A trajetória do fundador do jornal, João Maria da Costa, que havia residido em Londres anteriormente, era questionável. Nessa publicação, ele adotou uma linha editorial liberal, militando contra a escravidão e desenvolvendo temas relacionados à liberdade. Na edição de 22 de fevereiro, ele informou que as assinaturas deveriam ser feitas "unicamente" na livraria dos irmãos Veiga e na de Bompard, ao preço de dois mil réis por trimestre. A mesma informação foi publicada em 24 de fevereiro de 1826 pelo *Diário do Rio de Janeiro*; e, em 8 de março, o jornal anunciou ter reunido 300 assinaturas.

Porém, infelizmente, o negócio durou pouco: em seu número 13 (17 de março de 1826), afirmava-se que o impressor do jornal recebera de João Maria da Costa a soma de 19$200 réis para financiar a impressão dos números 11, 12 e 13; na sequência, aparecia uma declaração do editor que comunicava a interrupção da circulação do jornal, em decorrência da "impossibilidade de se continuar a escrever no império do Brasil".[18] Afirmava ainda pretender voltar à Inglaterra, onde planejava continuar a editar o periódico sob o título *O Brasileiro em Londres*; oferecia, assim, um desconto nas assinaturas e, após ter descrito suas modalidades, indicou a livraria de Bompard como encarregada de efetuar essas transações.[19]

Em 20 de março de 1826, *O Spectador Brasileiro*, ao comentar o problema, manifestou esperar que o editor mantivesse a palavra. Ao que tudo indica, Jean-Baptiste Bompard continuou muito contrariado com o assunto até sua partida do Brasil, dois anos depois. Em uma surpreendente convergência

---

[18] Diversamente do que insinuava João Maria da Costa, que imputava a interrupção ao governo, *O Spectador Brasileiro* de 20 de março de 1826 atribuiu-a a "diferentes motivos" (não explicitados).

[19] Uma análise desse negócio sugere que ele foi fruto de um ardil, se considerarmos os seguintes dados (comentário deste autor): somas recebidas a título de assinaturas (por três meses): 300 x 2$000 réis = 600 mil; custos de impressão dos treze números (cf. a edição 13 de *Atalaia*): 6$400 réis x 13 = 83$200; outros encargos, despesas e comissões (não avaliados). Assim, uma estimativa dos custos permite entrever um enriquecimento do editor-redator da ordem de 300 mil réis, uma vez que as assinaturas de substituição não teriam sido atendidas.

de circunstâncias, em 18 de abril de 1828, mesmo dia em que Bompard embarcou para a França, outro jornal, *A Aurora Fluminense*, publicou que João Maria da Costa havia retirado seu passaporte na Secretaria de Estado dos Negócios Estrangeiros e partira para a Inglaterra. Coube ao redator da nota acrescentar, ironicamente, que enfim ele poderia, talvez, cumprir a promessa que fizera a seus assinantes.[20]

Antes disso, em 2 de março de 1826, tinha surgido outro jornal, *O Verdadeiro Liberal*, identificado no subtítulo como "periódico político e literário". Ao lado do título, constava a informação de que as assinaturas deviam ser feitas no estabelecimento de Jean-Baptiste Bompard ou na casa Veiga. Fundamentando-se em uma linha de expressão liberal, o jornal trouxe, em seu primeiro número, uma crítica deliberadamente agressiva à imprensa;[21] intitulada "Espírito dos periódicos do Rio", concluía classificando os jornais citados em quatro categorias: liberais (dois), servis (dois), nulos (dois) e úteis (dois).

Apesar das manifestações de apreço à pessoa de dom Pedro I, vítima sem dúvida de seu tom polêmico, *O Verdadeiro Liberal* deixou de circular após a edição de número 16, de 6 de abril de 1826.

Um ano depois, em maio de 1827, outro jornal apareceu ainda no Rio de Janeiro, a *Gazeta do Brasil*. A redação era ocupada por João Maria da Costa, o homem de imprensa que estivera à frente do efêmero *Atalaia da Liberdade*. O novo jornal trazia seções sobre os principais assuntos da atualidade. Conservador, manifestando seu apoio ao princípio monárquico e à religião, teria recebido o apoio de dom Pedro I.

---

[20] Promessa publicada em *Atalaia da Liberdade*, n. 13, de 17 de março de 1826, coluna da direita, p. 52.

[21] Os comentários d'*O Verdadeiro Liberal* em seu número 1 podem ser resumidos como segue: (a) *Diário Fluminense*: chamado apropriadamente de jornal das portarias, que não cansa muito a cabeça. Redigido de maneira elegante, inclui uma correspondência (a qual, mesmo quando não calunia ninguém, ainda assim calunia); (b) *O Spectador Brasileiro*: não vale os 50 números comprados pelos leitores; sem interesse; (c) *Atalaia da Liberdade*: novo, é escrito segundo bons princípios; (d) *O Triunfo da Legitimidade*: escrito por um sábio que se reconhece à primeira leitura. Trata de assuntos que não são nem deste mundo, nem deste século; (e) *O Despertador Constitucional*: quem leu um número, leu todos; (f) *Diário do Vintém*: contém uma literatura útil ao comerciante, ao literato, ao militar, ao homem de igreja; está na moda; (g) *Diário Mercantil*: mesmo julgamento do *Diário do Vintém*; (h) *O Verdadeiro Liberal*: caluda.

204 | LIVREIROS DO NOVO MUNDO

Em seu primeiro número, datado de 30 de maio de 1827, um aviso esclarecia que as assinaturas (de 800 réis por mês) podiam ser feitas com Jean-Baptiste Bompard (sempre na rua dos Pescadores, 49). O livreiro deve ter atuado também como correspondente, conforme indicam diversos anúncios, a exemplo do que apareceu no número 12, de 7 de julho de 1827; mas, no número dois, também João Baptista dos Santos e Pierre Plancher foram associados à venda desse periódico.

Quando Bompard anunciou que partiria do país, a *Gazeta do Brasil* publicou, em seu número 47 (7 de novembro de 1827), que as assinaturas do jornal continuariam a ser feitas na loja de Evaristo da Veiga, o comprador da livraria de Bompard. Veiga foi então mencionado na condição de distribuidor.

Enfim, em sua edição 65 (5 de fevereiro de 1828), João Maria da Costa avisava os assinantes da *Gazeta do Brasil* (um total de 850) que se colocava a questão da interrupção de sua circulação; e dois meses mais tarde, ele deixava o Brasil.

1826-1827: OS DOIS ÚLTIMOS ANOS DE ATIVIDADE DO LIVREIRO JEAN-BAPTISTE BOMPARD

Ao longo de 1826, graças a um fluxo constante de negócios, com frequência o livreiro Jean-Baptiste Bompard esteve presente – individualmente ou com alguns confrades – nas páginas de anúncios dos periódicos que traziam ofertas de livros recém-publicados ou já à venda.

Entre esses títulos, podem-se destacar alguns: no *Diário do Rio de Janeiro*: *História romana*, de Goldsmith (13 de março); *Vida do ilustre português José Francisco Correa Serra* (um erudito de seu tempo – 17 de abril e 12 de junho); *Discurso no qual se manifesta a necessidade de continuação do comércio da escravidão* (9 de maio); *Verdadeira voz da razão* (15 de julho); *Atlas geográfico moderno*, com mapas (14 de outubro). Também anunciou a venda de ingressos para a apresentação da sinfonia intitulada *O filósofo*, no Teatro Imperial de São Pedro de Alcântara, os quais podiam ser encontrados ainda nas lojas de Pierre Plancher e de Veiga.

Nesse mesmo período, já sob a insígnia de vários livreiros, um aviso ao público[22] dava a conhecer as seguintes ofertas:

- sob a égide dos livreiros Veiga, Bompard, Santos e da papelaria Coutinho e Agra, venda de O diálogo constitucional brasiliense e Constituição política do Império;
- por Veiga e Bompard, venda em separado de um mapa;
- por ambos e também por Santos e Plancher: o restante da edição do Regimento das Mercês e Advertência aos procuradores; Tratado sobre a pena de morte em matéria política, de Guisot;
- a saída do prelo de Plancher de O compêndio científico para a mocidade brasileira, para uso pelas escolas de meninos e de meninas, e ilustrado com nove gravuras[23] de Steinmann; incluía grande número de matérias postas à venda nas casas de livros de Veiga, Bompard e Santos.

Mais tarde, um anúncio que reunia a assinatura de quatro livreiros (João Pedro da Veiga, Jean-Baptiste Bompard, João Baptista dos Santos e Pierre Plancher) foi publicado em 5 de janeiro de 1827 em O Spectador Brasileiro e no Diário do Rio de Janeiro. Ele ocupava uma coluna de 55 linhas de texto, dedicada especialmente ao Regimento das Mercês, no qual constam, em 173 páginas, leis, decretos, éditos, resoluções, cartas e portarias do interesse de todos os que atuavam nos tribunais (advogados, procuradores etc.). Cabe ainda destacar que, em 5 de abril de 1827, Bompard anunciou no Diário do Rio de Janeiro o lançamento de um Anuário clínico da arte obstetrícia (1823-1826), de autoria de Mazarem, assim como de diferentes obras religiosas (sobre a Semana Santa, missais etc.); e, com seus confrades Veiga e Plancher, ainda mencionou a venda de bilhetes da loteria do teatro (seis mil ao preço de 4$000 réis), cujo primeiro prêmio era uma propriedade na lagoa com suas casas.

Em 27 de junho de 1827, Bompard anunciou encontrar-se à venda uma série de 11 novelas francesas; e em 27 de julho, juntamente com Pierre Plancher,

---

[22] "Aviso ao Público (propaganda das lojas de livros dos irmãos Veiga, Bompard, Baptista dos Santos e na de papel de Coutinho e Agra)." Rio de Janeiro, Biblioteca Nacional, Obras Raras, ref. 102-5-220.

[23] Ferreira, 1994, p. 434.

dava a conhecer a publicação do libreto de uma nova ópera, intitulada *Inês ou o pai louco por causa de sua filha*, a estrear; e ainda a venda do libreto de *La Cenerentola*, ópera em dois atos de Rossini. Ademais, em caráter individual, a aparição de obras históricas, entre as quais *Resumo histórico da Revolução de Espanha*, ilustrado com três gravuras.

Em 10 de setembro de 1827, ele anunciou ainda a venda de vários livros que tinham chegado pelo navio *Camões*, além de bilhetes da loteria especialmente autorizada pelo imperador, cujo principal prêmio era uma grande propriedade nas proximidades da capital. Logo depois, em 14 de setembro, Jean-Baptiste Bompard comunicava o lançamento de várias obras de medicina (*Manual de partos*, em português, com 27 ilustrações...), bem como voltava a avisar sobre a venda dos produtos de Le Roy.

É possível destacar ainda outros anúncios ao longo das semanas que se seguiram (em setembro e outubro), entre os quais sobre a *Coleção de poesias e cançonetas ternas e amorosas*, em 26 de setembro, ou de obras sobre franco-maçonaria, geografia, mineralogia etc., em 1º de outubro. Por fim, apareceu no *Diário do Rio de Janeiro*, em 29 de outubro de 1827, o último anúncio publicado por Jean-Baptiste Bompard, cujo conteúdo retomava títulos que já anunciara.

Pouco tempo depois, ele tornou pública a decisão de vender sua livraria e outros bens e de deixar o Brasil.

12

O RETORNO À FRANÇA DO LIVREIRO
JEAN-BAPTISTE BOMPARD

Por que Jean-Baptiste Bompard, que se fizera renomado no comércio do Rio de Janeiro, decidiu deixar o Brasil e retornar à Europa? Ele não revelou explicitamente os motivos dessa decisão – a não ser que se leve em conta o que relataria seu neto, o doutor Léo Bompard, quando escreveu que "ele se considerava cansado do clima do equador".[1] Outros que, como ele, foram bem-sucedidos nos negócios, seguiram o mesmo caminho: o livreiro-editor e homem de imprensa Pierre Plancher, por exemplo, abandonou em 1834 seu país de adoção para voltar à França, mas alegou como justificativa as mudanças políticas que tinham ocorrido.[2]

Quando, no segundo semestre de 1827, Jean-Baptiste Bompard iniciou os contatos com vistas a transferir seu negócio, chegou a um acordo com um dos livreiros mais conhecidos da cidade, com quem, devido à sua atividade,

---

[1] Léo Bompard. "Mémoire", 1917.

[2] Após ter interrompido a circulação do jornal *O Spectador Brasileiro* em 26 de maio de 1827, Pierre Plancher lançou em 1º de outubro do mesmo ano o *Jornal do Commercio*, apresentando-o como dedicado exclusivamente aos comerciantes, aos quais ofereceria cotidianamente tudo o que dizia respeito ao tema do comércio, tanto em anúncios quanto acerca dos preços correntes de importação e exportação e das chegadas e partidas dos barcos. Pierre Plancher deixou o Brasil em 6 de fevereiro de 1834, após ter transferido a posse de seu jornal, que continuou a existir por quase 200 anos após sua criação. [*O Jornal do Commercio* deixou de circular em 29 de abril de 2016. (N. da T.)]

já mantinha relações. Ao fim dessa negociação, ele publicou um anúncio no *Diário do Rio de Janeiro* avisando sua clientela e o público sobre a venda de seu comércio de livros "ao senhor Evaristo da Veiga e Companhia".

Evaristo da Veiga era filho de Francisco Luís Saturnino da Veiga, um dos livreiros mais antigos da capital e contemporâneo de Paulo Martin. Como ele, tornou-se conhecido mediante a venda de livros tanto em português como em francês, e com a distribuição de jornais. Ao falecer, seus dois filhos (João Pedro e Evaristo), graças à herança materna transmitida por seu pai, compraram em 1823 a loja do livreiro e tipógrafo da Silva Porto.

Na época da aquisição da loja de Jean-Baptiste Bompard, Evaristo da Veiga tinha apenas 28 anos e acabara de se separar do irmão para assumir sua independência. A fim de financiar o negócio, ele mobilizou recursos provenientes de suas atividades anteriores. Ocorre que a compra da livraria de Bompard, "considerada uma das mais prósperas do Rio de Janeiro",[3] suscitou, vários anos depois, algumas especulações, uma vez que Evaristo da Veiga acrescentara à atividade de livreiro as de jornalista e político. Desse modo, ele foi levado a explicar aquela aquisição, na edição de 25 de janeiro de 1832 da *Aurora Fluminense*:

> Compramos por 11 contos de réis a propriedade que habitamos, e de que seu dono pretendia desfazer-se quando premeditou passar à Europa, assim como dispôs então de alguns outros prédios dentre os que possuía no Rio de Janeiro. Seria assombroso que um homem que negocia com honra há mais de oito anos, que começou com algum capital herdado, que tem além disso os produtos do seu jornal e o estipêndio de deputado, houvesse acumulado 11 contos de réis para comprar o edifício em que tem todo o seu estabelecimento?[4]

Essa explicação também lança luz sobre o patrimônio imobiliário constituído por Jean-Baptiste Bompard, o qual, embora não seja conhecido com precisão, parece ter sido bastante importante. Uma vez concluída a transação, Evaristo da Veiga publicou em 12 e 19 de dezembro de 1827, no *Diário do Rio de Janeiro*, os primeiros anúncios comerciais de sua nova livraria da

---

[3] Pedro Galdino da Silva Neto. "Entre a tribuna e o jornal: Evaristo da Veiga e o nobre ofício de livreiro". II Seminário Brasileiro Livro e História Editorial, 15 de maio de 2009.

[4] *Idem.*

rua dos Pescadores, 49, enquanto a distribuição da *Aurora Fluminense* passava a incluir esse domicílio como endereço.

Antes de prosseguir, não será supérfluo evocar a personalidade de Evaristo da Veiga.[5] Embora não tenha realizado seu sonho de se formar na famosa Universidade de Coimbra, além de português, ele estudou latim, francês, inglês e italiano. Interessado desde muito jovem pela poesia, celebrou a pessoa do monarca, bem como a derrota dos franceses em Portugal e a da Revolução Pernambucana. Em 1822, escreveu a letra do *Hino Constitucional Brasiliense*, musicado por Marcos Portugal. Defensor de uma monarquia constitucional, expressou suas convicções como diretor da *Aurora Fluminense*, fundada em 21 de dezembro de 1827, em que defendia o fim da escravatura, a reforma agrária e o desenvolvimento de programas educacionais. Posteriormente, combateu o desvio de dom Pedro I em direção ao absolutismo.

Personalidade de tendência moderada, nos primeiros anos da Regência, à qual manifestou seu apoio, Evaristo da Veiga foi alvo dos conservadores. Defendeu um poder central capaz de conciliar liberdade e exigências de ordem em oposição ao federalismo, e ocupou um lugar importante no cenário jornalístico e político do país. Foi eleito deputado por Minas Gerais em 1830, e se iniciou na franco-maçonaria em 1º de junho de 1832. Nesse mesmo ano, escapou de um atentado a pistola perpetrado por um sujeito tosco, provavelmente a mando de opositores. Diante dos ataques que vinha sofrendo, ele decidiu encerrar a circulação da *Aurora Fluminense* em dezembro de 1835. Por fim, vítima de uma "febre perniciosa", veio a falecer em 1837, aos 38 anos de idade, quando residia na rua dos Barbonos, atual rua Evaristo da Veiga, no Rio de Janeiro.

Nos meses que se seguiram à transferência de sua livraria, Jean-Baptiste Bompard empenhou-se em negociar seu patrimônio, constituído no essencial por bens imobiliários. Mantendo domicílio na rua dos Pescadores, 49, até voltar para a França, presenciou nesse período a transferência de suas atividades a seu sucessor. Depois, em 14 de março de 1828, publicou no número 136 do *Jornal do Commercio* o seguinte anúncio:

---

[5] Matias M. Molina. "A voz da moderação". *Valor Econômico*, n. 648, 27/6/2011.

João Baptista Bompard, tendo de retirar-se para França, avisa a todas as pessoas que se julgarem seus credores de se apresentarem no prazo de 8 dias na rua dos Pescadores n. 49, desde o meio-dia até as 4 horas, a fim de serem satisfeitos; assim como pede aos seus devedores de virem no mesmo prazo pagar ao anunciante as quantias que lhe devem.

Tendo, assim, posto seus negócios em ordem, ele se viu em condições de organizar, durante o mês de março, sua partida para a França.

Segundo a prática da época, o capitão de um navio prestes a partir dava a conhecer seu destino de antemão, bem como o espaço de que dispunha para transporte de passageiros e de mercadorias.[6]

Ora, um navio portando bandeira francesa tinha ancorado no porto do Rio de Janeiro em 1º de março de 1828, procedente de Montevidéu. Tratava-se de uma embarcação da armada do Havre, um galeão de três mastros, *L'Antonin*, dotado de duplo convés e calado de 296 toneladas. Armado com dois canhões, dispunha de seis fuzis, 30 quilos de pólvora de guerra e seis granadas, segundo declaração assinada em 18 e 19 de maio de 1826 pelos proprietários, senhores Du Roveray et Cie. (armadores de 1680 a 1830), e pelo comissariado da Marinha.[7]

Tendo partido do Havre em 19 de agosto de 1826 com uma passageira, várias mercadorias e uma tripulação remunerada de 15 oficiais, marinheiros, aprendizes e grumetes, o navio chegara a Montevidéu em 17 de novembro, de acordo com o visto do cônsul da França.

L'Antonin, cujo capitão, Jacques Nicolas Hervieu, nascido na Mancha, estava com 31 anos, tinha navegado ao largo da costa da América do Sul, transportando mercadorias entre Montevidéu, Concepción e Valparaíso. Durante esse périplo, que incluía a passagem pelo estreito de Magalhães, a

---

[6] Em 14 de novembro de 1818, apareceu na *Gazeta do Rio de Janeiro* (n. 91) o aviso do capitão do navio francês *L'Auguste*, prestes a partir, em 20 de novembro, para o Havre, assinalando que os consignatários podiam registrar passageiros e mercadorias na rua dos Pescadores, n. 13; e em 1º de outubro de 1827, no primeiro número do *Jornal do Commercio*, era publicado o seguinte anúncio: "Para a Bahia, o bergantim nacional *Três Amigos* (dois mastros, armado em brigue) – quem quiser ir a bordo deve se dirigir à rua dos Pescadores, n. 41".

[7] Arquivos de Seine Maritime (Rôle de l'équipage) [Lista da tripulação], cota 6 P 6/56, lista 189.

tripulação conheceu vários remanejamentos: em Montevidéu, o desembarque do oficial Rousseau, a deserção do cozinheiro Thibaud; em Valparaíso, a deserção do marinheiro Boudou (reencontrado, repatriado e levado a julgamento em 1829), o desembarque, com o consentimento do capitão, do imediato no *Antigone*, assim como o de um marítimo, e a deserção de um marinheiro em Concepción. Depois, um cozinheiro embarcara com vários marinheiros, um dos quais, mal fora inscrito na tripulação, morreu em terra; outros ainda desembarcaram. Por fim, quando da escala no Brasil, o navio recebeu 12 homens a bordo, os quais, segundo declaração redigida em 17 de abril de 1828 pelo cônsul geral da França, o conde de Gestas, ganharam passagens como membros da tripulação; fazia-se igualmente menção a um pacote confiado ao capitão e endereçado ao ministro dos Negócios Estrangeiros.

Quando estava prestes a deixar o Rio de Janeiro rumo ao Havre, a tripulação de *L'Antonin* contava com 22 homens, além do capitão. Transportava um carregamento de café, várias outras mercadorias e a bagagem de Jean-Baptiste Bompard, constituída por objetos pessoais, uma caixa de livros, seu retrato pintado por Henrique José da Silva e um volume de madeira brasileira suficiente para fabricar diversos móveis.

Os passageiros somavam três pessoas, munidas de passaportes concedidos pela Secretaria de Estado dos Negócios Estrangeiros: Zoé Marchand, Angelica Marchal, originárias do departamento de Orne, e o livreiro Jean-Baptiste Bompard.

O pesado galeão levantou âncora rumo à França no dia 18 de abril de 1828, conforme registraram dois periódicos, o *Diário do Rio de Janeiro*, em 19 de abril, e o *Diário Fluminense*, no dia 21, mencionando os nomes dos passageiros.

A travessia ocorreu sem sobressaltos, durante 74 dias. É possível imaginar que, na rota de retorno, ao navegar ao largo da costa de Portugal, o livreiro tenha evocado nostalgicamente seus dois primos, últimos membros da irmandade dos Martin, os quais não voltaria a rever; e também as recordações juvenis que o ligavam a Lisboa, onde teve início sua aventura pessoal. Em 2 de julho de 1828, o navio chegou ao porto do Havre, sendo descarregado no mesmo dia.[8]

---

[8] *Idem.*

Tão logo suas bagagens e sua carga foram colocadas em terra, Jean-Baptiste Bompard seguiu imediatamente rumo a Paris, onde deveria negociar com bancos as cédulas e outros títulos de que era portador. Da capital francesa, escreveu, em 10 de julho, a seus irmãos Jean-Antoine e Candide Marcellin para avisá-los de seu regresso e lhes pedir que preparassem sua mãe para o reencontro. Pouco depois, a caminho dos Alpes, a viagem se prolongou devido ao transporte da pesada carga. Chegou, enfim, a Briançon em 17 de agosto.

Doze anos depois de ter partido, ele encontrou, sob a luz radiosa do verão *briançonnais*, uma vila e paisagens que pouco haviam mudado. Mas ocorreu de forma diferente ao olhar dos outros, que, embora habituados à expatriação de muitos dos seus habitantes, projetaram sobre aquele seu concidadão uma imagem aureolada, de uma singularidade que mesclava curiosidade e admiração, o que lhe valeu desde então o apelido de *brésilien* [brasileiro].

À sua chegada, ele reencontrou, ao lado da mãe, viúva havia dez anos, seus irmãos "negociantes na cidade": Jean-Antoine, com 46 anos, casado com Marie-Victoire Borel, e Candide Marcellin, de 42 anos, casado com Germaine Arduin, cuja família se tornara conhecida como agente de diligências. A seguir, sem demora, ele se empenhou em organizar sua nova situação.

Após o falecimento de seu pai, em 22 de agosto de 1818, quando se encontrava no Brasil, fora feita a partilha entre os filhos (em 13 de junho de 1820), ao fim da qual um sorteio havia lhe atribuído a propriedade de "La Vachère" [A Vaqueira], da qual o pai adquirira uma primeira gleba em 21 de julho de 1798. Situada a oeste de Briançon, na direção de Grenoble, a terra passou a absorver grande parte de seu tempo ao final de cada inverno. Tratava-se de uma propriedade que incluía, inicialmente, uma modesta fazenda, cuja superfície foi aumentada depois pela aquisição de várias outras glebas de terreno.

O ex-livreiro então resolveu seguir a prática endogâmica, ainda corrente na época, e verificada por decênios no seio da comunidade originária da região de Briançon que se estabelecera em Portugal, ou mesmo em meio à sociedade de notáveis no Brasil. Assim, em resposta a uma empatia recíproca, em 20 de novembro de 1829 ele se casou com sua sobrinha Henriette Bompard (Imagem 59), nascida em 1806 e filha de Jean-Antoine, magistrado na Câmara municipal da cidade. Em decorrência do laço de parentesco, Jean-Baptiste obteve previamente uma dispensa do rei Charles X, em 6 de novembro de 1829, cuja ordenança foi registrada pelo tribunal civil de Briançon em 17 de novembro de 1829. A união teve como testemunhas Marcellin Bompard, tio do noivo, Hyacinthe Borel, notário real e cavaleiro da Legião de Honra, tio da noiva, Candide Marcellin Bompard, negociante, irmão do esposo, e Zéphirin Borel, escrivão da Justiça de Paz, tio da esposa.

Imagem 59. Retrato de Henriette Bompard, 1830. Antigos arquivos da família Bompard.

Aos 32 anos de idade, o antigo livreiro não poderia imaginar, considerando-se a expectativa de vida corrente na época, que iniciava uma nova vida que duraria ainda mais de 60 anos. Uma longa existência de rentista dedicada a suas novas ocupações, sem, no entanto, desvincular-se completamente dos temas de interesse que, até então, tinham mobilizado sua energia.

13

UMA SEGUNDA VIDA BASTANTE LONGA: 1829-1890

Instalado depois do casamento no coração da cidade fortificada de Briançon (Imagem 60), no número 26 da Grande Rue, o antigo livreiro Jean-Baptiste Bompard colaborou por certo tempo com as atividades comerciais de seus irmãos antes de se dedicar plenamente aos próprios negócios. Interessou-se ademais, por intermédio de seu irmão adjunto do prefeito a partir de 1829, pelos projetos do município, antes de ser regularmente convocado a assistir às sessões do Conselho na condição de um dos principais "pagadores de impostos".

Imagem 60. Vista da cidade de Briançon a partir da saliência da estrada do Montgenèvre. Litografia executada por lorde Monson (Litografia Day & Hadge, Londres, 1832). Coleção J.-J. Bompard.

216 | LIVREIROS DO NOVO MUNDO

Era uma longa etapa de sua existência que ele agora se preparava para cumprir em sua terra natal, a qual pode ser ilustrada por alguns fatos particularmente significativos. Sem fazer a princípio uma ligação com seu passado de livreiro, esses fatos colocam em evidência a sobrevivência, até fins do século XIX, das práticas e dos caracteres que se exprimiam no interior das comunidades do Briançonnais, que um dos netos do "Brasileiro" resumiria em sua "Mémoire" de 1912[1] com a citação da seguinte máxima: *"Labor omnia vincit improbus"* [O trabalho persistente tudo vence].[2]

UM GABINETE LITERÁRIO

Ao retornar do Brasil, onde vira se formar mais de uma biblioteca, Jean-Baptiste Bompard lamentou o fato de Briançon não dispor de um gabinete público de leitura. Ora, na sessão de 2 de dezembro de 1828, o conselho municipal rejeitara a proposta de estabelecimento de uma biblioteca em razão de contingências orçamentárias e de "sua utilidade bastante medíocre".[3] Foi nesse contexto, em data que não se conhece com precisão, que os irmãos Bompard criaram um gabinete literário, para o qual contribuíram com um primeiro lote de livros,[4] e que foi posteriormente assumido pelo município. Já em 1831, publicou-se o projeto de criação de "bibliotecas públicas em todos os municípios da França", por meio da "fundação progressiva de 40 mil bibliotecas comunais,[5] com vistas a divulgar a instrução nos domínios das ciências, das técnicas industriais, da moral pública, das letras e das artes". Esse programa, concebido contando com o apoio de "generosos doadores", previa inicialmente a criação de cinco mil bibliotecas

---

[1] Léo Bompard, 1917.

[2] Virgílio, *Geórgicas*, I – 145-146.

[3] Em sua deliberação de 2 de dezembro de 1828, pode-se ler que o conselho municipal, "considerando que a cidade já é sobrecarregada de impostos, cujo pagamento tem dificuldades em prover, e que o estabelecimento proposto teria uma utilidade bastante medíocre", rejeita tal proposta.

[4] Citado por Jacqueline Routier, em *Briançon à travers son histoire, op. cit.*, p. 427.

[5] Arquivos municipais de Briançon.

num período de três anos, a um custo de 1,5 milhão de francos. O prefeito de Briançon convocou 25 pessoas à sede da prefeitura, em 1º de junho de 1831, entre elas os irmãos Bompard, a fim de tomarem conhecimento dessa resolução.[6] Contudo, foi preciso esperar a intervenção de Aristide Albert para se conseguir, em 1901, a abertura de uma biblioteca pública na cidade, que foi instalada no imóvel de número 63 da Grande Rue, graças a uma doação da família Chancel destinada a esse fim.

O ANTIGO LIVREIRO SE INSTALA NA GRANDE RUE, 41, EM BRIANÇON

Depois do nascimento de seu filho Jean-Numa, em 6 de julho de 1832, Jean-Baptiste Bompard – agora com 36 anos e classificado como "rentista" nos registros municipais – adquiriu um imóvel de três andares na Grande Rue, 39 (hoje número 41). A compra, do juiz de instrução Jean Charbonnel-Salle, ocorreu em 14 de janeiro de 1834 pela soma de 46 mil francos. O imóvel tinha sido propriedade da família Grand de Champrouët, que tinha entre seus antepassados um antigo prefeito de Briançon, membro também da Assembleia Nacional em 1789.

Essa casa incluía-se no pequeno número de imóveis que tinham sido em boa parte poupados pelo terrível incêndio de 1692 que devastou quase toda a cidade. Jean-Baptiste Bompard ali fixou sua principal residência, até falecer, em 1890, alternando-se entre esta e, durante o verão, sua propriedade de "La Vachère". Ele empreendeu várias melhorias na construção: o andar térreo foi reservado ao comércio, inclusive a um banco; e mandou colocar suas iniciais em ferro forjado sobre a imposta situada em cima da porta de entrada (Imagens 61, 62 e 63).

---

[6] *Idem.*

Imagem 61. Fachada do imóvel da Grande Rue, 41, em Briançon. Fotografia de J.-J. Bompard.
Imagem 62. Porta de entrada desse imóvel. Fotografia de J.-J. Bompard.
Imagem 63. Imposta com as iniciais de J.-B. Bompard. Fotografia de J.-J. Bompard.

REMEMORAÇÕES DO BRASIL

Dispondo de um espaço apropriado em sua nova casa, o antigo livreiro ali organizou uma biblioteca formada pelos livros que transportara do Brasil, assim como por aqueles que comprava com frequência após o retorno. Entre eles, os quatro tomos da edição de 1839 de *Souvenirs d'un aveugle: Voyage autour du monde* [Memórias de um cego: Viagem ao redor do mundo], de Jacques Arago, cujo primeiro tomo descreve aspectos notáveis da vida no Brasil, contemporâneos da estada de Bompard no país.

Também mandou fabricar, segundo suas indicações, vários móveis no estilo do mobiliário marítimo com as peças de jacarandá do Rio de Janeiro que levara consigo, principalmente duas escrivaninhas e duas cômodas.

Foi ainda nessa época que ele se iniciou, junto com a esposa, na arte da tapeçaria. Uma das peças que elaborou, datada de 1847 e assinada com suas iniciais, consiste em um testemunho expressivo de como eram as temporadas de veraneio dos notáveis do Rio de Janeiro no campo dos arredores da cidade, cujas beiradas de florestas ainda eram povoadas por uma abundante fauna, representada no centro da composição de Bompard por um jaguar (Imagem 64).

Imagem 64. Tapeçaria realizada por Jean-Baptiste Bompard (evocação dos arredores do Rio de Janeiro, 1847). Arquivos família Bompard.

Longe do Brasil, durante os anos que se seguiram a seu retorno, teria o antigo livreiro trocado alguma correspondência com pessoas de suas relações? Os arquivos da família não contêm nenhum indício que permita confirmar essa possibilidade, e as pesquisas realizadas não permitiram obter informações acerca de eventuais correspondências.

O certo é que, ao longo das duas décadas posteriores à sua volta à França, o antigo livreiro trocou algumas notícias com seus dois primos de Lisboa. Porém, após o desaparecimento de Inácio Augusto, e a morte de Luís Justino, ocorrida em 31 de janeiro de 1853, quando ele estava com 72 anos[7] – livreiro por mais de meio século –, teve fim sua história comum.

Desde então, foi, de fato, à propriedade de "La Vachère" que Jean-Baptiste Bompard mais dedicou sua energia e seus recursos.

A PROPRIEDADE DE "LA VACHÈRE"

Acessível por meio de um caminho de 800 metros, que se inicia a 1,6 quilômetro a oeste de Briançon, a partir da estrada de Grenoble, a antiga propriedade de "La Vachère" está situada a 1.400 metros de altitude, próxima à floresta comunal de la Pinée.[8]

Beneficiando-se de uma excelente solarização, praticamente protegida dos ventos, ela desfruta de extensa vista sobre o vale de La Guisane, descortinando-se em primeiro plano o atual campo de esqui de Serre-Chevalier e, mais ao longe, os picos e geleiras de Oisans.

A primeira ocupação dessa propriedade ocorreu por volta de 1600, por iniciativa de um membro da família do matemático Oronce Fine, originário de Villar Saint-Pancrasse. Chamava-se Antoine, burguês da cidade, que ali fizera edificar, por devoção em tempos de peste, uma capela dedicada a santa Maria Madalena (Imagem 65).

Por mais de 50 anos, a propriedade de "La Vachère" foi destino dos passeios de Jean-Baptiste Bompard, que ali permanecia durante todo o verão.[9] Ao longo desses anos, a propriedade, que se aproximava de cinco hectares quando ele faleceu, foi ampliada com a compra de várias glebas de terreno; ainda

Imagem 65. Capela de La Vachère (junho de 1900). Arquivos família Bompard.

---

[7] Registros Paroquiais, Lisboa, óbitos, N. Senhora dos Mártires, folha 260, 31 de janeiro de 1853.
[8] A maior parte das informações sobre "La Vachère" provém da "Mémoire" do doutor Léo Bompard, redigida entre 1912 e 1917.
[9] Albert, 1899, p. 9.

com Bompard, escavaram-se canais de irrigação e criou-se um reservatório de água, em 1834.

O antigo livreiro plantou diversas espécies de árvores, chegando a um total em torno de 15 mil unidades: pinheiros, abetos, freixos, álamos, aos quais depois, por iniciativa de seu filho, se juntaram macieiras e pereiras. Jean-Baptiste também ampliou a construção a fim de alojar o caseiro, construiu muros de proteção, um abrigo de jardim e criou ainda um grande apiário, cuja atividade abordaremos adiante. Por fim, em 1840, mandou colocar sobre a fachada da casa um relógio de sol que trazia a inscrição: "O tempo passa, as ações ficam". O engenho foi referido em um artigo publicado em 1895,[10] mas acabou sumindo em data desconhecida.

Devido à sua localização, a propriedade de "La Vachère" contava com uma zona de captação de águas, cujo caudal abastecia, desde o século XVIII, a cidade de Briançon e as instalações militares, até que as fontes diminuíram após os tremores de terra ocorridos em 1830 e 1884. A família Bompard ocupou essa propriedade por quatro gerações, até vendê-la, em 1924, uma vez que não pôde ser dividida entre os herdeiros. Usada para outros fins, a capela foi posteriormente destruída pelos compradores.

Em sua longa vida, que lhe concedeu o privilégio de acompanhar a história familiar por várias gerações, Jean-Baptiste Bompard, sempre livreiro em sua alma, não esqueceu o ofício que lhe descortinou o mundo. Também acompanhou, com particular atenção, a atividade dos membros da geração mais jovem da família que puderam se inspirar também em sua aventura pessoal para se lançar no comércio de livros. Foi assim com seu sobrinho Ovide Bompard – nascido em Briançon em 10 de maio de 1818, filho de seu irmão mais velho Jean-Antoine – que, depois de se tornar funcionário de livraria, se interessou também pelo comércio de outros produtos. Infelizmente, quando negociava cereais na Geórgia por conta de um estabelecimento de Marselha, veio a falecer em Tbilisi, em 2 de julho de 1867.

Ainda entre os parentes mais próximos, dois *briançonnais* dedicaram-se com sucesso à atividade de livreiro-editor em Nápoles.

---

[10] Raphael Blanchar. "Cadrans solaires". *Bulletin de la Société d'Études des Hautes-Alpes*, 1895, pp. 1-47.

OS LIVREIROS DE NÁPOLES: BALTHAZARD BOREL E CHARLES BOMPARD

Nascido em La Salle em 1782, Balthazard Borel (ver Anexo 6) iniciou seu aprendizado na Itália ainda bem jovem. Lá, com o apoio de seus vínculos familiares, tornou-se atendente de livraria em Nápoles no início da década de 1800. Instalado por conta própria, casou-se com Marie-Josèphe Charlotte, uma das filhas do convencional Borel. Destacou-se por ter publicado, em nome de sua própria livraria, em 1820, um importante catálogo com mais de 8.900 títulos, hoje depositado na Biblioteca Nacional da França, em Paris (conforme referido no final do capítulo 9).

Foi nessa época que recebeu para trabalhar a seu lado Charles Bompard, meio-irmão de sua esposa (ver Anexo 7), quando sua livraria funcionava no primeiro andar do número 8 da strada del Salvatore.

Em 1823, após a unificação do reino de Nápoles, a instauração de uma medida extraordinária que impunha a duplicação do preço dos livros acarretou a perda da quase totalidade de seus 150 correspondentes; Balthazard Borel publicou então um aviso no *Journal Général de L'Imprimerie et de la Librairie* (número 2, de 11 de janeiro) anunciando que encerrava suas atividades em Nápoles, onde deixava Charles Bompard, seu cunhado, como administrador da livraria, e que se estabeleceria em Paris.

As circunstâncias permitiriam seu retorno alguns anos depois, e ele retomou os negócios, transferindo o comércio de livros e de edição para o *palazzo* Maddaloni, importante imóvel do centro histórico de Nápoles. Antes livreiro-editor em seu próprio nome, em fins da década de 1820 Balthazard Borel se associou a Charles Bompard, e os dois passaram então a editar obras sob os respectivos nomes, ou sob o de sua sociedade (Imagem 66).

Em 1845, também se transferiu para Nápoles Léonidas Borel, outro cunhado de Balthazard, que lá se fixou com a família a fim de criar uma indústria de cardaria de cânhamo com o auxílio de operários provenientes de Voiron (Isère).[11] Mais tarde, a descendência de Léonidas Borel, que escolhera a carreira militar, regressou à França e se estabeleceu em Tain l'Hermitage (Drôme), às margens do Rhône, na propriedade "La Belle Rive" [A Bela Margem].

---

[11] Lucien Borel du Bez, 1925, p. 6.

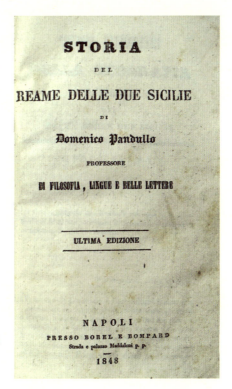

Imagem 66. Livro editado por Balthazard Borel & Charles Bompard (Nápoles, 1848). Coleção J.-J. Bompard.

A MUNICIPALIDADE, AS FESTIVIDADES DE 1º DE JUNHO DE 1857 E A MEDALHA DE SANTA HELENA

Quando Jean-Baptiste Bompard voltou a Briançon, transcorria o reinado de Charles X, e, nos decênios seguintes, ele conviveu com mudanças políticas e institucionais que afetaram também a vida do município. Um exemplo foram as deliberações do conselho municipal, pelo qual o antigo livreiro fora convocado na condição de um dos principais contribuintes de impostos. Em maio de 1856,[12] o prefeito comunicou ao conselho que mandara buscar nos arquivos da prefeitura todos os documentos relativos ao bloqueio de 1815, e que se propunha a encaminhar um memorial ao ministro da Guerra a fim de que fosse afixada, sobre os dois portões de entrada da cidade, a seguinte inscrição:

---

[12] Arquivos municipais de Briançon, 1 D10.

1815

Os *briançonnais* sem guarnição resistem ao bloqueio
de três meses conservando o lugar.
O passado responde pelo futuro.

A proposta, aprovada pelo imperador, foi notificada pelo ministro em 20 de dezembro de 1856. A inserção dessa inscrição ocorreu em 10 de junho de 1857, com festividades que incluíram um serviço religioso seguido de um te-déum, a colocação da inscrição e uma salva de artilharia, seguidos por um banquete (sob inscrição); o prefeito, Adelphe Arduin, lembrando em seu discurso "os fatos gloriosos de 1815", prestou homenagem aos "heroicos defensores da cidade", entre os quais Jean-Baptiste Bompard e seu irmão mais velho Jean-Antoine.

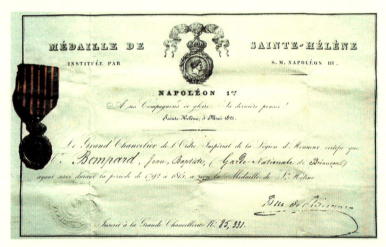

Imagem 67. Diploma e medalha de Santa Helena de Jean-
-Baptiste Bompard (1857). Coleção família Bompard.

Pouco depois, cumprindo a promessa feita por Napoleão em Santa Helena (em 5 de maio de 1821), Luís Napoleão Bonaparte instituiu a medalha comemorativa de Santa Helena, em 12 de agosto de 1857, para honrar os sobreviventes que combateram sob a bandeira da França entre 1792 e 1815 (ver capítulo 6). Os prefeitos foram instados a enviar sem demora os nomes das pessoas vivas que tinham direito à distinção. Jean-Baptiste Bompard estava incluído entre os recipiendários como "guarda nacional de Briançon"

Imagem 68. O livreiro Jean--Baptiste Bompard aos 87 anos. Arquivos família Bompard.

(sob ordens de um barão do Império) e foi inscrito na grande Chancelaria sob o número 85.331 (Imagem 67), e seu irmão mais velho, Jean-Antoine, sob o número 85.324.

Depois de mais de 40 anos de uma existência dividida entre a família, sua casa da cidade e a propriedade "além muros", Jean-Baptiste Bompard, "o Brasileiro" (Imagem 68), tendo enviuvado em 1870, passou então a organizar seu dia a dia com a ajuda de uma governanta e de uma empregada.

Finalmente, entre as novas gerações, dois jovens descendentes de ramos familiares aparentados ao antigo livreiro (Anexo 9) logo se tornariam conhecidos em atividades para as quais sua ascendência não os tinha preparado: a pintura e a religião.

- O pintor Maurice Bompard, nascido em 1857 em Rodez (Aveyron), foi um deles. Um dos fundadores da Sociedade dos Pintores Orientalistas de Paris, ficou também conhecido por suas paisagens de Veneza. Suas últimas obras fizeram com que figurasse na Exposição de Belas Artes realizada em 1908 no Rio de Janeiro, em comemoração do centenário da chegada de dom João VI ao Brasil, e depois, em 1922, sob a égide da Escola Nacional de Belas Artes, nas celebrações do centenário da Independência do Brasil.[13]
- De outro lado, dom Jean-Baptiste Chautard, nascido em Briançon em 1858, filho de um livreiro da cidade; tornado abade de Sept-Fons, conseguiu, em 1903, refúgio no Brasil para os monges expulsos do monas-

---

[13] *Jornal do Commercio*. Rio de Janeiro, 20 de setembro de 1908, p. 7; e 13 de dezembro de 1922, p. 5.

226 | LIVREIROS DO NOVO MUNDO

tério de Chambaran (Isère), por cuja abadia foi responsável. Ele depois permitiu a freiras que tinham voltado do Brasil que se estabelecessem em 1922 na mesma abadia onde permaneceram desde então.

JEAN-BAPTISTE BOMPARD
E O MEL *BRIANÇONNAIS*

O antigo livreiro Jean-Baptiste iniciou-se na criação de abelhas por meio de suas leituras e de experiências que conhecera, tornando-se um apicultor rigoroso e conhecido.

Combateu por vários anos epidemias que, esporadicamente, reduziam o número de colônias de abelhas, e chegou a manter em atividade até 110 colmeias, embora na média, por um longo período, chegassem a cerca de 60.

O mel e a cera que comercializava lhe asseguravam um rendimento menos aleatório que o obtido com a venda de 1.500 a 2.000 quilos de frutas cultivadas em sua propriedade (maçãs, peras, damascos, ameixas, cerejas, nozes).

Em 1884, certamente ficou feliz com o reconhecimento de sua ciência de apicultor, quando o relatório do concurso departamental agrícola de Briançon mencionou, sob a rubrica "Estímulos a melhorias agrícolas", a concessão "ao senhor Jean-Baptiste Bompard", em "La Vachère", de uma medalha de prata "por seu apiário de 63 colmeias perfeitamente organizadas e em plena prosperidade" (Imagem 69).[14]

UM ÚLTIMO OLHAR SOBRE O SÉCULO

Quando acabara de completar 92 anos de idade, o antigo livreiro no Rio de Janeiro tomou conhecimento da abolição da escravatura no Brasil após a votação da Lei Áurea, assinada em 13 de maio de 1888 pela princesa Isabel, regente na ausência de dom Pedro II, que se encontrava na Eu-

---

[14] Albert, 1899.

ropa. Até o fim, os proprietários de terras tinham procurado fazer valer o argumento sobre o prejuízo econômico que tal medida acarretaria ao país, defendendo ao mesmo tempo os "bons tratamentos" de que, segundo eles, se beneficiavam os escravos. Meses depois, a conjunção da oposição dos conservadores – entre os quais os produtores de algodão e café – com as correntes positivistas levou ao golpe de Estado liderado pelo marechal Deodoro da Fonseca, em 15 de novembro de 1889, e à derrubada da Coroa. Em 17 de novembro, a família imperial partia para o exílio (Imagem 70).

Imagem 69. Etiqueta dos potes de mel produzido por J.-B. Bompard (1884). Coleção família Bompard.

Imagem 70. Novembro de 1889, princesa Isabel e dom Pedro II. Última fotografia antes do exílio (detalhe), por Otto Hees. Museu Imperial de Petrópolis.

Tendo chegado a uma idade respeitável, na qual o tempo da consciência propicia maior compreensão sobre a própria realização social, Jean-Baptiste Bompard deve ter relembrado com certa lucidez, por ocasião desses últimos acontecimentos, os episódios marcantes de sua existência, quando muitas das referências que pontuaram sua educação e sua vida adulta já tinham desaparecido.

Na região de Briançon, o desenvolvimento das comunicações e do intercâmbio suscitado pela chegada da ferrovia, em 1884, resultara no desaparecimento da maioria das atividades artesanais tradicionais, à exceção, por três décadas ainda, da fiação de resíduos de seda *schappe*.* Embora a *gente da terra* continuasse impregnada do peso do passado e pouco disposta a antecipar o desenvolvimento do turismo – e ainda menos do esqui sobre a neve, introduzido por estímulo dos militares –, essas atividades inéditas logo fariam nascer uma nova economia, naqueles vales alpinos. Uma outra história começava, mas o tempo da memória ainda não chegara.

O antigo livreiro do "Novo Mundo" Jean-Baptiste Bompard, poupado de doenças até uma idade avançada, veio a falecer em 26 de abril de 1890, em sua casa de Briançon. Tinha 93 anos. Foi enterrado no jazigo da família, situado na concessão adquirida em 1878 por seu filho Jean-Numa, ao lado da sepultura de Evariste Chancel (Imagem 71).[15]

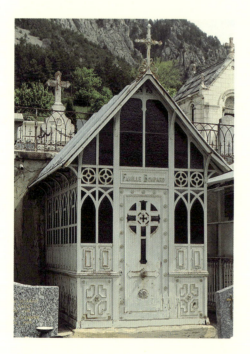

Imagem 71. Monumento funerário e sepultura de Jean-Baptiste Bompard, em Briançon. Fotografia de J.-J. Bompard.

---

* Produto têxtil obtido a partir de resíduos de seda natural. (N. da T.)
[15] Evariste era um dos membros da família Chancel (industriais da seda *schappe* em Briançon); ficou conhecido por ter dado seu nome a um refúgio no maciço de l'Oisans. Sua família tinha vínculo de parentesco com os Bompard, por intermédio da família Arduin.

EPÍLOGO

Dois séculos depois dos fatos históricos postos em relevo pelo relato da aventura, primeiro em Portugal e posteriormente no "Novo Mundo", dos livreiros originários do Briançonnais entre o final do século XVIII e o início do XIX, deve-se perguntar sobre as marcas que deixaram, especialmente no Brasil, ao fim de sua trajetória de precursores no universo do livro, da edição e da imprensa, sobretudo desde que essa sua antiga pátria de adoção ascendeu ao plano dos principais países da cena internacional.

A partir da década de 1830, no período posterior à partida do livreiro Jean-Baptiste Bompard, quando o ofício de livreiro-editor começava a se banalizar, a continuidade de uma presença francesa no mercado de livros e da edição foi assegurada, ainda, por uma um influente grupo de livreiros-editores. Na primeira fila, incluíam-se entre eles Pierre Plancher e, depois, Mongenot e Villeneuve, seus sucessores na direção do *Jornal do Commercio*, e ainda o livreiro parisiense Baptiste Louis Garnier, que se instalaria em 1846 na rua do Ouvidor. Em outro campo, Camille Cleau, tido como filho ilegítimo do duque de Berry, que chegara ao Brasil em junho de 1844,[1] foi, durante um breve período (de 1850 a 1855), diretor da Biblioteca Nacional, no Rio de Janeiro. Foram muitos também os que, em diversas profissões, encarnaram a cultura ou o *savoir-faire* francês: médicos, militares, diplomatas, intelectuais, comerciantes e industriais, na época em que os literatos brasileiros fundavam, em fins do século XIX, a Academia Brasileira de Letras, inspirados no modelo da Academia Francesa.

Quando, em 1922, o Brasil celebrou o centenário de sua independência, a França se empenhou, no contexto da Exposição Internacional do Rio de Janeiro, em apresentar testemunhos dos laços que historicamente ligaram os dois países. Participando dessa celebração, um deputado francês[2] saudou, em seu

---

[1] Hallewell, 2005, p. 199.
[2] Citado em Lima-Barbosa, 1923, p. 475.

discurso, "as obras já antigas realizadas pela França no país, em primeiro lugar, no plano intelectual"; ele lembrou que a língua francesa era ensinada nas escolas, falada pela elite, e mencionou a presença no Brasil de "filiais de nossas principais casas editoras, assim como a de nossos autores nas bibliotecas".

Pode-se ainda lembrar que, desde o início dos anos 1900, uma política cultural e científica consequente fora conduzida pela França na América do Sul, sobretudo no Brasil, sob a égide do Agrupamento das Universidades e das Grandes Escolas da França. Depois, em 1922, foram criados o Instituto Franco-Brasileiro de Alta Cultura no Rio de Janeiro, e, em 1925, um liceu franco-brasileiro em São Paulo. Já em 1935, a fundação de uma universidade no Rio de Janeiro contratou um número significativo de professores franceses.

Por essa mesma época, os contatos que mantinham com o meio acadêmico brasileiro levaram Claude Lévi-Strauss, Fernand Braudel e, posteriormente, Roger Bastide a participar como docentes de um projeto multidisciplinar na fundação da Universidade de São Paulo, à qual desde então seus nomes permanecem ligados.

Até hoje a França ocupa posição de destaque entre os parceiros europeus do Brasil no campo científico e universitário, mediante apoio a programas de intercâmbio e de cooperação promovidos por acordos governamentais.

BIBLIOGRAFIA E
FONTES DOCUMENTAIS

ABREU, Márcia. "Leituras no Brasil colonial". *Remate de Males*, n. 22, pp. 131--163, 2002.

_____. "Livros ao mar: Circulação de obras de Belas Letras entre Lisboa e Rio de Janeiro ao tempo da transferência da Corte para o Brasil". *Tempo*, vol. 12, n. 24, 2008, pp. 74-97.

ALBERT, Aristide. *Le maître d'école briançonnais et les libraires briançonnais.* Grenoble, Allier, 1874.

_____. *Biographie, bibliographie du Briançonnais, cantons de La Grave et du Monêtier de Briançon.* Grenoble, Imprimerie Veuve Rigaudin, 1877.

_____. *Biographie, bibliographie du Briançonnais, canton de Briançon.* Grenoble, Librairie Alexandre Gratier, 1895.

_____. *Les briançonnais – Numa Bompard, agronome.* Gap, Jean et Peyrot, 1899.

AMATO, Claudio; NEVES, Irlei S. & RUSSO, Arnaldo. *Livro das moedas do Brasil: 1643 até o presente.* 12. ed. São Paulo, Edição dos Autores, 2008.

ARAGO, Jacques. *Promenade autor du monde, pendant les années 1817, 1818, 1819 et 1820.* Paris, Leblanc, 1822.

_____. *Promenade autor du monde.* Paris, Hortet et Ozanne, 1839.

BLANCHAR, Raphael. "Cadrans solaires". *Bulletin de la Société d'Études des Hautes--Alpes*, 1895, pp. 1-47.

BOMPARD, João Baptista. *Catálogo dos livros portugueses, franceses, italianos, alemães e espanhóis.* Rio de Janeiro, Biblioteca Nacional, Manuscritos, 14, 1, 15, 1825.

BOMPARD, Léo. "Mémoire". Briançon-La-Vachère, 1917 (manuscrito não publicado).

BONNANT, Georges. "Les libraires du Portugal au XVIIIe siècle vus à travers leurs relations d'affaires avec leurs fournisseurs de Genève, Lausanne et Neuchâtel". Coimbra, *Arquivo da Bibliografia Portuguesa*, 21-22 (6), jan./jun. 1960, pp. 195-200.

_____. *Le livre genevois sous l'Ancien Régime.* Genève, Droz, 1999.

BOHRER, Saulo Santiago. "O seguro morreu de velho: a Associação de Seguros Mútuos Brasileiros na manutenção dos interesses dos negociantes do Rio de Janeiro". Niterói, Pólis/Universidade Federal Fluminense, 2004.

232 | LIVREIROS DO NOVO MUNDO

BOHRER, Saulo Santiago. *"Interesses seguros": As companhias de seguro e a Provedoria dos Seguros do Rio de Janeiro (1810-1831)*. Niterói, Universidade Federal Fluminense, 2008 (Dissertação de mestrado).

BOREL, Balthazard. *Catalogo dei Libri francesi ed italiani*. Libraio, Napoli, Bibliothèque Nationale de France, Paris, 1820.

BOREL D'HAUTERIVE, André. *Annuaire de la noblesse de France et des maisons souveraines d'Europe*. Paris, Au Bureau de la Publication, 1867.

BOREL DU BEZ, Louis (commandant). *Le conventionnel Borel du Bez, 1756-1796*. Gap, Jean et Peyrot, 1926.

BOREL DU BEZ, Lucien (baron). *Le commandant Borel du Bez, 1756-1796*. Gap, Jean et Peyrot, 1925.

_____. *Éloge de Georges Gariel. Les Borel dans l'Armorial du Dauphiné*. Discurso de recepção à Academia do Delfinado. Grenoble, Allier, 1964.

_____. *Évolution de la noblesse briançonnaise*. Tournon, Maza, 1971.

BRAGANÇA, Aníbal. "Uma introdução à história editorial brasileira". *Cultura. Revista de História e Teoria das Ideias*, vol. 14, série 2, 2002, pp. 57-83.

CAEIRO, Francisco da Gama. "Livros e livreiros franceses em Lisboa nos fins de Setecentos e no primeiro quartel do século XIX". *Boletim da Biblioteca da Universidade de Coimbra*, vol. 35 [separata], 1980.

CAMARGO, Ana Maria de A. & MORAES, Rubens Borba de. *Bibliografia da Impressão Régia do Rio de Janeiro*, vols. 1 e 2. São Paulo, Edusp/Kosmos, 1993.

CARDOSO, José Luís. "Novos elementos para a história do Banco do Brasil (1808- -1829): Crônica de um fracasso anunciado". *Revista Brasileira de História*. São Paulo, vol. 30, n. 59, 2010, pp. 167-192.

CHABRAND, dr. J. A. *La noblesse et la bourgeoisie à Briançon avant 1789*. Gap, Jouglard, 1884.

_____. *Briançon administré par ses consuls*. Gap, Jouglard, 1888.

_____. *Le blocus de Briançon*. Gap, Jouglard, 1892.

_____. *Vieilles coutumes et traditions Briançonnaises*. Grenoble, Drevet, 1901.

CHALANDON, André. *La Salle-les-Alpes, Vues d'hier et d'aujourd'hui*. Saviard, 2009.

_____. *Balades au fil des chapelles de la Guisane*. Saviard, 2014.

CHIARLE, Giancarlo. *L'Europa del libro: Librai torinesi a Lisbona nel '700*. Torino, Centro Studi e Ricerche Storiche Onlus (CSRS), 2006.

CLIMACO, Cristina. "En amont d'une indépendance. Les relations entre Lisbonne et Rio de Janeiro, 1807-1822". *Amérique Latine Histoire et Memóire. Les Cahiers ALHIM*, n. 19, 2010. Disponível em < http://journals.openedition.org/alhim/3552>.

COSTA E SAMPAIO, João Ferreira da. *Carta dirigida aos accionistas do Banco do Brazil, em consequência de certas reflexões sobre o mesmo*. Rio de Janeiro, Typografia Nacional, 1821.

CURTO, Diogo Ramada *et al. As gentes do livro: Lisboa, século XVIII*. Lisboa, Biblioteca Nacional, 2007.

DENIPOTI, Cláudio. "O embaixador, o livreiro e o policial: Circulação de livros proibidos e medo revolucionário em Portugal na virada do século XVIII para o XIX". *Vária História*, vol. 30, n. 52, jan.-abr. 2014, pp. 129-150.

DENIS, Ferdinand. *Brésil [Colombie et Guyanes*, par M. C. Famin]. Paris, Firmin Didot, 1837.

DOMINGOS, Manuela D. *Livreiros de Setecentos*. Lisboa, Biblioteca Nacional, 2000.

_____. *Bertrand: Uma livraria antes do terramoto/Une librairie avant le tremblement de terre*. Lisboa, Biblioteca Nacional, 2002.

FARGE, Arlette. *Le goût de l'archive*. Paris, Seuil, 1989.

FERREIRA, Orlando da Costa. *Imagem e letra: Introdução à bibliologia brasileira*. São Paulo, Edusp, 1994.

FONTAINE, Laurence. *Histoire du colportage en Europe – XVe-XIXe siècle*. Paris, Albin Michel, 1993.

_____. "Le rôle de la fraude dans l'enrichissement des réseaux de migrants montagnards à l'époque moderne". *In*: BEAUR, G.; BONIN, H. & LEMERCIER, C. (org.). *Fraude, contrefaçon et contrebande. Études*. Genève, Droz, 2006.

FRAGOSO, Augusto Tasso (general). *Os franceses no Rio de Janeiro*. Biblioteca do Exército, 1950.

FREYCINET, Louis de. *Voyage autour du monde entrepris par ordre du roi*. Paris, Chez Pillet Aîné Imprimeur-Libraire, 1825.

FREYRE, Gilberto. *Casa-grande & senzala*. 48. ed. Recife, Global, 2003.

FURET, François & OZOUF, Jacques (org.). *Lire et écrire. L'alphabétisation des français de Calvin à Jules Ferry*. Paris, Minuit, 1977.

GAZETA DO RIO DE JANEIRO. Rio de Janeiro, Fundação da Biblioteca Nacional, 1808-1822.

GRAHAM, Maria. *Journal of a voyage to Brazil and residence there during part of the years 1821, 1822, 1823*. London, Longman & Others, 1824.

GUEDES, Fernando. *Livreiros franceses do Delfinado em Portugal no séc. XVIII*. Lisboa, Presença, 2012.

GUINARD, Jacques. "Le livre dans la Péninsule Ibérique au XVIIIe siècle". *Bulletin Hispanique*, t. 59, n. 2, 1957, pp. 176-198.

GUIRARD, André. *Notice historique sur la maison Borel du Bez*. Paris, Firmin Didot, 1932.

HALLEWELL, Laurence. *O livro no Brasil*. São Paulo, Edusp, 2005.

HONORATO, Cláudio de Paula. *Valongo, o mercado de escravos do Rio de Janeiro: 1758-1831*. Niterói, Universidade Federal Fluminense, 2008.

JULLIARD, Geneviève. "La famille Gravier". Documento datilografado, 1982.

KOSSOY, Boris. *Hercule Florence: A descoberta isolada da fotografia no Brasil.* 3. ed. São Paulo, Edusp, 2006.

KÜHL, Paulo Mugayar. *Cronologia da ópera no Brasil – Século XIX (Rio de Janeiro).* Campinas, Unicamp/Instituto de Artes/Cepab, 2003.

LADOUCETTE, J. C. F. *Histoire, topographie, antiquités, usages, dialectes des Hautes-Alpes.* Paris, Gide et Cie., 1848.

L'HISTOIRE (Revue).*Le Brésil,* n. 366 (especial), jul./ago. 2011.

LIMA-BARBOSA, Mário de. *Les français dans l'histoire du Brésil.* Rio de Janeiro/Paris, F. Briguiet/A. Blanchard, 1923.

MARCILIO, Maria Luiza. "Mortalidade e morbidade da cidade do Rio de Janeiro imperial". *Revista de História,* São Paulo, n. 127-128, jul. 1993.

MARGARITELLA, Monique. "Briançon ou la Révolution en douceur (1789-1795)". *Gazette des Archives,* fasc. 146-147, 1989, pp. 324-329.

MARROCOS, Luís Joaquim dos Santos. *Cartas do Rio de Janeiro, 1811-1821.* Lisboa, Biblioteca Nacional, 2008.

MATONS, Jean Grosdidier de. *Armorial haut-alpin.* Versailles, Mémoires et Documents, 2003.

MATTOSO, Kátia M. de Queirós. *Être esclave au Brèsil, XVIe -XIXe siècle.* Paris, Hachette, 1979.

MEGLIORINI, Leandro. "Seguros de grossa aventura: A Companhia de Seguros Indemnidade à época joanina". XII Encontro Regional de História. Rio de Janeiro, Anpuh, 2006.

_____. *A Companhia de Seguros Indemnidade: História de empresas no Brasil joanino (1808-1822).* Niterói, UFF, 2008 (Dissertação de mestrado).

MELLO, Janaina Cardoso de. "A cultura política oitocentista na época joanina entre a *Gazeta do Rio de Janeiro,* o *Correio Brasiliense* e a *Idade d'Ouro do Brazil*". *Recôncavos. Revista do Centro de Artes, Humanidades e Letras,* vol. 3, n. 1, 2009, pp. 79-89.

MICHEL, Francisque. *Les portugais en France et les français au Portugal.* Paris, Guillard et Aillaud, 1832.

MOLINA, Matias M. "*Aurora Fluminense,* a voz da moderação". *Valor Econômico,* n. 648, 27/6/2011. Disponível em <http://www.observatoriodaimprensa.com.br/news/view/a_voz_da_moderacao>.

NEVES, Lucia M. B. P. das. "Cidadania e participação política na época da Independência do Brasil". *Cadernos Cedes,* vol. 22, n. 58, dez. 2002a, pp. 47-64.

_____. "Trajetórias de livreiros no Rio de Janeiro Uma revisão historiográfica". Encontro Regional de História – Anpuh, UERJ/CNPq, 2002b.

BIBLIOGRAFIA E FONTES DOCUMENTAIS | 235

NEVES, Lucia M. B. P. das. *Corcundas e constitucionais: A cultura política da Independência (1820-1822)*. Rio de Janeiro, Revan/Faperj, 2003.

_____. "As imagens de Napoleão Bonaparte na produção dos impressos e livros luso-brasileiros (1808-1846)". *Produção Editorial, IV Encontro dos Núcleos de Pesquisa da Intercom*. São Paulo, 2004a (trabalho apresentado).

_____. "João Roberto Bourgeois e Paulo Martin: Livreiros franceses no Rio de Janeiro, no início do Oitocentos". *Anais Eletrônicos do X Encontro Regional de História da ANPUH-RJ – História e Biografias*, 2004b. Disponível em: < https://www.google.com.br/#safe=off&q=trajetorias de livreiros no rio de janeiro >.

_____. "Retrato de um rei em movimento". *Blog* Entrevistas Brasil, 2009a.

_____. "O grito que não foi ouvido". *Revista de História da Biblioteca Nacional*, n. 48, set. 2009b, pp. 18-21.

_____. "Impressores e livreiros: Brasil, Portugal e França. Ideias, cultura e poder nos primeiros anos do Oitocentos". *Revista do Instituto Histórico e Geográfico Brasileiro*, vol. 451, abr.-jun. 2011, pp. 231-256.

_____. "As Belas Letras na livraria de Jean-Baptiste Bompard (1824-1828)". *História*, vol. 32, n. 1, 2013, pp. 79-98. Disponível em <http://dx.doi.org/10.1590/S0101-90742013000100006>.

OLIVEIRA LIMA, M. de. *Dom João VI no Brasil*, vols. I e II. Rio de Janeiro, Typ. do Jornal do Commercio, 1908.

QUEIROZ FERREIRA, Augusto Maurício de. *Templos históricos do Rio de Janeiro*. 2. ed. Rio de Janeiro, Gráfica Laemmert, 1946.

RAMOS, Luís de Oliveira. "Da aquisição de livros proibidos nos fins do século XVIII (casos portugueses)". *Revista da Faculdade de Letras: História*, série I, vol. 4/5. Porto, Universidade do Porto, 1973/1974, pp. 329-338.

RATTON, Jacome. *Recordações (1747-1810)*. Lisboa, Fenda, 1992 [1. ed., London, 1813].

RAYNAL, Guillaume Thomas. *Histoire philosophique et politique des établissements et du commerce des Européens dans les deux Indes*. Genève, Jean-Leonard Pellet, 1780.

REY, Jean-Baptiste. *Briançon 1815*. Gap, Jean et Peyrot, 1901.

RIBEIRO, Ana Paula Goulart. "A imprensa da Independência e do Primeiro Reinado: Engajamento e mercado". V Congresso Nacional de História da Mídia. São Paulo, 2007.

ROSTOLLAND, Henri. *Névache et la vallée de la Haute-Clarée (Briançonnais)*. Gap, Louis Jean, 1930 [reimpr.: Marseille, Laffitte, 1998].

ROUTIER, Jacqueline. *Briançon à travers l'histoire*. Gap, Société d'Études des Hautes Alpes, 1981.

RUGENDAS, J. M. *Viagem pitoresca através do Brasil*, 5. ed. São Paulo, Martins, [1954].

SCOTT, Walter. *Observations sur la vie de Napoléon Bonaparte*. Paris, Le Normand et fils, 1827.

SENTIS, Gabrielle. *Serre-Chevalier: Excursions en vallée de la Guisane*. Grenoble, Prestoprint-Irag, Boissy-Colomb, 1994.

SILVA NETO, Pedro Galdino da. "Entre a tribuna e o jornal: Evaristo da Veiga e o nobre ofício de livreiro". II Seminário Brasileiro Livro e História Editorial. *Anais...*, 2009.

SODRÉ, Nelson Werneck. "Livros e impressos". *História da imprensa no Brasil*. Rio de Janeiro, Mauá Editora, 1999.

TAUNAY, Hippolyte & DENIS, Ferdinand. *Le Brésil ou Histoire, moeurs, usages et coutumes des habitans de ce royaume*. Paris, Nepveu, 1822.

VILLALTA, Luiz Carlos. "Bibliothèques privées et pratiques de lecture". Atas do colóquio *Naissance du Brésil* [1997]. Paris, Université de Paris/Sorbonne, 1998.

_____. "Os livreiros, os 'livros proibidos' e as livrarias em Portugal sob o olhar do Antigo Regime (1753-1807)". *In*: NEVES, Lucia M. B. P. das (org.). *Livros e impressos: Retratos do Setecentos e do Oitocentos*. Rio de Janeiro, Editora da UERJ, 2009.

ANEXOS

GENEALOGIAS SIMPLIFICADAS

Anexo I. Faure-Bertrand-Rey
Anexo II. Joseph-Augustin Borel
Anexo III. Jean-François Borel & Jacques Borel
Anexo IV. Paul Martin
Anexo V. Jean-Baptiste Bompard
Anexo VI. Balthazard Borel
Anexo VII. Charles Bompard
Anexo VIII. Borel du Bez
Anexo IX. Dom Chautard & Maurice Bompard

Anexo I

Faure-Bertrand-Rey

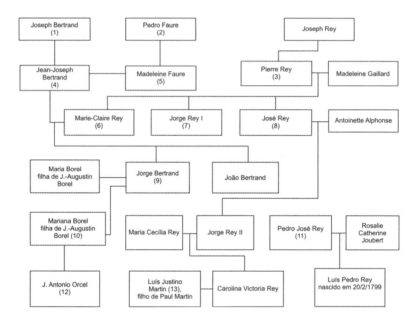

(1) Joseph Bertrand, nascido no Monêtier, casou-se com Antoinette Rolland em 19/7/1717: AD05 Monêtier 1715/1719, f. 50/101.
(2) Pierre (Pedro) Faure, nascido no Monêtier, falecido em Lisboa em 14/1/1753.
(3) Casamento no Monêtier de Pierre Rey e Madeleine Gaillard em 9/8/1720: AD05 Monêtier 1720, f. 15/23.
(4) Batismo de Jean-Joseph Bertrand em 18/3/1720: AD05 Monêtier 1720, f. 15/23.
(5) Casamento em Lisboa de Madeleine Faure (nascida no Monêtier) em 12/8/1735, e Joseph Bertrand em 23/4/1748 – IAN/TT Lisboa, Casamentos, Livro 9, f. 146.
(6) Segundo casamento de J.-Joseph Bertrand, com Marie-Claire Rey, em 8/2/1752: AD05 Monêtier 1748/1752, f. 89/107.
(7) Batismo de Georges (Jorge) Rey no Monêtier em 2/9/1738: AD05 Monêtier 1738/1739, f. 25/67.
(8) Casamento de José Rey e Antoinette Alphonse no Monêtier em 16/10/1753: AD05 Monêtier 1749/1753, f. 102/104.
(9) Casamento de Jorge Bertrand e Maria Borel em Lisboa em 2/5/1784: IAN/TT, Lisboa, Casamentos, Livro 2, f. 20.
(10) Casamento de Jorge Bertrand com Mariana Borel (irmã de sua primeira esposa) em Lisboa em 13/7/1788.
(11) Casamento de Pedro José Rey e Rosalie Catherine Joubert (viúva de J. Francisco Borel) em Lisboa em 2/5/1790.
(12) Casamento de Mariana Borel (viúva de J. Bertrand) com J. A. Orcel, originário do Monêtier, livreiro em Coimbra, em 7/12/1807.
(13) Casamento de Luís Justino Martin (filho de Paul Martin, de La Salle) e Carolina Victoria Rey, em Lisboa, em 17/6/1818: IAN/TT, Lisboa, Casamentos, Livro 3, f. 72 v.

Anexo II

Joseph-Augustin Borel
(João Agostinho Borel)

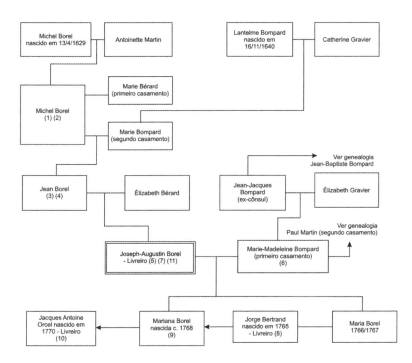

(1) Batismo de Michel Borel em 24/2/1657 em La Salle: AD05 La Salle 1656/1668, f. 5/48.
(2) Casamento de Michel Borel e Marie Bompard em 17/2/1688: AD05 La Salle 1686/1690, f. 29/66.
(3) Batismo de Jean Borel em 9/1/1707: AD05 La Salle 1703/1707, f. 19/21.
(4) Casamento de Jean Borel e Élizabeth Bérard em 2/7/1726: AD05 La Salle 1725/1729, f. 17/67.
(5) Batismo de Joseph-Augustin Borel em 18/3/1738: AD05 La Salle 1731/1740, f. 104/127.
(6) Batismo de Marie-Madeleine Bompard em 28/10/1745: AD05 La Salle 1742/1746, f. 62/83.
(7) Casamento de Joseph-Augustin Borel e Marie-Madeleine Bompard em 26/11/1765: AD05 La Salle 1764/1773, f. 31/131.
(8) Casamento de Jorge Bertrand e Maria Borel em 2/5/1784 – Contrato de casamento em 4/4/1784: IAN/TT Lisboa, Casamentos, Livro 2, f. 20.
(9) Casamento de Jorge Bertrand e Mariana Borel em 13/9/1788 – IAN/TT, Lisboa, Casamentos, Livro 8, f. 60.
(10) Contrato de casamento entre Mariana Borel e Jacques Antoine Orcel (nascido no Monêtier) em 7/12/1807 – IAN/TT Registros Paroquiais de Lisboa – freguesia dos Mártires, Casamentos, Livro 3, f. 22.
(11) Falecido em Tournus (Borgonha) em 28/9/1772: arquivos de Saône e Loire 1772 – Paróquia St. André.

Anexo III

Jean-François Borel (João Francisco Borel) & Jacques Borel (Diogo Borel)

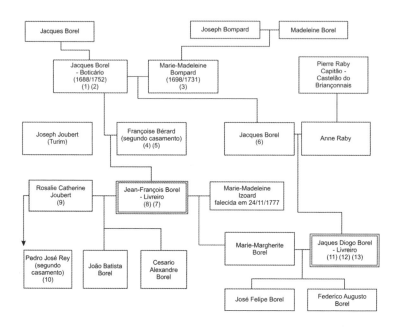

(1) Jacques Borel, boticário em La Salle, nascido em 1688 e falecido em 14/5/1752: AD05 La Salle 1751/1755, f. 13/77.
(2) Casamento de Jacques Borel e Marie-Madeleine Bompard em La Salle, em 8/1/1720.
(3) Falecimento em parto de Marie-Madeleine Bompard em 21/7/1731 em La Salle: AD05 La Salle 1731/1740, f. 2/127.
(4) Batismo de Françoise Bérard em 7/10/1705: AD05 La Salle 1700/1705, f. 125/128.
(5) Casamento de Jacques Borel e Françoise Bérard em 14/4/1738: AD05 La Salle 1731/1740, f. 106/122.
(6) Jacques Borel (nascido em La Salle) em 26/6/1726, casado com Anne Raby em 25/9/1753: AD05 La Salle 1751/1755, f. 34-35/77.
(7) Batismo de Jean-François Borel em 30/3/1741: AD05 La Salle 1737/1741, f. 63/77.
(8) Casamento de Jean-François Borel e Marie-Madeleine Izoard em 27/11/171766: AD05 Le Monêtier 1764/1768, f. 80-81/145.
(9) Casamento de Jean-François Borel e Rosalie Catherine Joubert em 10/4/1780: AD05 La Salle 1791/1790, f. 27/65.
(10) Novo casamento de Rosalie Catherine Joubert com o livreiro Pedro José Rey em 2/5/1790 – IAN/TT Lisboa, Casamentos, Livro 8, f. 95 v.
(11) Batismo de Jacques (Diogo) Borel em 6/9/1754: AD05 La Salle 1752/1756, f. 52/74.
(12) Casamento de Jacques (Diogo) Borel com Marie-Margherite Borel em 25/10/1785: AD05 La Salle 1782/1786.
(13) Falecimento de Jacques (Diogo) Borel em 10/10/1833 – IAN/TT Lisboa, Óbitos, Livro 9, f. 164.

Anexo IV

Paul Martin (Paulo Martin)

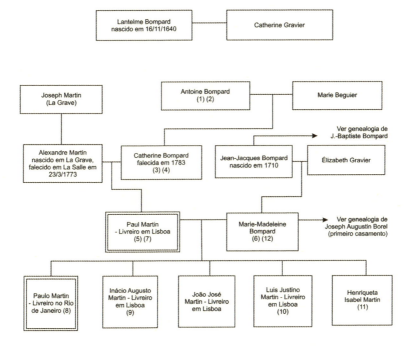

(1) Antoine Bompard, nascido em La Salle em 28/6/1668: AD05 La Salle 1666-1668, f. 47/48.
(2) Casamento de Antoine Bompard e Marie Beguier em 3/11/1685: AD05 La Salle.
(3) Catherine Bompard, batizada em Bez (La Salle) em 7/4/1707: AD05 Le Bez 1703/1707, f. 21/21.
(4) Casamento de Alexandre Martin e Catherine Bompard em 9/1/1730: AD05 La Salle 1730/1731, f. 2/24.
(5) Batismo de Paul Martin em La Grave em 25/11/1749: AD05 La Grave 1747/1751, f. 35/66.
(6) Batismo de Marie-Madeleine Bompard, nascida em 28/10/1745: AD05 La Salle 1742/1746, f. 62/83.
(7) Casamento de Paul Martin e Marie-Madeleine Bompard em 9/5/1775: AD05 La Salle 1773/1777, f. 58/96.
(8) Paulo Martin nasceu em 1779 em Lisboa; transferiu-se para o Rio de Janeiro em 1799, onde faleceu no início de 1824.
(9) Inácio Martin casou-se com Teresa B. Bertrand em 1821 em Lisboa – IAN/TT Casamentos, Livro 3.c., f. 89 v.
(10) Luís Justino Martin casou-se com Carolina V. Rey em 1818 – IAN/TT Casamentos, Livro 3.c., f. 72 v.
(11) Henriqueta Isabel Martin casou-se com Alexandre Rodrigues da Costa em 1813 – IAN/TT Casamentos, Livro 5.c., f. 13, Igreja São Julião, 1813, C.
(12) Falecimento [de Marie-Madeleine Bompard] em 12/6/1812 – IAN/TT Registros Paroquiais, Lisboa, Óbitos, N. S. dos Mártires, f. 36.

Anexo V

Jean-Baptiste Bompard
(João Baptista Bompard)

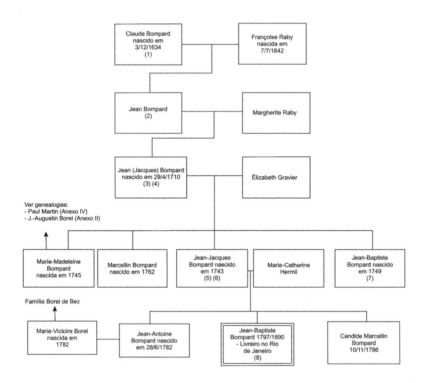

(1) Batismo de Claude Bompard em 3/12/1634: AD05 La Salle 1628-1645, f. 20/62.
(2) Casamento de Jean Bompard, nascido em 1668 (arquivos desaparecidos) e Margheritte Raby em 31/8/1688: AD05 La Salle 1686/1690, f. 39/66.
(3) Batismo de Jean (Jacques) Bompard em 29/4/1710: AD05 La Salle 1709-1714, f. 34/127.
(4) Casamento de Jean (Jacques) Bompard e Élizabeth Gravier em 31/1/1741: AD05 La Salle 1737/1741, f. 61/77.
(5) Batismo de Jean-Jacques Bompard em 3/3/1743: AD05 La Salle 1742/1746, f. 19/83.
(6) Casamento de Jean-Jacques Bompard e Marie-Catherine Hermil em 26/10/1779: AD05 La Salle 1778/1782, f. 49/112 e AD05 La Salle 1771/1790, f. 24/65.
(7) Jean-Baptiste Bompard casou-se em 6/2/1773 com Marie-Catherine Joubert, irmã da segunda esposa de Jean François Borel (ver Anexo 3).
(8) Nascimento de Jean-Baptiste Bompard em 16/2/1797 em Briançon: AD05 Briançon 1797/1800 (2E/24/4).

Anexo VI

Balthazard Borel, livreiro em Nápoles

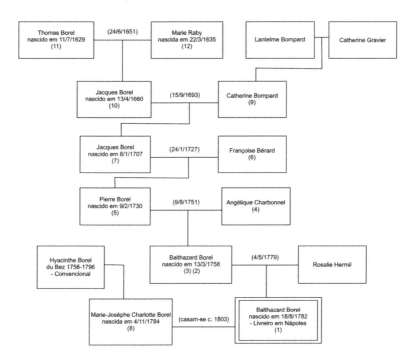

(1) Batismo de Balthazard Borel, 18/8/1782: AD05 La Salle 1778-1782, f. 103/112.
(2) Casamento de Balthazard Borel, 4/5/1779: AD05 La Salle 1778-1782, f. 34/112.
(3) Batismo de Balthazard Borel, 13/3/1758: AD05 La Salle 1756-1760, f. 41/78.
(4) Casamento de Pierre Borel e Angélique Charbonnel, 9/8/1751: AD05 La Salle 1747-1751, f. 64/70.
(5) Batismo de Pierre Borel, 9/2/1730: AD05 La Salle 1730/1731, f. 4/24.
(6) Casamento de Jacques Borel e Françoise Bérard, 24/1/1727: AD05 La Salle 1725-1729, f. 25/67.
(7) Batismo de Jacques Borel, 8/1/1707: AD05 La Salle-Le Bez 1703/1707, f. 19/21.
(8) Batismo de Marie-Josèphe Charlotte Borel, 4/11/1784: AD05 La Salle-Le Bez 1771/1790, f. 38/65.
(9) Casamento de Jacques Borel e Catherine Bompard, 15/9/1693: AD05 La Salle 1693/1695, f. 15/20.
(10) Batismo de Jacques Borel, 13/4/1660: AD05 La Salle 1656/1668, f. 16/48.
(11) Batismo de Thomas Borel, 11/7/1629: AD05 La Salle 1628/1645, f. 6/62.
(12) Batismo de Marie Raby, 28/3/1635: AD05 La Salle 1628/1645, f. 21/62.

244 | LIVREIROS DO NOVO MUNDO

Anexo VII

Charles Bompard* livreiro em Nápoles
(*Carlo Bompard, sócio de Balthazard Borel a partir de 1820)

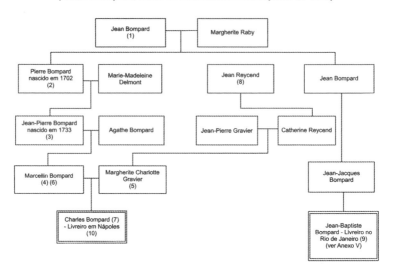

(1) Casamento de Jean Bompard e Margherite Raby, 31/8/1688: AD05 La Salle 1686/1690, f. 39/66.
(2) Batismo de Pierre Bompard em 22/3/1702: AD05 La Salle 1700/1705, f. 50/128.
(3) Batismo de Jean-Pierre Bompard em 26/7/1733: AD05 La Salle 1731/1740, f. 34/127.
(4) Batismo de Marcellin Bompard em 20/4/1758: AD05 La Salle 1756/1760, f. 43/78.
(5) Charlotte Gravier, nascida em Turim em 4/11/1760, viúva do convencional Hyacinthe-Marcellin Borel, em 1796.
(6) Casamento de Marcellin Bompard e Charlotte Gravier no VIII Germinal do ano 9 (29/3/1801)
(7) Nascimento de Charles Bompard em 18 frutidor do ano 9 (5/9/1801): AD05 Briançon 1801/1804, f. 31/105.
(8) Família dos livreiros Reycend de Turim (originários de Guibertes, vilarejo de Monêtier).
(9) Jean-Baptiste Bompard, nascido em 16/2/1797 em Briançon, foi atendente de livraria em Lisboa de 1816 a 1818, depois funcionário, sócio e livreiro no Rio de Janeiro de 1818 a 1828.
(10) Charles Bompard transferiu-se para Nápoles em 1820. Estava ausente de Briançon quando ocorreu o exame para o alistamento em 1821, e foi referido como presente em Nápoles pelo Conselho.

ANEXOS | 245

Anexo VIII

Borel du Bez

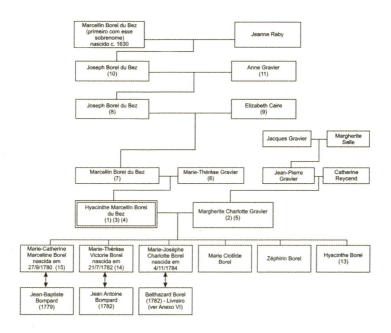

(1) Hyacinthe Marcellin Borel du Bez, nascido em La Salle em 16/8/1756: AD05 La Salle 1752-1756.
(2) Margherite Charlotte Gravier, nascida Reycend, em 4/11/1760, em Turim (Itália).
(3) Casamento de Hyacinthe Marcellin Borel e Margherite Charlotte Gravier em 1/7/1778: La Salle (anulado por problema formal).
(4) Casamento de Hyacinthe Marcellin Borel e Margherite Charlotte Gravier em 29/3/1788: AD05 La Salle 1771-1790.
(5) Falecimento de Margherite Charlotte Gravier (casada primeiro com Borel, depois com Bompard) em 3/7/1832: AD05 Briançon 1832, f. 70/167.
(6) Nascimento de Marie-Thérèse Gravier em 4/12/1735: AD05 La Salle 1731/1740.
(7) Casamento de Marcellin Borel du Bez e Marie-Thérèse Gravier em 13/5/1755: AD05 La Salle 1752-1756, f. 64/94.
(8) Batismo de Joseph Borel em La Salle em 23/4/1704: AD05 La Salle 1703/1707, f. 7/21.
(9) Casamento de Joseph Borel e Elizabeth Caire em 31/8/1728: AD05 La Salle 1725/1729, f. 49/67.
(10) Batismo de Joseph Borel em 13/7/1665.
(11) Casamento de Joseph Borel e Anne Gravier, nascida em 2/5/1667, em 6/7/1702: AD05 La Salle 1701/1705, f. 60/128.
(12) Casamento de Marcellin Borel du Bez e Jeanne Raby em 24/6/1651: AD05 La Salle 1646/1649, f. 9/37.
(13) Batismo de Hyacinthe Borel em 1/8/1790: AD05 La Salle 1771/1790, f. 60/65.
(14) Batismo de Marie-Thérèse Victoire Borel em 21/7/1782, f. 102/112 – Ela se casaria com Jean-Antoine Bompard, nascido em 1782.
(15) Batismo de Marie-Catherine Marcelline Borel em 22/7/1780: AD05 La Salle 1778/1782, f. 65/112 – Ela se casaria com Jean-Baptiste Bompard, nascido em 1779.

Anexo IX

Dom Chautard (abade) & Maurice Bompard (artista plástico)

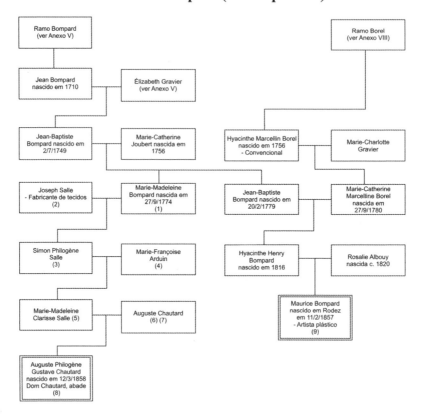

(1) Nascimento de Marie-Madeleine Bompard, em 27/9/1774, em La Salle: AD05 La Salle les Alpes, le Bez 1771-1790.
(2) Nascimento de Joseph Salle em La Salle, em 8/6/1769: AD05 La Salle 1767-1771.
(3) Nascimento de Simon Philogène Salle em 17/9/1798 em La Salle: AD05 La Salle 1793-1798.
(4) Casamento de Simon Philogène Salle e Marie-Françoise Arduin em 18/1/1825: AD05 La Salle 1822-1825.
(5) Nascimento de Marie-Madeleine Clarisse Salle, em 5/6/1830 em La Salle: AD05 La Salle 1830-1832.
(6) Nascimento de Auguste Chautard, em 9/4/1830 em Briançon: AD05 Briançon 1830/1830.
(7) Casamento de Auguste Chautard e Marie-Madeleine Clarisse Salle, em 2/5/1855: AD05 La Salle 1851-1862.
(8) Nascimento de Auguste Philogène Gustave Chautard, em 12/3/1858: AD05 Briançon 1855-1858.
(9) Nascimento de Maurice Bompard, em 11/2/1857 em Rodez (Aveyron) – Arquivos Aveyron 1857 – n. 38.

Título	Livreiros do Novo Mundo: De Briançon ao Rio de Janeiro
Autor	Jean-Jacques Bompard
Tradução	Leila V. B. Gouvêa
Coordenação editorial	Ricardo Lima
Secretário gráfico	Ednilson Tristão
Preparação dos originais	Beatriz Marchesini
Revisão	Vinícius Emanuel Russi Vieira
	Vitória Bonuccelli Heringer Lisboa
Editoração eletrônica	Aline Martins | Sem Serifa
Design de capa	Editora da Unicamp
Formato	16 x 23 cm
Papel	Pólen soft 80 g/m² – miolo
	Cartão supremo 250 g/m² – capa
Tipografia	Minion Pro 10,5/15 pt
Número de páginas	248

ESTA OBRA FOI IMPRESSA NA RETTEC ARTES GRÁFICAS
PARA A EDITORA DA UNICAMP EM JUNHO DE 2021.